教育工学選書 Ⅱ

教育工学的アプローチによる教師教育

学び続ける教師を育てる・支える

日本教育工学会 監修
木原俊行・寺嶋浩介・島田 希 編著

ミネルヴァ書房

はじめに

　今日,「学び続ける」教師像が当然視され,子どもたちを指導する立場にある教師には,その力量を持続的に高めていくことが求められている。もともと,教職には不確実性や無境界性といった特性があり,教師たちは,それによって生ずる臨床的な問題に遭遇して,その解決を余儀なくされてきた。加えて,今日,社会の様相が大きく,そして急激に変わり,それに呼応して新たな教育問題が浮上することも少なくないので,そうした問題への適応や対処に,教師たちは,身を投じざるを得ない。そのような厳しい状況にあっても,教職にアイデンティティを見いだし,自我関与し,その公共的使命を果たす営みを継続・発展させるために,そして,何よりも,そうした時代に生きる子どもたちの成長を願って,教師たちは,今,自らの学びを開拓している。さらには,同僚や仲間とともに,それを豊かにしようと協働的な営みを繰り広げている。

　学び続ける教師に接近し,そのリアリティを描こうとする研究,その営みをサポートしようとする研究は,多様である。換言すれば,教師教育は,学際的な分野である。現職教員や教員志望学生を対象とする点は共通しているが,様々な方法論に基づいて,その研究は繰り広げられている。例えば,ある研究では,一人ないしは少数の教師の語りを分厚く記述し,教師の実践知の特徴や成長の契機,実践コミュニティの特質を導出している。また,ある研究では,標本調査を実施して日本と他国の教師が置かれた状況や環境を比較検討し,両者の異同を明らかにしようとしている。また,ある研究では,我が国の教育の歴史において教職がどのように制度的に位置づけられてきたのかを確認し,その時代性を明らかにしている。さらに,ある研究では,特定の教師集団に注目して,教師の発達と力量形成,さらにはその要因の分析を縦断的に展開している。

　教師教育の研究に関するレパートリーの中で,教育工学的アプローチによるものは,どのような可能性と課題を有しているのであろうか。教育工学は「問題解決」を図る学問である。それは,前述したような諸研究の方法論が記述や

解釈を志向していたこととは，趣を異にする。これまで，教育工学的アプローチによる教師教育は，教師教育の実践的課題の解決に資するシステムやツールを開拓してきた。そして，その対象は，ミクロなものからマクロのものに及んでいる。

　本書は，教育工学的なアプローチに基づいて教師教育の実践的課題の解決に従事しているメンバーが執筆者となっている。本書で，執筆メンバーは，自身が教育工学と教師教育の接点を追究した過程を語っている。そして，自身の研究の特徴を示すとともに，それによる知見を呈している。

　本書における語りや知見の内容は，大きく5つのパートに分かれる。まず第1章では，教育工学的アプローチに基づく教師教育の研究と実践を俯瞰する枠組み（変化する社会における教師像の5つの要素，今日の教師教育研究と教育工学研究の接点を成す5つの具体的なアプローチ）が呈される。それは，本書の内容の総論に該当する。

　続く2つの章では，教育工学的アプローチに基づく教師教育の営みの重要な概念が提示される。第2章では，世界の教師教育の動向が解説されるとともに，諸外国や我が国における教師の力量に関するスタンダード構築の軌跡が描かれ，また，その現状が整理される。第3章では，レジリエンス等の教師の力量とその形成をめぐる今日的課題が提示され，その克服に資する理論たる「専門的な学習共同体」の特性が解説される。そして，それに合致した実践事例が紹介される。

　第4章から第7章では，教員養成や現職教育のカリキュラム開発が報告される。まず，第4章では，教員養成カリキュラムの柱とも言える，教育実習に関して，その長期化・体系化・高度化の取組事例がレポートされる。第5章では，「教育の情報化」に応ずるための教員養成カリキュラムの改革がテーマとなっている。その問題点が整理された後，その基本的な考え方や好事例が示される。第6章は，現職教員を対象とした大学院教育の高度化に関する言及である。教職大学院の制度上の特色，そのカリキュラムの目標や内容，その指導法の特徴が整理される。また，教職大学院の科目の典型事例，そのシラバス等が提示される。第7章は，現職教員に対する行政研修プログラムの改革動向の解説であ

る。反省的実践家たる現職教員の学びを支える法制度とその現状に関する概説の後，行政研修プログラムの改編の内容とその代表事例が呈される。

　第8章から第10章では，教師教育の実践を支え促すシステムやツール等の開発の知見が報告される。第8章が取り上げるのは，模擬授業教室である。この章では，かつて教育工学的アプローチの象徴的存在であったマイクロティーチングが模擬授業教室のデザインの工夫によって充実すること，その多様な活用可能性，運用上の留意点等が述べられている。第9章では，オンライン授業研究のためのシステム開発に関する研究知見が提示される。一般の授業研究の企画・運営に伴う空間的・時間的制約を超克するためのシステムの開発，それを基盤とするプログラムの運用を通じて，当該プログラムに参加した教師たちのリフレクションの活性化や充実が実現したことが語られている。第10章では，現職教員のための eLearning プログラムに関して，その概念や原理，その特徴が整理された後，それを基盤とする大学院教育や教員研修の事例が報告される。著者らが「のびちぢみする講義室」として設計し運用した，現職教員向け遠隔学習の実際，成果と課題が呈される。

　本書の最後には，「資料　教師教育に関係する学会や協議会等の動き」のパートが位置づく。ここでは，教師教育に関係する国内外の学会の研究動向が明らかにされている。また，教師教育に関わる協会や協議会の存在や取り組み状況が紹介されている。それらは，読者が，自身の教育工学的なアプローチによる教師教育研究を相対化するためにも，あるいは発展させるためにも活用できる，教師教育研究のコミュニティである。

　本書が，教育工学的アプローチに基づいて教師教育研究を繰り広げようとする人々にとって，さらに，広く教師教育に研究的関心を抱いている方々にとって，研究や実践の成立や充実に資する羅針盤やマイルストーンとなれば幸甚である。

　　　平成27年12月

　　　　　　　　　　　　　　　　　　　　　　　　編者を代表して
　　　　　　　　　　　　　　　　　　　　　　　　大阪教育大学　木原俊行

教育工学的アプローチによる教師教育

目 次

はじめに

第1章 教師教育と教育工学の接点 …………………………… 1
　　　　──教育工学的アプローチによる教師教育の今日的展開
　1.1 教師の力量に関する今日的理解 …………………………… 1
　1.2 教育工学的アプローチによる教師教育のベクトル ……… 9

第2章 教師の力量の概念に関する理論的動向 …………… 20
　　　　──諸外国とわが国におけるスタンダードの開発をふまえて
　2.1 はじめに …………………………………………………… 20
　2.2 世界の教師教育の動向概略 ……………………………… 20
　2.3 高等教育改革の動きと教師教育 ………………………… 22
　2.4 専門性形成の戦略としてのスタンダードの作成とその運用の検討 …… 24
　2.5 わが国におけるスタンダード開発の取り組み ………… 34
　2.6 まとめにかえて …………………………………………… 36

第3章 教師の力量形成に関する理論的動向 ……………… 40
　　　　──専門的な学習共同体理論等の展開
　3.1 教師の力量形成をめぐる今日的課題 …………………… 40
　3.2 専門的な学習共同体理論の展開 ………………………… 44

3.3　専門的な学習共同体としての学校づくり……………………… 49
　　　──教師の協働的な学びを実現する学校研究の企画・運営上の工夫
　3.4　教師の力量形成を促す教育工学的アプローチへの展望………… 54

第4章　教育実習プログラムの新開発……………………………… 58
　4.1　教員養成における教育実習の位置づけと政策動向……………… 58
　4.2　島根大学教育学部における教育実習の長期化・質的向上の取り組み… 60
　4.3　3年次における学校教育実習の成果と課題……………………… 65
　4.4　新たな教育実習プログラムの方向性……………………………… 74

第5章　教育の情報化に対応するための
　　　　　教員養成カリキュラムのリニューアル…………………… 82
　5.1　学校現場の課題に対応する教員養成カリキュラムの開発……… 82
　5.2　教育の情報化の動向………………………………………………… 82
　5.3　教育の情報化に対応するための教員養成の問題………………… 84
　5.4　教員養成カリキュラムで何をねらうか…………………………… 85
　5.5　教育の情報化に対応するための教員養成での取り組み………… 90
　5.6　教員養成カリキュラムのリニューアルをどう行うか…………… 93
　5.7　今後の研究課題と教育工学会との関連…………………………… 100

第6章　現職教員を対象とした大学院教育の高度化……………… 104
　　　──教職大学院におけるアクティブ・ラーニングの自己省察を通して
　6.1　教職大学院のねらいと制度的特徴………………………………… 104
　6.2　現職教員のための教職大学院のねらいと工夫点………………… 108
　6.3　事例検討（1）……………………………………………………… 111
　　　──必修科目「授業設計の実践力」および「授業分析の実践力」

6.4　事例検討（2）——分野別選択科目「授業開発の実践研究」について……… 113
　6.5　授業の自己省察と高度化の意味……………………………………… 114
　6.6　現職教員のためのこれからの教職大学院のあり方………………… 115

第7章　現職教員を対象とする行政研修プログラムの改革……… 123
　7.1　教員の学びの諸相……………………………………………………… 123
　7.2　行政研修の法制度……………………………………………………… 125
　7.3　行政研修プログラムの概要…………………………………………… 128
　7.4　行政研修プログラムの改編動向……………………………………… 131
　7.5　中教審における審議の動向…………………………………………… 140
　7.6　まとめ…………………………………………………………………… 141

第8章　教育実践力育成に資する模擬授業教室の開発……………… 142
　8.1　模擬授業教室開設の動向……………………………………………… 142
　8.2　学内ニーズから生まれた模擬授業教室の構想……………………… 143
　8.3　「模擬授業教室」の開発………………………………………………… 146
　8.4　模擬授業教室の活用…………………………………………………… 153
　8.5　「児童・生徒役」の育成と模擬授業教室の必要性…………………… 162

第9章　オンライン授業研究のシステム開発……………………… 165
　9.1　時代的要請としてのオンライン授業研究…………………………… 165
　9.2　開発事例（1）——Webベース授業研究プログラムeLESSER……… 168
　9.3　開発事例（2）………………………………………………………… 172
　　　——特別支援教育を対象とした遠隔ケース会議支援システムCAJON

9.4 開発事例（3）………………………………………………177
　　　――小学校を対象としたオンライン授業研究支援システム VISCO

第10章　現職教員のための eLearning プログラムの開発……184

10.1　現職教師のための eLearning プログラムの設計論…………184
10.2　教員研修における「のびちぢみする講義室」………………195
10.3　現職教師の eLearning による学習機会の位置づけ…………202

資料　教師教育に関係する学会や協議会等の動き………………209

おわりに
索　引

第1章

教師教育と教育工学の接点
―― 教育工学的アプローチによる教師教育の今日的展開

木原俊行

　教師教育は，学際的な研究分野である。現職教員や教員志望学生を対象とする点は共通しているが，多様な方法論に基づいて，その営みは繰り広げられている。「教育工学的アプローチ」も，その1つである。本章では，まず，現代的な教師像を確認する。その後，そうした教師像に迫るための教育工学的アプローチによる教師教育の今日的展開を分類・整理する。

1.1　教師の力量に関する今日的理解

1.1.1　多元的・持続的に省察を繰り広げる教師

　ここではまず，近年の教師教育の研究と実践の基盤を成す教師像について，その特徴を共通理解しておきたい。それは，「**多元的・持続的に省察を繰り広げる教師**」と総称できよう。教職における省察については，すでにそれに基づく営みを繰り広げることを特徴とする「反省的実践家」という概念が教育関係者の間で市民権を得ている。それは，ショーン（2001）が，ある種の実践家たちが不確実な状況にあって「行為の中の省察」を繰り広げていることに注目して，それを概念化する際に用いた用語である。こうした教師像は，佐藤（1994）に依れば，図1-1のように「民主化」された「専門職化」という特徴を有している。

　今日，教職の遂行に付随する省察がいっそうその重要性を増している。なぜならば，先進国においては，社会の複雑さが増し，どのような教育が子どもたちに必要なのかに関する明確な方針をもちにくいからだ。ことに，子どもやその家庭をめぐる状況は，変化が激しく，彼らは，さまざまな意味で，失敗に遭

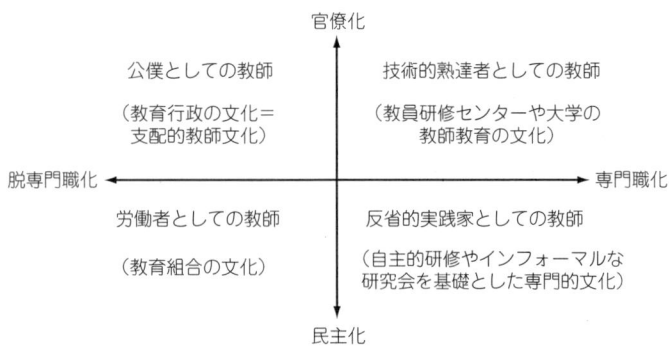

図1-1　教師像の規範型とその文化
出典：佐藤（1994：30）．

遇しやすく，挫折を味わいやすい。それは，教師と子どもたちやその保護者が感情的によき関係を築くことを難しくしている（Day and Gu 2013）。

また，わが国を含めて，それらの多くの国々では，競争主義を原理とする教育改革が推進されており，それへの対応に教師たちが追われている。たとえば，学力調査の結果だけで教師や学校の実践が問題視される状況にあって，彼らは，よりよい授業やカリキュラムの創造に向けたアイディアを手にするためにも，また，自らの実践の本質を見失わないためにも，「学習」しなければならない。そして，学力向上のアプローチは一般化しにくく，教室や学校に基礎を置くものにならざるをえないので，そのための基本的な検討材料を，自身や同僚の実践に求めることになる。このように，今日，教師たちが，実践を省察する必然性はきわめて高い。

1.1.2　省察を繰り広げる教師の5つの側面

それでは，「多元的・持続的に省察を繰り広げる教師」は，学術的には，どのような能力・資質を有していると整理できるだろうか。現代の学校教育（主として義務教育段階）に携わる教師たちの力量に関する諸研究の知見をひもとくと，それは，おおよそ5つの側面に還元できよう（表1-1）。

表1-1 変化する社会における教師像の5つの要素

教師像	能力・資質	代表的概念
5．専門的な学習共同体のメンバー	学び続ける関係性	同僚性 リーダーシップ パートナーシップ
4．批判的実践家（政治的社会的反省）	学び続ける意思	アイデンティティ コミットメント レジリエンス
3．探究的熟達者（実践的反省）	臨床知	実践的知識・思考
	問題解決力	多文化や学力格差に応ずるための指導力
2．技術的熟達者（認知的反省）	知識	PCK
	技能（スキル）	教授スキル
1．よき社会人	教養	市民性
	技能（スキル）	21世紀型スキル
	精神的健康	幸福感，安定性

① よき社会人としての教師

　まず，基底に位置づくのは，「1．よき社会人」としての側面である。これは，精神的健康，技能（スキル），教養という，3つの下位項目から成る。それらは，教職に固有の能力・資質ではない。一般に，21世紀社会において働く，活躍する人材に求められる能力・資質である。

　精神的健康は，「個々人が自身の潜在的能力を発揮できる，建設的かつ創造的に働くことができる，他者と強い絆で結ばれ，共同体に貢献できる，動的な状態」と定義される（Foresight Mental Capital and Well-Being Project 2008）。その代表的なものは，幸福感と安定性であろう。個々人が，社会において建設的に，そして共同的に，活動を繰り広げ，それを継続するためには，自身の人生や生活において幸福を感じ，それゆえに，精神的に安定している状態が必要となることは衆目の一致するところだ。特に「精神的な安定」については，梶田(1985)による「自己教育の側面と視点」に関するモデルにおいても，「自信・プライド・安定性」が自己教育の基底に配置されている点に注目したい。本論で提起する「多元的・持続的に省察を繰り広げる教師」は，自己を教育する

（教育し続ける）教師と言い換えてもよろしかろう。したがって，そのベースに，「精神的な安定」を配置することは，妥当であると考える。

続いて，21世紀スキルに象徴される，技能である。21世紀スキルは，ATCS21（21世紀型スキルの学びと評価）プロジェクトによれば，10のスキル（4つのカテゴリー）で構成されるものである（Griffin, McGaw and Care 2012）。それらは，①創造性とイノベーション，②批判的思考，問題解決，意思決定，③学び方の学習，メタ認知（以上，思考の方法），④コミュニケーション，⑤コラボレーション〈チームワーク〉（以上，働く方法），⑥情報リテラシー，⑦ICTリテラシー（以上，働くためのツール），⑧地域とグローバルのよい市民であること，⑨人生とキャリア発達，⑩個人の責任と社会的責任〈異文化理解と異文化適応能力を含む〉（以上，世界の中で生きる）である。10の能力要素が意味するもの，その幅広さを確認すれば，21世紀スキルは多様な要素で構成される概念であることがよくわかろう。加えて10のスキルのうち，その筆頭に「思考の方法」の「創造性とイノベーション」が位置づけられていることに，注目すべきであろう。国立教育政策研究所が「社会の変化に対応する資質や能力を育成する教育課程編成の基本原理」と題する研究報告書の中で，「21世紀型能力」とその育成に関する提案を行っている。同報告書では，「21世紀型能力」は，「思考力」を中核として，それを支える「基礎力」，その使い方を方向づける「実践力」という三層構造をもつものであると理解されている[1]。2つのレポートが21世紀スキルの中核に思考力を位置づけたことは，それが，よき社会人たるための能力・資質の主柱に位置づく可能性を示唆している。

そして，「教養」である。グローバリズムが進展する21世紀社会にあっては，たとえば，「市民性」が，人々が有するべき重要な資質として確認されよう。市民性は，これまた多様な要素から成るものであるが，たとえば，英国のナショナルカリキュラムのシティズンシップの構成においては，「社会的道徳的責任」「地域社会へのかかわり」「政治的リテラシー」という3つの柱が重視されている（水山 2008）。後述するように，教師は，批判的実践家として，自身の教育実践と政治の関係性を分析・考察していくことになるが，社会人としては，より一般的に，自己と地域・社会・政治との関わりを見出すことが望まれよう。

② 技術的熟達者としての教師

　技術的熟達者としての教師は，先の佐藤（1994）の教師像の分類にも登場していたが，すぐれた知識と技術を数多く有し，それを臨床場面たる教室における問題解決に適用し，適応を図る教師である。

　教師がもつべき知識の枠組みは，アメリカの教育改革，ことに教師の資質向上のためのプログラム開発の中で，次第に明らかになってきた。たとえば，Shulman（1987）は，教師査定を可能にする基準を作成するための原案として，7つの教授知識を提案している。また，吉崎（1987）は，Shulman（1987）が7つの知識カテゴリーのうち第4番目の内容と教授方法についての知識という「複合的」知識を重視していることに注目し，それに加えて，教材内容と生徒についての知識，教授方法と生徒についての知識，教材内容・教授方法・生徒についての知識の存在に言及している。

　教師がもつべき技術の枠組みについても，その研究と実践には長い歴史がある（佐藤 1996）。特に，授業研究の分野においては，その内容は，授業の進行に添って整理されている。たとえば，柴田（1990）は，「授業を教師によって遂行される技術過程としてとらえるとき，その全体は，教材研究と授業の設計を含む準備過程と実行過程とに分けられる」（p. 19）と述べ，授業技術を1）教材研究，2）授業の設計，3）授業の展開に整理している。そして，たとえば，授業の展開であれば，「a　説明 - 教材の解釈」「b　発問・問い返し - 思考への働きかけ」「c　指示（学習活動の組織化） - 行動への働きかけ」「d　評価 - 情動への働きかけ」の4つの視座を準備している。

③ 探究的熟達者としての教師

　ショーン（2001）による「反省的実践家」が省察を繰り広げる対象は，木原（2004）で分類・整理されているように，多様である。しかし，その主柱は，自身の実践であろう。また，その発展として，他者と共同で省察を繰り広げる営為が存在しよう。それらの促進や充実は，教育工学的アプローチによる教師教育研究の重要な舞台であったし，今日もそれは変わっていない。

　たとえば，藤岡（2003）は，自身が関わりを有した11の授業研究事例（しかも

比較的長期にわたる）の分析を通じて，「臨床的教師教育」のためのツール，コンセプト，そしてシステムを呈している。ツールとは，参加観察，内観記録，記録の現象学的分析，授業リフレクション，授業アセスメント，カード構造化法，「物語ること（＝授業ストーリー）」である。コンセプトは，経験，文脈，生きられた時間，相互性，身体性，他者性，対話，主体性で構成されている。そして，システムが備えるべき条件は，教育実践の研究者としての教師，物語，協働，場，差異化＝ずれの創出，リフレクション，私的言語，モデルである。

また，澤本（2012）は，教師が実践知を獲得するための授業研究の方法論を提唱し，実践している。それは，授業リフレクション研究と呼称されるものである。そのサイクルは，A実践→Bこだわりへの気づき→Cリフレクションの開始→Dデータとの対話と自己リフレクションの繰返し→E問題の仮設定→F再設計→A'実践→以下前述のサイクルの発展，という過程で構成されると説明されている。また，そうした取り組みに大学生を接近させる高等教育のプログラム開発に着手し，その成果と課題を報告している（澤本 2008）。

今日教師が，自身の実践の省察をより精緻に繰り広げる必要が増している。たとえば，移民の子弟の増加や学力格差の下で，自身の実践を相対化し，その改善を図らねばならない状況においては，彼らは，より長期にわたって実践を対象化しなければならない。それは，多文化共生教育の必然性が高い米国のニューヨーク市などにおいて具体化されている。コロンビア大学教育学部は，14ヵ月にわたる，学部生の教育実習プログラム「Teacher Residency Program」を開発していた。このプログラムでは，教員志望学生は，子どもたちの多様で複雑なニーズに応じるために，長期にわたって実習経験を積み，あらゆるタイプの子どもに対応することが求められる。また，同大学が位置するニューヨーク市の文脈に即して，彼らが学習者，教授－学習に関する理解を深めることも目指されている[2]。

④ 批判的実践家としての教師

これも，反省的実践家としての教師の姿なのであるが，②や③と違うのは，反省の対象が政治や社会といったマクロな存在に向けられることである。批判

的アプローチに基づく反省的実践は，これまでにも，米国の教師教育のプログラムにも採用されていたし，西欧の教師たちのアクションリサーチにも部分的には取り入れられていた。

　しかし，今日，過去に比べて，教師たちが政治や社会から受けるプレッシャーは大きくなっている。先進国の学校の教師たちは，学力調査の結果に基づく学校改革の計画や実施を要請される。それは，相対的な評価であるため，問題視される学校や地域を必ず生みだす。そうした競争の火に，学校選択制度や学校の統廃合問題が油を注ぎ，教師たちは焦燥感にさいなまれる。さらに，家庭の経済的困窮や地域社会のモラルの低下等の問題が改革の難しさを増し，それは，教師たちを著しく疲弊させる。

　このような状況にあっても，政治的圧力に屈せず，理想的な教職の追求を自我の核に据える価値観（アイデンティティ），それが社会的に尊い営みであることを是として職責を果たそうとする信念（コミットメント），教職につきものの失敗に耐え，それを続けようとする姿勢（レジリエンス）を有することは，教師たちが自己実現を遂げていくために，不可欠な能力・資質である。

　そして，彼らがそのような能力・資質を有していることは，結果的に，子どもたちの学力を高める要因となっている。たとえば，Day (2008) は，イングランドの7地域，100学校に所属する300名の教師を対象とした調査によって，実践に対してコミットしており，レジリエントである教師が担当する生徒は，そうでない教師が担当する生徒以上に，学力を伸ばしたり，目標を達成したりしやすいことを明らかにしている。

⑤ 専門的な学習共同体のメンバーとしての教師

　教師の成長や発達を共同体への参加過程と把握する考え方にも，それなりの歴史がある。たとえば，秋田（1999）は，生涯発達心理学の見地から，教師の発達を類型化し，4つのモデルとして提示している。そしてその1つが，「共同体への参加」モデルである。それは，「職業コミュニティへの参加過程として，共同体の中でいかにそのメンバーが一人前の成員となっていくのか，そこでの成員間のやりとりの過程を社会文化的視点から既述しようとするモデル」

(p. 38) と定義される。今日，それは，教職の特徴的な営みである「専門的な学習共同体」概念に位置づくものとして解釈されるようになった。専門的な学習共同体の概念は，1990年代以降のアメリカにおける学力の質を問う機運の高まりの中で出てきた組織編制概念である。この概念は，教師が自らの経験で蓄積した知恵を生み出し，それを共有することができるのは，彼らが集団として探究し学ぶ機会をもつことによってであることを明らかにした研究 (McLaughlin and Talbert 1994) や，実際の学校のカリキュラム改革においてトップダウンではなく，教師全員を巻き込んだ参加型の意思決定と教師の協同の研修時間を確保することが効果的であることを明らかにし，学校の意思決定への教師の参加の重要性に言及した研究 (Darling-Hammond 1996) などをふまえて登場した。その背景には，教師や教職研究において，生徒の学習の質を高めるという観点から教職の専門職化を図る必要性が注目されたこと，教師の学ぶ実践における協同の重要性が着目されたこと (Rosenholtz 1989, Hord 1997など) がある。

ところで，専門的な学習共同体における活動は，「分散型リーダーシップ」という複数のリーダーのイニシアチブによって企画・運営されるものである。それゆえ，学校長等の管理職にとっても，教務主任や研究主任等の実践的リーダーにとっても，どのような場面でいかなる役割を果たすべきか——考えるべきことは多い（リーダーシップ）。それに必要とされる，より成熟した信念，より複雑な実践的知識を獲得するためのリーダーとしての学習に，彼らは従事する必要がある。それに応ずるために，木原ら (2013) は，「学校を基盤とするカリキュラム開発」を推進するリーダー教師の育成に資する開発的研究を繰り広げている。それは，リーダー教師たちが学校を基盤とするカリキュラム開発について専門的な見地から多様な知識を獲得することができるハンドブック＝自学自習教材の開発である。このハンドブックは，カリキュラム開発の理論とモデル，その実践動向，カリキュラム実践の創造に関する意思決定の演習，所属校のカリキュラム実践の省察等の内容から成る冊子である。

さらに，最近では，複数の専門的な学習共同体の協力や協働についても，その重要性が指摘され，その可能性が理論的・実践的検討されている。それに前

向きな姿勢で取り組み，パートナーと共同的な関係を築き，それを通じた実践的知識の拡充を図る能力・資質が，今日，学校の組織的成長を図るためには不可欠であろう（パートナーシップ）。

　わが国においては，専門的な学習共同体およびそのネットワーク化は，実はある程度の歴史を有しているし，さらに進展中であるといえる。まず，わが国の伝統的な教師文化である授業研究は，旧来から，専門的な学習共同体のネットワーク化を志向していたと解釈しうる。それは，たとえば，いわゆる研究発表会の開催に代表されよう。わが国の学校における実践研究の歴史をひもとくと，すでに大正時代に，いくつかの学校は，講習会を催して，その授業を公開していた（木原 2006）。それは，「同僚以外の教員，教育行政関係者，保護者や地域住民，そして専門家などの目を通じて取り組みの成果と課題を明らかにするための『外部評価』」であった（木原 2006：125）。

　また，小中学校の連携教育や一貫教育（以下，小中連携）が強力に推進されている。1年に数回，ある中学校区の小中学校の教師が一堂に会する合同研修が開催されるといった程度のものから，小中学校の9年間の一貫カリキュラムを構築しているもの，さらには，それを指導する体制が柔軟に編成されている場合（多くは，施設一体型で〇〇学園などと呼ばれる）まで，そのレパートリーは広い（木原 2009a）。

1.2　教育工学的アプローチによる教師教育のベクトル

　前節で述べた教師像，それに基づく能力・資質を育むために，問題解決に実践的に取り組むことを旨とする，教育工学的アプローチは，どのような貢献ができるのであろうか。今日の教師教育研究と教育工学研究の接点を探ると，それは，表1-2の5つのベクトル，すなわち下位アプローチに分類できよう。あるアプローチは，表1-1の特定の教師像に期待される能力・資質の育成と呼応するものであるし，別のアプローチは，表1-1のあらゆる教師像に求められる能力・資質の育成に資する。

表1-2 今日の教師教育研究と教育工学研究の接点

具体的アプローチ	注目すべき概念やトピック
E. 文化的アプローチ	教員養成のプログラムの改善 文化としての授業研究 自主サークルの運営
D. 制度的アプローチ	米国の教職開発学校や英国の Teaching School わが国の教職大学院
C. フィールドアプローチ	教育実習の量的・質的充実
B. 対人関係アプローチ	教師教育者への注目，その力量形成 研究者と実践者のパートナーシップ メンタリングやコーチング
A. 環境設定アプローチ	模擬授業の高度化 ワークショップ型教員研修の企画・運営

1.2.1 環境設定アプローチ

　教員志望学生や現職教員がその能力・資質を高めるために，それを可能にする「学習環境」を彼らに提供しようとするアプローチである。それは，後述するカリキュラム開発や制度の確立ほど体系的ではないが，ツールやプログラムを開発して，教員志望学生や現職教員の学びの充実を図ろうとするという点で，極めて教育工学的である。

　たとえば，今日，校内研修においても，行政研修においても，ワークショップをそれに取り入れようとする動きが活発である。それによって，教師たちが，知識や技術の獲得に加えて，問題解決力の向上の機会を手にできるからだ。たとえば，村川（編）(2005, 2010, 2012) は，ワークショップ型の教員研修のためのさまざまなプログラム，メソッドを提案している。そして，それを活用した実践事例を分類・整理している。

　また，かつてのマイクロティーチングの研究をより高度化し，実践的にするための教育工学的研究も登場している。たとえば，和歌山大学教育学部附属教育実践総合センターには，電子黒板やタブレット型端末等の ICT 環境を有する模擬授業教室が設置され，そこで，教員志望学生が授業づくりに関する知識

を豊富化し，その技術を高めている[3]。

1.2.2 対人関係アプローチ

　子どもにとって教師は重要な他者であるから，また，教授－学習は人と人とのコミュニケーションの過程として性格づけられるから，教職は，もともと人間関係のダイナミクスを特徴とする業である。それは，教師が学ぶ場面においても，再帰しよう。すなわち，教師は，同僚等の他者と相互作用する中で，学び，そしてそれを継続できる。こうした原理に基づく教育工学的取り組みの代表的な存在は，次のようなものであろう。

　1つは，メンタリング等に関する実践的研究である。メンタリングは，岩川（1994）によれば，「経験を積んだ専門家が新参の専門家の自立を見守り，援助すること」であると定義される。そのようなヒューマンサポートを支援するためのシステム開発研究が，教育工学的アプローチによるものとして，高等教育における取り組みを含めて，いくつか確認される（松田ほか2005；大島ほか2005；脇本ほか2010）。たとえば，脇本ら（2010）は，初任教師とメンターたるベテラン教師のコミュニケーションを支え，促すシステムを開発している。脇本ら（2010）が提供したシステムを用いると，両者の対話において子どもの話が引き出され，また，初任教師に伝わるように熟達教師が子どもの話ができるようになったという。近接概念であるコーチングについても，千々布（2007）は，コーチングの歴史や特徴を整理しつつ，コーチング研修のプログラムを提案している。また，その一部を行政研修において実践している。

　2つは，実践者と研究者の共同研究の方法論に関する検討である。木原（2004）は，学校という臨床の舞台に身を置く教師と研究機関である大学に籍を置く研究者が共同的授業研究を企画・運営する際に研究者が果たす役割，その多様性について，自身が参画した複数の共同的実践研究の整理に基づいて，述べている。木原（2004）も言及するように，学校組織に属する複数の教員と研究者個人が共同的な営みを繰り広げる際に，研究者は，教師間のコミュニケーションやコラボレーションの調整に配慮せざるを得ない。教師の成長を支えるために教育実践研究者が何をすべきかについては，教育工学的な授業研究の重要な課

題であった。たとえば，藤岡（2000）は，それを「研究者は，ねがいと意図を授業者と共有し，授業者が授業の中で起こっていることを対象化できるような『しかけ』を準備する」(p. 149) と述べ，共同研究者の役割を教師が自身の授業を省察するためのツールやシステムの開発に求めている。しかしながら，教師によるアクションリサーチ，それに関与する研究者等のスタンスや果たすべき役割については，共通理解が成立したとは言い難く，今なお，論争的である。

3つは，「教師教育者」の育成に関する取り組みである。わが国の教員養成学部・大学においては，長らく，教員志望学生にいかなる能力を培うかについて，教科指導の内容に関する知識や技能を育むことを重視する立場と教職に固有の態度や指導力を重視する立場という，異なる価値観が拮抗していた。それは，そのスタッフに期待する能力・資質についても，学術研究の成果と実践的経験という違いを生んでいた。それらを統合すべく，今日，教員養成に参画するスタッフには，教員養成カリキュラムで自身が担当する科目において，教員志望学生たちに問題解決的な学びを体験させるよう，そのデザインを工夫する「教師教育者」でなければならないという観念が市民権を得つつある。2013年2月に開催された全米教員養成大学協会の第65回大会では，Major Forum の1つに，次世代の「教師教育者」の養成と実践（Preparation and Practice of Next-Generation Teacher Educators）が設定されていた。教師教育者の養成は，世界的にも，教師教育に関する研究の最も重要な課題の1つになりつつある（Korthagen 2001）。彼らには，教師を養成することを学ぶ（Learning to teach teachers）という発想が求められるが，それは，アイデンティティの変容を伴わざるを得ないので，容易ではないからである（Ben-Peretz et al. 2013）。

1.2.3　フィールドアプローチ

ほかの先進国に比して，わが国の教員養成段階のカリキュラムに位置づけられる実習は，極めて限定的である。たとえば，野中ら（2014）が報告しているように，英国の学部レベルでの教員養成では，32週間にわたって，教員志望学生は，学校現場での実習に従事する。米国の場合も，州によって違いはあるけれども，長い場合には，英国のケースに近い。

わが国においても，教員養成学部・大学においては，教員免許を取得するために必要となる実習単位を満たすためだけでなく，それを相対化したり，補足したりするための実習をカリキュラムにおいて準備している場合が少なくない。複数の免許を取得するために教育実習期間を増やす場合に加えて，へき地や外国での実習といった特色ある教育実習プログラムを提供している教員養成学部・大学もある。

さらに，平成19年度の日本教育大学協会による協会会員大学へのアンケート調査によると，地域の学校，ないしは社会教育施設等で行われる学生のボランティア活動（学習・休み時間支援サポーター，放課後子ども教室学生指導員，児童館ボランティア，介護支援など）に対して，単位を与える教育プログラムを有していた大学は，30校を数え，回答した大学の54％に相当した（松田 2010）。そして，教育課程外のプログラムとなると，その数は，40校（71％）にものぼった。また，後述する教職大学院のカリキュラムには，学校における実習が10単位以上設定されており，教員志望学生や現職教員の修士レベルの学びにおいても，フィールド経験が重視されている。

教員養成段階のフィールド経験を，教育工学的アプローチで支え促す営みには，2つの方向性が確認されよう。1つは，実習経験が教員志望学生の能力・資質にどのような影響を与えたのかを測定・評価する記述的研究である。たとえば，三島（2007）は，授業イメージ・教師イメージ・子どもイメージが教育実習前後でどのように変容するかを調べることを主な目的とし，教育実習生114名を対象にして実習前後に質問紙調査を実施している。それぞれのイメージを構成する因子を導出するとともに，授業を肯定的，主体的に捉えるようになる，教師の役割理解が深まるといった変化が教育実習生に生じたことを明らかにしている。

もう1つは，システム開発である。たとえば，永田ら（2002）は，教育実習前の大学3年生が，CSCL環境によって，教育実習経験のある大学4年生や現職教員を含む大学院生と異学年交流しながら学習指導案等を作成・改善する過程をポートフォリオ化する授業実践を行っている。その結果，大学3年生には反省が促され，学習指導案等が改善されていったこと，同じ大学3年生同士

や大学4年生との交流よりも，大学院生との交流がより大きく影響することを確認している。また，望月ら（2010）は，ソーシャルネットワーキングサービス（SNS）を活用し，教育実習生が実習期間中の体験報告に基づいた対話を行う場を提供することで，彼らに，教育実習に関する振り返りを促進するとともに，彼らが実習期間中に身近なソーシャルサポートを得られる環境を構築した。それらを通じて，教育実習に関する実践コミュニティが創出されたという。

現職教育においても，フィールドアプローチは，その地歩を固めつつある。たとえば，いくつかの都道府県教育委員会は，管理下の教師を学力・学習状況調査で好成績を得ている都道府県下の小中学校に派遣し，彼らに学力向上に資する営みを体感させている。あるいは，たとえば中学校に籍を置く教師が校区内の小学校に数年間勤務する取り組みを有する地域が増えつつある。それによって，当該教師たちは，異校種の学校文化への適応を余儀なくされ，しかし，それゆえに探究的実践家としての資質を磨き，また専門的な共同体のメンバーとしての自己を再構築できるからだ。

1.2.4 制度的アプローチ

教員志望学生や現職教員の多様な能力・資質を培うために，先進国では，新しい教育制度が創設されている。特に，教育に関わる理論と実践の往還，大学と学校現場の連携を旨とする制度が次第に整いつつある。そして，教育工学的アプローチを採用する教師教育研究者は，その運用に関する分析や開発に着手している。

たとえば，野中ら（2013）は，英国の教師教育改革の動向を，現地調査をふまえて明らかにしている。そして，彼の地の教員養成がトップダウン的であり，国の基準に従って営まれてきたこと，その原理は今日も変わっていないが，最近では，基準の精選が進んでいることを指摘している。また，教育実習における指導と評価は，大学と学校現場のパートナーシップに基づき，極めてていねいに実施されていること，さらに，今日，Teaching Schools という優れた学校を基盤とする教員養成システムの台頭，複数の学校のアライアンスによる現職教育の営みの萌芽等も指摘している。

米国における，教職開発学校（Professional Development School，以下 PDS）の営みも，制度の確立によって，教員志望学生や現職教員の問題解決能力等を高めることを標榜するものである。PDS は，教員養成，教育実践研究を大学と学校現場がパートナーシップを築いて進めていくための舞台として開発された。小柳ら（2013）や野中ら（2014）によれば，PDS は，最近，困難を抱える地域における実践に目を向けている。たんなる教育実習校とは異なり，子どもの学力保障，学習改善に責任を負っている PDS は，当該学校の家庭や地域の文化（使用している言語ほか）に対応していこうとしている。そのため，教員の配置や研修（Co-teaching の取り組み），採用政策などに関わって教育委員会と学校群と大学群が，地域でコンソーシアムを作り取り組んでいる。

わが国においても，中央教育審議会答申「今後の教員養成・免許制度の在り方について」（平成18年7月11日）における提言をふまえた制度改正の下，専門職大学院としての教職大学院が発足した。教職大学院は，平成27年度までに，日本全国の 27 大学に設置されている。そして，そこにおける教育方法の教育工学的な見地に基づく工夫改善について，研究知見が次第に集積されている（たとえば，小柳 2008，永田ほか 2009，國松ほか 2010）。

1.2.5　文化的アプローチ

これは，教員志望学生や現職教員のための学びのコミュニティを構築し，それを一種の文化として成熟させることで，彼らに，仲間とともに成長することを尊ぶ価値観を育むとともに，それを糧として，自らに必要な学びをデザインしていく姿勢を確立してもらうアプローチである。当然，その営みは，継続的であり，徒弟的になる。たとえば，澤本（2008）は，教師が実践知を獲得するための授業研究の方法論を提唱し，実践しているが，そうした取り組みに大学生を接近させる高等教育のプログラム開発に着手し，その成果と課題を報告している。

ところで，文化的アプローチの象徴は，わが国の教師たちの伝統的な営みである，サークル活動であろう。これは，学校をまたいだ，実践研究に関する，教師たちのコミュニティである。わが国では，いわゆる民間教育研究団体によ

る運動は，長い歴史を有し，教育現場の取り組みに示唆を与えてきた（田中 2005）。たとえば，算数・数学や理科等の教材やカリキュラム，指導法の開発と普及において，いくつかの団体は大きな役割を果たしてきた。また，いくつかの組織によって，学級集団づくりの新しい方法論が提案され，実践されてきた。今日，それは，たとえばICT活用や情報教育のようなテーマに関しても，研究同人を集め，営まれている。

わが国の小中学校等で営まれている授業研究も，ある種の文化として性格づけられる。プロジェクトとして資金が得られるわけでもなく，その企画・運営が教員研修として義務づけられるわけでもないが，わが国の教師たちは，研究授業を題材とするケースカンファレンスに従事し，そこで，自身の信念・知識・技術を再構築している。そうした教員文化・学校文化としての授業研究は，今日，世界授業研究学会（World Association for Lesson Study：WALS）が発足し，世界各地で授業研究が企画・運営されている状況にあっても，また，一部には形骸化している点が確認されるにせよ，独特の輝きを放っている（吉崎 2012）。

なお，文化的アプローチによる教師教育の研究と実践においても，先の藤岡（2000）に代表されるように，そのための「しかけ」が用意されるところが，教育工学的である。木原（2009b）も，「学校研究の企画・運営モデル」を描き，それに位置づけられる「実践ポートフォリオとしての研究紀要等の作成と活用」「授業やカリキュラムに関する外部評価－研究発表会等の開催」「エビデンスの尊重－学力調査等の有効利用」は「学校研究の連続・発展に資する『装置』」であり，それらと授業研究の連動が，わが国の学校研究の一環としての授業研究の特色であり，独自性であると述べている。

注
1) 国立教育政策研究所のホームページの該当部分 http://www.nier.go.jp/kaihatsu/pdf/Houkokusho-5.pdf を参照されたい。
2) 筆者らは，米国の教員養成大学のネットワークである全米教育大学協会（American Association of College for Teacher Education, AACTE）の第65回大会（2013年2月26日から3月2日に米国フロリダ州のオーランドで催された）に参加した。この大会では，自由なトピックによる発表が117件用意された。それらは，①教育学部の目的の再定義

(19件), ②効果的な教員養成プログラム (29件), ③コミュニティとのパートナーシップ (20件), ④実践と調査, 理論の結合 (51件) という4つの柱に分類されるものであった (一部のケースは複数の柱に関係する)。コロンビア大学のプログラムは, ④に位置づくものとして報告された。

3) 和歌山大学教育学部附属教育実践総合センターのホームページに, 授業シミュレーション教室 (模擬授業教室) のデザインの工夫に関する説明が載っている (http://center.edu.wakayama-u.ac.jp/202.html)。最終閲覧日：2014年8月10日。

参考文献

秋田喜代美 (1999)「教師が発達する筋道」藤岡完治・澤本和子 (編)『授業で成長する教師』ぎょうせい, 27-39.

Ben-Peretz, M. et al. (2013) *Teacher Educators as Members of an Evolving Profession*, Rowman & Littlefield Education.

千々布敏弥 (2007)『スクールリーダーのためのコーチング入門』明治図書.

Darling-Hammond, L. (1996) "The Quiet Revolution : Rethinking Teacher Development," *Educational Leadership*, 53 (6) : 4-10.

Day, C. (2008) "Committed for life? Variations in teachers' work, lives and effectiveness," *Journal of Educational Change*, 9 : 243-260.

Day, C. and Gu, Q. (2013) *Resilient Teachers, Resilient Schools*, Routledge.

Foresight Mental Capital and Well-Being Project (2008) *Final Project Report*, London : The Government Office for Science.

藤岡完治 (2000)『関わることへの意志』国土社.

藤岡完治 (2003)「臨床的教師教育とそのツール・コンセプト・システム」『日本教育工学会論文誌』27：49-59.

Griffin, P., McGaw, B. and Care, E. (Eds.) (2012) *Assessment and Teaching of 21st Century Skills*, Springer. (三宅なほみ (監訳) 益川弘和・望月俊男 (編訳) (2014)『21世紀型スキル——学びと評価の新たなかたち』北大路書房).

Hord, S. M. (1997) "Professional Learning Communities : Communities of Continuous Inquiry and Improvement," *Issues about Change*, 6 (1).

岩川直樹 (1994)「教職におけるメンタリング」久冨善之・佐藤学 (編)『日本の教師文化』東京大学出版会, 97-107.

梶田叡一 (1985)『自己教育への教育』明治図書.

木原俊行 (2004)『授業研究と教師の成長』日本文教出版.

木原俊行 (2006)『教師が磨き合う「学校研究」』ぎょうせい.

木原俊行 (2009a)「子どもの成長・発達に資する小中連携」全国公立学校教頭会 (編)『学校運営』51 (1)：12-15.

木原俊行（2009b）「授業研究を基礎とした学校づくり」日本教育方法学会（編）『日本の授業研究──Lesson Study in Japan：授業研究の方法と形態〈下巻〉』学文社，127-137.

木原俊行・矢野裕俊・森久佳・廣瀬真琴（2013）「学校を基盤とするカリキュラム開発を推進するリーダー教師のためのハンドブックの開発」『カリキュラム研究』22：1-14.

Korthagen F. A. J. (Ed.) (2001) *Linking Practice and Theory: The Pedagogy of Realistic Teacher Education*, Lawrence Erlbaum Associates, Inc.（武田信子（監訳）(2010)『教師教育学──理論と実践をつなぐリアリスティック・アプローチ』学文社.）

國松弘子・植田誠人・遠藤育男・平松祐・安齊美香・杉浦綾子・杉原由佳梨・酒井宣幸・益川弘如（2010）「連携協力校と教職大学院の合同校内研修の取り組み──学習プロセスの可視化を基盤とした授業分析を通して」『JSET 11-1』：31-36.

松田恵示（2010）「日本教育大学協会会員大学における『教育とボランティア』に関わる取り組みの現状」日本教育大学協会（編）『「教育支援人材」育成ハンドブック』書肆クラルテ，237-254.

松田岳士・本名信行・加藤浩（2005）「e メンタリングガイドラインの形成とその評価」『日本教育工学会論文誌』29：239-250.

McLaughlin, M. W., and Talbert, J. E. (1994) "Teacher Professionalism in Local School Contexts," *American Journal of Education*, 102：123-153.

三島知剛（2007）「教育実習生の実習前後の授業・教師・子どもイメージの変容」『日本教育工学会論文誌』1：107-114.

水山光春（2008）「第3章　シティズンシップ教育」杉本厚夫・高乗秀明・水山光春『教育の3C時代』世界思想社，155-227.

望月俊男・北澤武（2010）「ソーシャルネットワーキングサービスを活用した教育実習実践コミュニティのデザイン」『日本教育工学会論文誌』33：299-308.

村川雅弘（編）（2005）『授業にいかす教師がいきる──ワークショップ型研修のすすめ』ぎょうせい．

村川雅弘（編）（2010）『「ワークショップ型校内研修」で学校が変わる学校を変える』教育開発研究所．

村川雅弘（編）（2012）『「ワークショップ型校内研修」充実化・活性化のための戦略＆プラン43』教育開発研究所．

永田智子・鈴木真理子・浦嶋憲明・中原淳・森広浩一郎（2002）「CSCL 環境での異学年交流によるポートフォリオ作成活動を取り入れた教員養成課程の授業実践と評価」『日本教育工学会論文誌』26：215-224.

永田智子・森山潤・森広浩一郎・掛川淳一（2009）「教職大学院用 e ポートフォリオ・システムの開発と試行」『日本教育工学会論文誌』33（Suppl.）：65-68.

野中陽一・小柳和喜雄・木原俊行・田中博之（2013）「英国の教師教育に関する動向調査──ブライトン大学の事例を中心に」『日本教育工学会研究報告集』13(5)：77-82.

野中陽一・小柳和喜雄・木原俊行・田中博之 (2014)「英米の教師教育の動向に関する比較調査研究」『日本教育工学会第30回全国大会講演論文集』: 343-344.

大島律子・大島純・石山拓・堀野良介 (2005)「CSCL システムを導入した協調学習環境の形成的評価——メンタリングを通じた学習環境の解釈と支援」『日本教育工学会論文誌』29: 261-270.

小柳和喜雄 (2008)「教職大学院における学習環境設計に関する研究」『日本教育工学会研究報告集』8(3): 63-68.

小柳和喜雄・木原俊行・野中陽一・田中博之 (2013)「教育工学的な視点に基づく教師教育ハンドブックの海外調査研究」『日本教育工学会第29回全国大会講演論文集』: 647-648.

Rosenholtz, S. J. (1989) *Teacher's Workplace*, New York: Longman.

佐藤学 (1994)「教師文化の構造」稲垣忠彦・久冨善之 (編)『日本の教師文化』東京大学出版会, 21-41.

佐藤学 (1996)『教育方法学』岩波書店.

澤本和子 (2008)「教育学科専門科目『授業研究論1・2』開発事例研究——教師の自己リフレクションを用いた授業研究指導の省察」『日本教育工学会論文誌』32: 405-415.

澤本和子 (2012)「授業リフレクションを用いた教育実践研究」『教育工学における教育実践研究』ミネルヴァ書房, 30-49.

柴田義松 (1990)「教育技術の特質は何か」柴田義松・杉山明男・水越敏行・吉本均 (編)『教育実践の研究』図書文化, 12-21.

ショーン, D. (著), 佐藤学・秋田喜代美 (訳) (2001)『専門家の知恵——反省的実践家は行為しながら考える』ゆみる出版.

Shulman, L. S. (1987) "Knowledge and Teaching: Foundation of the New Reform," *Harvard Educational Review*, 57(1): 1-22.

田中耕治 (2005)「序章 戦後における教育実践のあゆみ」田中耕治 (編)『時代を拓いた教師たち』日本標準, 13-34.

吉崎静夫 (1987)「授業研究と教師教育 (1)——教師の知識研究を媒介として」『教育方法学研究』13: 11-17.

吉崎静夫 (2012)「世界における授業研究の普及と展望」吉崎静夫・水越敏行・木原俊行・田口真奈『授業研究と教育工学』ミネルヴァ書房, 190-204.

脇本健弘・苅宿俊文・八重樫文・望月俊男・酒井俊典・中原淳 (2010)「初任教師メンタリング支援システム FRICA の開発」『日本教育工学会論文誌』33: 209-218.

第 2 章

教師の力量の概念に関する理論的動向
——諸外国とわが国におけるスタンダードの開発をふまえて

小柳和喜雄

2.1 はじめに

　多くの国々で，この20年くらいの間に，教師教育の価値は何であるのか？　初任の教師とベテランの教師は何を知り，何をすることができるべきなのか？　授業実践の質についての判断はどのようになされるのか？　など教師の専門性を問う声，またその育成に向けて何をなすべきかが，さまざまな立場の人からいわれてきた。

　本章では，このような教師の力量を問う，ヨーロッパ，北米，アジア・オセアニアの国の動きを参照し，実践・理論的動向を整理するとともに，日本のスタンダード開発に向けた大学などでの試みを取り上げ，教師の力量形成に関する取り組みについて再考しようとしている。

2.2　世界の教師教育の動向概略

　Cochran-Smith and Fries（2005）によれば，教師教育はさまざまな国で，またさまざまの時代に，その取り組みにおいて異なる力点が置かれてきたことが述べられている。

　たとえば米国・英国・オーストラリア・カナダなどは，1）養成の問題に目を向け，適切なプログラムを教員養成機関が工夫し行っているかを重視した時代があった。次に 2）学習者の問題に目を向け，その教育の質の評価が各教員養成機関の判断に任されていた時代から，卒業学生のパフォーマンスが結果どうなったのかに関心を向ける時代へ力点が変わった。さらに，3）政策の問題

として考えることへ，つまり養成を含めた教師教育のための適切な政策を，その教え子である子どもたちの学習の姿と関係づけて考えるべきであるという時代へ，その力点を変えてきた，ことを指摘している。

実際，多くの国々で，この20年くらいの間に，教師教育の価値は何であるのか？ 初任の教師とベテランの教師は何を知り，何をすることができるべきなのか？ 授業実践の質についての判断はどのようになされるのか？ など教師の専門性を問う声が，さまざまな立場の人からいわれてきた。

そのような動きや問いに対して，Darling-Hammond and Lieberman（2012）は，教師の専門性を培う戦略として，1）授業力などに関するスタンダードを明確にする動き（米国の NBPTS, INTASC），これを参考にしたシンガポールの動き，香港の ACTEQ による教師のコンピテンシー・フレームワークの開発，より最近では，オーストラリアの AITSL（Australian Institute for Teaching and School Leadership）によるナショナル・スタンダードの開発，2）養成の質を高めるため，教育実習を担う学校と養成を行う大学などのパートナーシップの洗練化（米国の Professional Development School，英国の Teaching School，フィンランドの Special Teacher Training School などによる臨床的な実践の充実，オランダなどにみられるリアリティショックへの対応として，養成におけるリアリティを学ぶアプローチの工夫），3）養成プログラムから初任者研修への橋渡しとしてのメンタリングの実施，またその後の現職研修との関連など，キャリアラダーを明確にした取り組み，4）継続的に専門性を伸ばしていくための手立てとして，教師の仕事とその役割の中に「学び」を埋め込む取り組みとそれを証明する各種認証制度を連動させる取り組み，5）専門性を広く磨いていくためのアプローチとして，学校間，地区などによる組織的な取り組み（相互視察，合同研修，モデル校の創設ほか）が，さまざまな国で行われてきたことを取り上げている。

そしてこれらさまざまな国で取り組まれてきたことを整理しながら，その専門性を高める実践を導き，挑戦していく必要があることとして，次の8点を取り上げている。

A）能力の高い学生を質の高いプログラムに導く仕組みとそのための戦略

（教員を目指す優秀な入学生の確保）を練ること，B）理論と実践を架橋するよく練られたプログラムや教育実習（それを行える学校の準備）を用意すること，C）専門性を発揮する授業力スタンダードを明確にし，それを運用すること，D）教室での実践と子どもの学習活動の姿をつないでみる教師のパフォーマンス・アセスメントを測る方法や道具を作り出していくこと，E）初任者研修等に関わって，メンタリングや職員で協同でその実践を計画運用していく取り組みなど，効果的なモデルを確立すること，F）教師が継続的に互いに学んでいくことができる文化や仕組みを構築していくこと，G）キャリアラダーを明確にすること，H）教師一人ひとりや学校内に終わらず，広範囲（複数の学校区）でその能力を磨いていく仕組みや文化を作っていくこと，である。

以上のように，Cochran-Smith and Fries（2005）の3つの教員養成の力点の変遷の指摘，そして，Darling-Hammond and Lieberman（2012）の上記8点の指摘は，教師の力量形成をその入り口から継続的に行い，質保証をしていくことと関わって，現在の世界の動きについて考える示唆を与えてくれている。

2.3　高等教育改革の動きと教師教育

しかし見落としがちなこととして高等教育それ自体の改革も触れておく必要がある。教員養成も高等教育制度の一角をなしているからである。そのため，以下，高等教育の改革の動きもここでおさえながら，本論のテーマに迫っていきたい。

周知のように，ヨーロッパでは，1998年のソルボンヌ宣言，それを受けたボローニア宣言（Bologna Declaration 1999）以降，2010年までに高等教育における欧州圏（European Higher Education Area：EHEA）を構築し，世界に通用する高等教育のための制度を確立する動きがあった。この改革の動きがボローニア・プロセスと呼ばれ，高等教育改革として国を越えた高等教育の制度改革の動きを進めてきた（鈴木・杉原 2011）。

欧州の国々の高等教育は，国を越えた行き来が容易である。しかし以前は，高等教育のシステムがそれぞれ独自にあり，欧州として組織的に「高度に創造

的で革新的な知識の欧州」を目指していくにはさまざまな課題に直面していた。そこで，卒業生が国を越えて自由に移動ができることを可能にし，就職率を上げ，就業とも関わる生涯学習支援をしていく政策を考えるに至ってきた。

その1つが，3つの学位レベル（学士，修士，博士）に共通の構造を構築していくこと，共通の履修単位をカウントするシステムを構築すること，単位互換システム（ECTS）を構築すること，などを掲げた先にも述べたボローニア・プロセスと呼ばれる高等教育改革であった。フィンランドなど，このボローニア・プロセスの学位取得（学士3年，修士2年，そして博士）の考え方に近い国は，2006年から試行をはじめ（小柳 2007），その他の参加欧州諸国は，2010年までにシステムとしての移行の完成を目指してきた。

ボローニア・プロセスについては，その導入と関わって，また実際の移行の煩雑さと関わって，その問題性を指摘する声も多くみられた。しかしこの取り組みを通じて（ボローニア・プロセスに即して），参加各国は，マクロレベルの政策として，高等教育にかなり強い国レベルのイニシアチブを発揮し，その学習結果（Outcome base）に関心を向ける取り組みを行ってきた。そして，そこではその取り組みの結果が就職に活きる点をかなり考慮し，細分化された専門を深めていくカリキュラムから，むしろあらゆる現代的な課題に応用可能な生成的なカリキュラムに関心を向ける動きに至った。

Educational Research Journal は，この移行のある程度の完成を見た2010年に，どのような成果や問題があるのかを振り返り，現状把握に努めている（Kallioinen 2010；Young 2010）。

そこでは，マクロレベルでは，欧州の高等教育改革として，1）求められる能力や内容領域の検討などを組織的に進めることができたこと，2）博士課程コースの改革が進められたこと，3）就職と関わって高等教育についてより戦略的な検討をするにいたったことなど，ある一定の成果を見せ始めていることが上げられていた。しかしながら一方で，ミクロレベルでは，1）入学者の文化・コミュニティレベルの問題へさらなる考慮の必要性，2）汎用可能な能力を育成する履修内容や就職との関わりを強く意識化したカリキュラムの構築に進んだため，専門性を伸ばすプログラムが組みにくくなっているなど，多様

問題をはらんでいることが指摘されていた。

　もちろんボローニア・プロセスは，教育系の高等教育だけを対象にしているのではない。そのため，その意味や課題をそのまま教育系の高等教育の取り組みに取り入れるのは適切ではないが，ある程度の示唆は得られると考えられる。

　たとえば，ボローニア・プロセスでは，現在，1）「与える」プログラムから「獲得できる」プログラムへ，2）積み上げ式カリキュラムと教育方法から課題掘り下げ型学習や螺旋的学習方法の導入へ，3）フォーマルな学習環境デザインだけでなく，フォーマル・ノンフォーマル・インフォーマルな学習の効果的なデザインの考慮へ，などが検討課題として挙げられている。

　これらの課題に対して，ボローニア・プロセス参加国，その教育系の高等教育がどのような具体的な課題に即して，取り組みを試行したり，運用を開始したりしているか，など，その実際をより詳細に調べていくことが，今後，日本で，この課題を考えていく上でも有効と考えられる。

　確かに同じヨーロッパの国々でも，高等教育の授業料に関わって無償のドイツのような国（州によるが）もあれば，そうでない国もある。またボローニア・プロセスに必ずしもすべて応じるわけでもなく，独自な点を残している国もあり，一括りにできない。しかしこのような国際的な仕組みの導入は高等教育における教師の力量形成を考える場合に，先の Darling-Hammond and Lieberman (2012) の (A) 質の高いプログラムに能力の高い学生を導く仕組みとそのための戦略（教員を目指す優秀な入学生の確保）を練ることとも関わって，見過ごすことはできないことであるといえる。

2.4　専門性形成の戦略としてのスタンダードの作成とその運用の検討

　以下では，本章のサブタイトルにある「諸外国とわが国におけるスタンダードの開発をふまえて」に焦点化し，先の Cochran-Smith and Fries (2005) の 3 つ変遷，および Darling-Hammond and Lieberman (2012) の (B) (C) (D) に目を向け，専門性形成の戦略としてのスタンダードについて，ヨーロッパ，

北米，アジア・オセアニアの特徴的な国の取り組みを取り上げて検討を行う。

2.4.1 ドイツの場合

　ドイツの場合は，先に述べてきたボローニア・プロセスに加えて，教員養成の伝統であった試補期間を加え7年以上かけて行う教員養成を行っている（しかもこの間の授業料はほとんどの場合無料という取り組み）。ドイツにおける教員養成は，いくらかユニークであるため，以下少し説明を補う（小柳 2010；山本 2012；坂野 2013）。ドイツでは2段階養成の形を取っている。第1段階は，大学で行われ，州や職種（初等学校教員，中等学校教員など）によって異なるが，およそ①専門科目（少なくとも2つ），②教科教授学，③教育学，④実習，の4領域を7から9セメスター期間学び，その後，第1次国家試験を受け合格することで修了する。続いて，第2段階は，大部分学校における試補勤務により行われ，これも州や職種（初等学校教員，中等学校教員など）によって異なるが，およそ1年半から2年間かけて行われる。試補勤務を進めながら定期的に大学のゼミナールに参加し，教育理論，教授学，教育法令など法律を学ぶ。その後，第2次国家試験を受け，合格することによって修了する。

　免許の種類としては，複数のタイプがあり，たとえば，①基礎学校あるいは初等教育段階の教員，②初等教育および前期中等教育（オリエンテーリング段階を含む，ハウプトシューレ，レアルシューレ，ギムナジウム，ゲザムトシューレなど全学校種あるいは1学校種）の教員，③前期中等教育の全学校種あるいは1学校種の教員，④後期中等教育（一般）あるいはギムナジウムの教員，⑤後期中等教育（職業）あるいは職業専門教育学校の教員，⑥特殊学校の教員，がある。各種類によって，標準修学期間は異なっている。

　しかし，ボローニア・プロセス以降，教員養成の修士化の動きも生じ，州によって，大学によって，またどのような免許の種類をもつ教員を採用するのかが異なる状況もあり，現在も大学における養成はそれを受けて多様であるというのが実情である。ただし，ドイツは，2004年12月に，「教師教育のためのスタンダード：教員養成の明確化（Standrads für die Lehrerbuilding：Buildingswissenschaft)」を出し，求められる教師の能力をスタンダードとして共通確認しよう

とする取り組みが行われた（後掲図 2-4 参照）。また各教科で求められる教員の能力もスタンダードとして明らかにしてきた。ボローニア・プロセスに沿ってカリキュラム改革や単位互換制度への対応を行いながら，このような教職教育と教科教育のスタンダードをクロスさせながら，質保証を測るカリキュラムを検討することで，教師に求められる力量の概念を視覚化し，大学と試補業務を担う学校とでより組織的に教員養成を行う体制を作っている。

2.4.2　米国の場合

　米国の教員養成は，基本的に州の教育委員会から「求められる教員の資質能力」（州を越えて用いられている InTASC standards；図 2-4 参照などとも関わって）が明示され，養成を行う大学などの教育機関がそれを参照し，その要件を取り込みながら養成カリキュラムを編成する傾向がみられる。ここでは，電子的なポートフォリオを用いて，専門性形成の戦略として，スタンダードを用いている最近の取り組みに目を向け述べていく。

　まず最近の動きとして，2013年より，米国では教育的教員パフォーマンス・アセスメント（Educational Teacher Performance Assessment：edTPA）が動き出している。それは，アセスメント，学習，平等のためのスタンフォードセンター（Stanford Center for Assessment, Learning and Equity：SCALE）が，全米教員養成大学協会（the American Association of Colleges for Teacher Education：AACTE）とパートナーを組み，開発した教員志望者の授業力等（Teaching Performance Assessment）をアセスメントする評価の枠組みやその運用体制（27の教科や校種対応）を意味している。より具体的にいえば，edTPA は，教員志望者が教室で授業をするためにまず求められる，計画・遂行・評価（Planning, Instruction, Assessment）に関する知識や技能や能力を有しているかを測る，web-based のポートフォリオを活用した教員養成の質保証の体制，さらにいえば，全米でのその標準化を志向した教育体制のことを指している。

　SCALE は，全米教職専門職基準委員会（the National Board for Professional Teaching Standards：NBPTS）や州間教員評価支援協議会（the Interstate Teacher Assessment and Support Consortium：InTASC）の Standards portfolio, そしてカ

リフォルニアの教師のためのパフォーマンスアセスメント (the Performance Assessment for California Teachers：PACT)，など先行した基準に基づく質保証の取り組みから得た知見を集約し，多くの教員や教員養成の教育者，研究者からフィードバック情報を取集しながら，この edTPA の開発を行ってきた[1]。

　大学は edTPA を教員養成プログラムの修了を証明する認証 (Certification) として，また自治体（州）としては，免許（Licensure）を出す要件としているところも出てきている。2014年4月現在，全米の34州と the District of Columbia の500以上の教育機関がこの取り組みを運用，また試行をはじめている[2]。

　edTPA が評価しようとする内容で特徴的なことは，子どもの学習活動に，教授行動がどのように寄与しているかを評価する点である。つまり教員としてのパフォーマンスのアセスメントはあくまで子どもの学びの成果を裏付けとして評価されるという点である。それを中心として，1）教科に関する知識，内容基準（Common Core State Standards Initiative）の理解，教科固有の教育方法，2）多様な子どものニーズに関する知識，子どもの（経験や既習）知識の活用，3）どのように子どもが学ぶかに関する研究と理論の理解，4）授業が子どもの学習に効果をもつことを把握する省察力・分析力，を評価しようとしている（図2-1参照）。

　また5）授業で指導する際に重要となる学習言語（Academic Language：米語を母国語としない子どもに，各教科の学習内容のキーワードとなっている言葉，授業で学習活動の指示などを出す際の教師の指導言など，教育用語のこと）への感覚やその実際の運用も問おうとしている。

　このように多次元的な尺度を用いて，教員を目指す学生のティーチングに関するアセスメントを行うものである。具体的には，教員志望学生は，先の1）から5）について図2-2の要件に従って，電子ポートフォリオにその達成を示す証拠や解説を提出するものである。

　電子ポートフォリオは，大手出版社の Pearson がその開発に携わり，その運用もそこを中心に進められている。

　教師志望者は，受信料を払い，インターネット上の WWW から，まず登録を行い，図2-2に示した各評価項目に沿って，自身の所属する教員養成機関

授業計画
- 教育内容の理解（Common core）
- 子どもの学習ニーズ支援
- 子どもの（既習）知識の活用
- 子どもの学習を見取る評価情報の収集

次の授業を考えるために必要な情報を用いる
アカデミック・ランゲージ

計画の決定を判断する
アカデミック・ランゲージ

子どもの学習活動

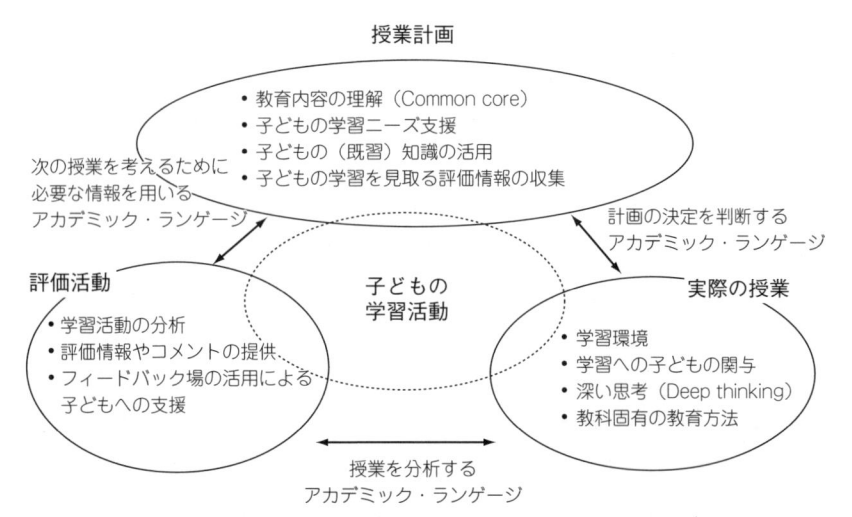

評価活動
- 学習活動の分析
- 評価情報やコメントの提供
- フィードバック場の活用による子どもへの支援

実際の授業
- 学習環境
- 学習への子どもの関与
- 深い思考（Deep thinking）
- 教科固有の教育方法

授業を分析する
アカデミック・ランゲージ

図 2-1 効果的な授業のサイクルと edTPA で求められる課題[3]

での学びの成果や教育実習の成果をそこにアップロードし，解説を書き込む。これらのデータは，トレーニングを受けたその学生の所属する養成機関のスタッフ，所属する学校区の教員，教育関係者からルーブリックにより判断され，その力の習得が評価される。合格できない場合は，データ修正を含む所定の手続きを経て，再審査を申し出る形となっている。

　しかしこの edTPA は始まったばかりの状況で，この運用に関わっては賛否の論議もある。まず TPA や edTPA を用いることの合理性を主張する論調としては，たとえば Peachone and Chung（2006）は，カリフォルニアで蓄積されてきた教員のパフォーマンス評価（PACT）による取り組みの経過の説明とその効果の説明をし，パフォーマンス評価の妥当性と信頼性を述べている。また Darling-Hammond and Hyler（2013）は，edTPA がどのような経過で生まれてきたか，その妥当性と信頼性，そして TPA を用いてどのように教員養成を支援していくかを説明している。一方で，edTPA がもちうる問題性の指摘として，Madeloni and Gorlewski（2013）は，edTPA が，教えることの不確かさの可能性（一般化された教育の方法ばかりが有効なのではなく，説明がつかないが効果的な教育方法も存在する）の価値を過小評価していることを問題視

第2章　教師の力量の概念に関する理論的動向

	Artifacts	15 Rubrics
Planning	Lesson plans, instructional materials, student assignments, assessments Planning commentary	Planning for Content Understandings Supporting Students' Learning Needs Planning Assessment to Monitor Student Learning
Instruction	Unedited video clips Instruction commentary	Demonstrating a Positive and Engaging Learning Environment Engaging Students in Learning Deepening Learning During Instruction Subject-Specific Pedagogy
Assessment	Samples of student work Summary of student learning Assessment commentary	Analyzing Student Learning Providing Feedback to Guide Learning Supporting Students' Use of Feedback
Analysis of Teaching	Planning commentary Instruction commentary Assessment commentary	Using Knowledge of Students to Inform Planning Analyzing Teaching Using Assessment to Inform Instruction
Academic Language	Unedited video clips and/or student work samples Planning and assessment commentaries	Identifying and Supporting Language Demands Evidence of Language Use to Support Content Understandings

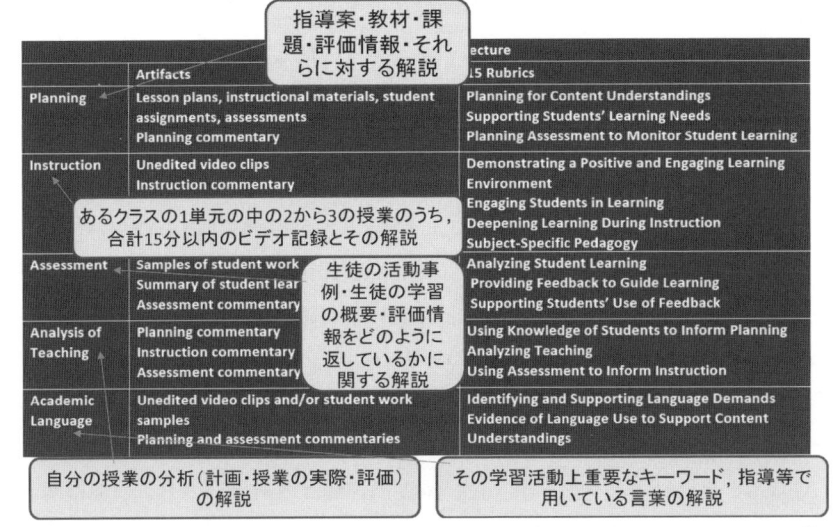

（吹き出し注釈）
- 指導案・教材・課題・評価情報・それらに対する解説
- あるクラスの1単元の中の2から3の授業のうち、合計15分以内のビデオ記録とその解説
- 生徒の活動事例・生徒の学習の概要・評価情報をどのように返しているかに関する解説
- 自分の授業の分析（計画・授業の実際・評価）の解説
- その学習活動上重要なキーワード，指導等で用いている言葉の解説

図2-2　edTPAにおける共通（教科・学校種を越えてすべての免許に共通）の評価項目[4]

している。そして学生が授業における意思決定時にedTPAがその価値づけやイデオロギーとして影響する，つまり侵食してくる可能性を指摘している。またedTPAは，企業が教育に介入してくることによって生じる出来事の想定を十分しているとはいえない（Pearsonが電子ポートフォリオの開発と運用に責任をもっていること），などを主張している。また，Denton（2013）は，edTPAを受講している学生の行動や意識をみると，ポイントを稼ぐこと，ポートフォリオを単純に埋めている傾向がみられることを指摘している。

このようにまさに動きつつある取り組みではあるが，国レベルでスタンダードを活かした教員志望者のパフォーマンス評価を行い，質保証やその有効性について，その問題性も見つめつつ検証を進めている。

2.4.3　オーストラリアの場合

オーストラリアでは，これまで各州で独自にスタンダードなどを定め教員養成を行ってきた。それを2009年以来，国レベルでの質保証へ切り替えた取り組みを行ってきた。各州で教員として就職した後，電子的なデータベースに登録

を行い，研修に関する情報や専門性開発に関する自己点検評価なども電子的に進められるシステムへ移行した。この業務で中心的な役割を果たしているのが，「授業とスクールリーダーシップに関するオーストラリア研究所（Australian Institute for Teaching and School Leadership：AITSL）」である（小柳 2014b）。

　教師の全国専門職スタンダードは，2009年に教育省（Ministerial Council for Education, Early Childhood Development and Youth Affairs：MCEECDYS）の後援により着手されたものである。そして2009年から2010年にかけて，ワーキンググループ（National Standards Sub-group of Australian Education, Early Childhood Development and Youth Affairs Senior Officials Committee：AEEYSOC）が，その仕事を引き継ぎ，形作っていった。それを2010年に，連邦政府が設立した新たな機関である「授業とスクールリーダーシップに関するオーストラリア研究所」（AITSL：専門職スタンダードや認証制度の作成と教員研修，および他機関と連携してオーストラリアの教育の質の向上に寄与すること目的とした研究・研修機関）が最終的に報告をまとめ，同年7月にそれを明らかにした。教育省は2010年12月にそれを公認し，2011年2月に，「管理職の全国専門職スタンダード（National Professional Standards for Principals）」と併せて公示を行ったものである。

　教師の全国専門職スタンダードは，「専門知識（Professional Knowledge）」「専門的実践力（Professional Practice）」「専門的役割への従事（Professional Engagement）」の3つに整理され，そこに7つのスタンダードが配置されている。各7つのスタンダードは，その下に4～7の指標をもって構成されている。

　この指標の決定は，どのように進められたかを AITSL の担当者の Dr. Keren, Caple に問うたところ（2013年8月に訪問インタビュー），「これまで各州で取り組んできた成果や諸外国で試みられているスタンダードを参照し作成を行い，何度も各州からのコメントや他国からの研究者等から評価も得て，決定するに至ったということであった。しかし，実際にまだ進め始めたばかりなので，運用上，理解しづらいものや重なり具合，あまり重要視されないものなどは修正をしていく予定である」ということであった。

　また彼女は，「このスタンダードは，授業の質を上げ，子どもたちの学力保

障と21世紀に求められる力の育成と関わるものであり，そのような子どもの学びの姿の結果から，あらためて修正もなされる」と付け加えた。

そして，このスタンダードはキャリアステージ（「養成修了直後・新任（Graduate）」「教員一般（正規）（Proficient）」「熟達教員（High Accomplished）」「指導的立場に立つ教員（Lead）」）を意識して作成されているため，その意図について尋ねたところ，「教員として専門性を磨いていく際に，見通しと現在の力量の振り返りなどを促す必要があった。時間的経過を示しているようにみえるが，そこには個人差や地域差，学校種によっても異なる力量が求められることもある。オーストラリアのように広大でさまざまな立地や規模にある学校では，地域情報が当然考慮される。しかし共通に成長の見通しと振り返りの指標をある程度共有する必要があった」という回答であった。

さらに，このようなキャリアステージあるいはラダーに沿った考えは，英国（イングランド）が QTS（Qualified Teacher Status）と関わって，以前定めたモデルがある（佐藤 2008）。それとこのスタンダードは非常によく似ている。しかし現在，英国では2012年の改訂でかなり変わった（英国は，質保証を担保する教員養成等の基準を，これまでの QTS のラダーモデルから簡略化した Teachers' Standards に変更を行い，National Curriculum の改訂と併せて実施され，全体的に大綱化が図られている動きがある（野中ほか 2013参照））。政権交代の影響もあるかもしれないが，英国の動きをどのように理解しているかを尋ねると，以下のような回答であった。

「英国の動きは知っている。しかし我々は，2009年からこれに取り組み，オーストラリアの事情の中で，合意形成を進め，今ここに至っている。そのためこのスタンダードを用いた取り組みを進める中で，より必要な変更があればそれを進めていきたい」ということであった。

図2-3は，キャリアステージに沿って評価されている全国専門職スタンダードの例である。

この「スタンダード1」を見ると，学習者に即して，授業を考え，関連する情報を理解し，実践に活かしていく。それは個人で取り組むことに加えて，学校で同僚と研鑽を積み，組織的に明確な方針をもって取り組んでいく方向性が

スタンダード1　児童生徒を知る，また彼らがどのように学ぶかを知る

領域	養成終了直後・新任 (Graduate)	教員一般（正規） (Proficient)	熟達教員 (High Accomplished)	指導的立場に立つ教員 (Lead)
1.1 児童・生徒の身体的・社会的・知的発達とその特性	児童・生徒の身体的・社会的・知的発達とその特性，またこれらが学習にどのように影響するか，その知識と理解を示している。	児童・生徒の身体的・社会的・知的発達とその特性の知識に基づいて，学習改善の授業戦略を用いている。	児童・生徒の身体的・社会的・知的発達とその特性に適した授業戦略を，柔軟で効果的なレパートリーの中から選んでいる。	児童・生徒の身体的・社会的・知的発達とその特性を用いながら，学習改善の授業戦略を，同僚に選ばせたり，開発させている。
1.2 児童・生徒がどのように学ぶかの理解	児童・生徒がどのように学ぶか，授業でのその意味についての研究を知っており，理解を示している。	児童・生徒がどのように学ぶかについて，その研究と同僚のアドバイスを用いて授業プログラムを作っている。	研究や職場の知識を用いて，児童・生徒がどのように学ぶかについての理解を拡張している。	研究や職場の知識を用いて，授業プログラムの効果を評価する過程を導いている。
1.3 多様な言語・文化・宗教。社会系意在的な背景をもつ児童・生徒	多様な言語・文化・宗教。社会系意在的な背景をもつ児童・生徒の学習上の長所やニーズに応じた授業戦略の知識を示している。	多様な言語・文化・宗教。社会系意在的な背景をもつ児童・生徒の学習上の長所やニーズに応じた授業戦略を設計し実行している。	多様な言語・文化・宗教。社会系意在的な背景をもつ児童・生徒の学習上の長所やニーズを説明する効果的な授業戦略を開発するために同僚を支援している。	多様な言語・文化・宗教。社会系意在的な背景をもつ児童・生徒のニーズと出会えるために，専門またコミュニティの知識や経験を用いて，学校の学習や授業プログラムを評価改善している。

図2-3　キャリアステージに応じたスタンダードの力点変化

読み取れる。

　ここから，キャリアステージに即して，スタンダードを作成し，養成・採用・研修を通して，国としての体系的・組織的取り組みを遂行しようとしている意向が読み取れる。

2.4.4　特徴的な国の取り組みのまとめ

　以上，ボローニア・プロセスのような高等教育の制度改革とも関わる動きや，そのボローニア・プロセスに影響を受けつつ独自性も担保し続けているドイツ，また米国・豪州のように新任者の質保証とその後の職能開発を関連づけ，その一連の資質能力を明確化して取り組んでいる動きは，現在，日本で進められてきている教員養成の高度化の動き，質保証の取り組みに一定の示唆を与えるところがある（小柳 2014a）。また米国の edTPA や豪州の AITSL が運用する電

第 2 章　教師の力量の概念に関する理論的動向

		ドイツ	米国		豪州 (aitsl)
授業		②授業設計と遂行	①学習者の発達	専門知識	①子どもまた彼らがどのように学ぶかを知る
		②効果的な指導法	①学習の差異		③内容とその教え方を知る
生徒指導		①学習活動支援	①学習環境	専門的実践力	②効果的な授業の計画と遂行
		①差異の理解と個別対応	③教育学的内容知識		①支援的で安全な学習環境を作り維持する
		①規範と自立性	③内容を革新的に応用		②評価情報を集め，フィードバックを提供し，子ども学習状況を報告する
判断・評価		①学級経営・児童生徒指導	②アセスメント	職能開発	④専門性を耕す学びに関与する
		①ニーズ・前提把握，相談，特別支援	②授業の設計		④同僚・保護者・地域に専門性をもって関わる
		②成績評価	②授業のストラテジー		
改革・職能成長		④職能成長1：業務の理解とストレス対策	④リフレクションと継続的な成長		
		④職能成長2：継続的な学び	④協働		
		④プロジェクト遂行			

図 2-4　教員になるために求められる資質能力の教職スタンダード（3ヵ国）

子的なシステムを活用した取り組みは，今後日本で，スタンダードを活かした取り組みをより展開していく上で，その環境構成を考えていく参考にもなる。本章では，広く本テーマである「教師の力量の概念に関する理論的動向―諸外国とわが国におけるスタンダードの開発をふまえて―」に即してその動向を検討し，最近までの各国の動きを明らかにするように努めてきた。

　図 2-4 は，本章で取り上げた 3 ヵ国で，教師になるために必要とされている態度・知識・スキルとして公的に示されていることを表にまとめたものである。国ごとに表現している言葉が少し異なるが，そこには①子ども理解系，②授業設計・評価系，③教科に関する知識理解系，④職能成長系（保護者・地域連携含む）が掲げられているのが読み取れた（①〜④の分類と番号付けは筆者が行っている）。

2.5　わが国におけるスタンダード開発の取り組み

　では，わが国におけるスタンダード開発の取り組みはこれまでどのように行われてきたのか？

　わが国においても前記に挙げた国々同様，すでに，2000年前後より教員養成におけるスタンダード策定に関する動きがあった。日本教育大学協会は，2001年8月，「モデル・コア・カリキュラム」研究プロジェクトを設置し，2003年9月，「教員養成の『モデル・コア・カリキュラム』の検討—「教員養成コア科目群」を基軸にしたカリキュラムづくりの提案—〔中間答申〕」を出し，2004年に報告書をまとめ，教師の力量形成に関わって，わが国におけるスタンダードの開発を試みようとしてきた。そこでは，4年間の教員養成課程の全体を通じて，学生がさまざまな教育現場で〈体験〉的活動を行うことと，それらについて科学的に〈省察〉する往還を基軸とすることの重要性が語られていた[6]。これは，同協会の会員大学に少なからぬ影響を与えた。各大学は，この後，概算要求事項に養成カリキュラムをより組織的に行うことを意図した提案を行ったり，あるいはスタンダード作成に挑む取り組みがみられた。それはその頃始まった，特色GPそして教員養成GPなどに応募する中で，その取り組みが進められてきたと考えられる。

　たとえば，奈良教育大学は，2003年より，教育実習の手引きに，実習で身につけたい能力目標を明記し，実習までに履修してきた科目で学んできたことと，実習で問われる行動レベルの細かな力に関してその関係を視覚化していくための媒介目標としてそれを学生に提示していた。それを2005年より，養成カリキュラム全体との関わり考えていくために，まずは教職科目を中心に，各科目がどのような力をつける役割を果たすかの関係をより明確にし，組織的取り組みを高めるためのカリキュラムフレームワークの策定を開始した。その後，概算要求事項にこの点を盛り込み，後のスタンダード作成につながるカリキュラムの枠組みの検討を進めていった[7]。

　鳴門教育大学は，2003年より「教育実践学を中核とする教員養成コア・カリ

キュラム（鳴門プラン）」の開発に着手し，教育実践の省察力をもつ教員の養成を，学生が教育実践力を自ら反省し，意味づけ開発していく場と手だてを意図的・計画的に組み込んだ教員養成コア・カリキュラムの展開を通して実現しようとした。2006年度からの特色GPを通じて，授業実践力の評価スタンダードの評価項目の開発を行い，4年間のコア領域の諸科目や大学内外での諸活動の「知の総合化」と教育実践力のスパイラルな成長を意図したカリキュラム改革を行ってきた[8]。

上越教育大学は，2005年に教育実習委員会とフレンドシップ事業実行委員会，教員養成カリキュラム委員会が連携し，教育実習を中核としたカリキュラム改革に取り組み，2006年に，学生の実態を把握するため，「中教審到達目標」を参考に質問紙を作成し，2年次終了段階（初等教育実習前）までに，確実に身につけるべき資質・能力と実習の到達目標を検討し，教育実習ルーブリックを作成してきた[9]。

横浜国立大学では，人間科学部と横浜市教育委員会が連携強化推進プロジェクトを結び，2005年度教員養成GPに採択され，1）基本的素養，2）知識・理解，3）指導①目標・計画，4）指導②実演授業，5）指導③評価，6）指導④授業観察・分析，7）学級経営，8）学校組織の理解と運営への協力といった8領域に関して，「横浜スタンダード」の開発を行った。かなり細かな行動レベル（指標）入り込んだスタンダード開発を行ってきた[10]。

その他，福島大学，島根大学，兵庫教育大学ほか，いくつかの大学がそれぞれ教員養成の独自スタンダードを明らかにし，教職科目などを中心に，各科目で培う力（到達目標）の明確化，各科目の関連，またその力の評価方法，および評価結果の活用（授業の改善や学生指導，学生自身による課題の振り返りと省察支援）などに関する成果の公表を進めてきた。

この間の取り組みの特徴やスタンダードとして表された成果をみると，1）実習指導に焦点化したスタンダードもあれば，2）教職実践演習などこれまでの履修のまとめと関わるスタンダード，3）ディプロマーポリシーやカリキュラムポリシーと関わるスタンダードなど，焦点化している点は多様と考えられた。

なお，この間の動きに関しては，日本教育大学協会・学部教員養成教育の到達目標検討プロジェクトが，2009年3月に，『学部（学士課程）段階の教員養成教育の組織・カリキュラムの在り方について［論点整理］』[11]のまとめを出している。スタンダード策定と関わるこれまでの取り組みや，国公私立大学での学士課程教育や養成教育の関係，質保証と関わるさまざまな論点の整理が示されている。我が国におけるスタンダード開発の取り組みについてこれまでの経過もここから読み取れるので参照されたい。また2008年から開講された教職大学院に関わって，カリキュラムの枠組みとして必修5領域が示され，その中で例示としてどのような力を培うかについて言及がなされてきたが，学部で培う力との差は必ずしも明確とはいえない状況が続いてきたこと，そして「実践的指導力」の育成という言葉の下に，スタンダードを用いた取り組みが陥る問題性の指摘もなされてきたことを付記して置く（油布 2013）。

2.6　まとめにかえて

　国としての統一スタンダードが必要か，各養成機関独自でいいのか，この点に関して，結論は出せないが，他国では国としての基準を明らかにしている動きがあることは事実である。また，重要なのは，各教育系の学部・大学院内で，この取り組みを行うための科目の配列・体系化や，指導教員によるていねいな履修指導が必須であることが明らかになっている点である（米国の最近の動きである edTPA の取り組みにその必要性が示唆されている）。つまり Standard base の場合，Standard を構築して終わりという，Standard 主義に陥らないようにする課題がここに示唆されているといえる。また Outcome（この力量形成が子どもの学びの成果につながっているかの確かめ）に向けてていねいな取り組み，組織的な取り組みの必要性が示唆されていると考えられる。
　また一方で，油布の指摘とも関わるが，「実践的指導力」という言葉がはらむ2面性，つまり，一方で養成機関が，教育委員会や学校と連携し，実際に学校で子どもたちの教育に寄与する教員を育てる，その役割を，責任をもって果たすこと（教員養成の成果の実質化）と，学校で現在求められていることへの

対応に即寄与していくことによる成果主義的対応が，果たして学びつづける教員の養成や高度化に連続的につながるものとなるのか，慎重に考える必要がある。見えやすいスタンダード開発に目を向けるだけでなく，本章の主題である「教師の力量の概念」について，あらためて教師の成長とその環境（学校や教師の生活）をふまえて考えていくことが求められているかもしれない。

注
1) edTPA に関する情報は，以下の URL に集約されている。http://edtpa.aacte.org/
2) 現在，34州の内10州が州レベルの政策に位置づけ，その運用を開始，また試行している。
3) 2013 edTPA Field Test: Summary Report. SCALE. p.10 から翻訳して引用
4) http://www.highered.nysed.gov/edtpausing.pdf
5) edTPA Candidate User Guide 2013 から引用。
6) 日本教育大学協会「モデル・コア・カリキュラム」研究プロジェクト（2004）教員養成の「モデル・コア・カリキュラム」の検討―「教員養成コア科目群」を基軸にしたカリキュラムづくりの提案―」会報第88号。
7) 策定の背景などについては
http://www.nara-edu.ac.jp/research/05_curriculum.html 参照。
またフレームワークについては
http://www.nara-edu.ac.jp/research/05_curriculum.html 参照。
8) スタンダードについては
http://www.naruto-u.ac.jp/05_kyoumu/0555_gp/standard.html
9) スタンダードの作成経過については
http://www.juen.ac.jp/gp/tokushoku/contents/06/ 参照。
スタンダード自体は
http://www.juen.ac.jp/gp/tokushoku/contents/06/index2.html 参照。
10) スタンダードについては
http://www.edu.ynu.ac.jp/category01/project/gp/pdf/2-1.pdf
11) http://www.jaue.jp/_src/sc757/no_62.pdf

参考文献
Australian Institute for Teaching and School Leadership (2011) National Professional Standards for Teachers.
Australian Institute for Teaching and School Leadership (2012) Certification of Highly

Accomplished and Lead Teachers. Principles and Processes.

Australian Institute for Teaching and School Leadership (2012) Accreditation of Initial Teacher Education Programs in Australia.

Bologna Declaration (1999) The European Higher Education Area, The Bologna Declaration of 19 June 1999, Joint Declaration of the European Min-isters of Education.

CCSSO's Interstate Teacher Assessment and Sup-port Consortium (InTASC) (2010) Model Core Teaching Standards: A Resource for State Dialogue.

Cochran-Smith, M. and Fries, M. (2005) "Researching teacher education in changing times: politics and paradims," In M. Cochran-Smith, and K. Zeichner (eds.), *Studying teacher education: The report of the AERA panel on research and teacher education*, Mahwah, NJ: Lawrence Erlbaum Publishers.

Darling-Hammond, L. and Lieberman, A. (eds.) (2012). *Teacher Education around the World*, Changing Policies and Practices, NY: Routledge.

Darling-Hammond, L. and Hyler, E. M. (2013) "The Role of Performance Assessment Developing Teaching as a Profession," *Rethinking School*, 27 (4): 10-15.

Denton, D. W. (2013) "Responding to edTPA: Transforming Practice or Applying Shortcuts?" *AILACTE Journal* 10 (1): 16-36.

Kallioinen, O. (2010) "Defining and Comparing Generic Competences in Higher Education," *Educational Research Journal*, 9 (1): 56-68.

Madeloni, B. and Gorlewski, J. (2013) "Wrong Answer to the wrong question: Why we need critical teacher education, not standardization," *rethinking schools*, 27 (4): 16-21.

野中陽一・木原俊行・小柳和喜雄・田中博之 (2013) 「英国の教師教育に関する動向調査——ブライトン大学の事例を中心に」『日本教育工学会研究報告集』13(5): 77-82.

小柳和喜雄 (2007)「フィンランドにおける教師教育改革の背景と現状, 及びその特徴の明確化に関する研究——教職大学院のカリキュラム構築への示唆」『奈良教育大学紀要 人文・社会科学』56(1): 193-203.

小柳和喜雄 (2010)『教師の情報活用能力育成政策に関する研究』風間書房.

小柳和喜雄 (2014a)「教師教育の質保証と職能開発」小柳和喜雄・久田敏彦・湯浅恭正編著『新教師論——学校の現代的課題に挑む教師力とは何か』ミネルヴァ書房, 12-31.

小柳和喜雄 (2014b)「オーストラリアにおける Professional Standards の開発と運用の動向」『学校教育実践研究』(奈良教育大学教職大学院研究紀要) 6: 59-65.

Peachon, R. L. and Chung, R. R. (2006) "Evidence in Teacher Education: The Performance Assessment for California Teacher (PACT)," *Journal of Teacher Education*, 57 (1): 22-36.

佐藤千津 (2008)「イギリスの教師教育政策と教師の資質管理 (外国の教育政策研究動向,

教育政策研究動向2007，Ⅴ　内外の教育政策・研究動向)」『日本教育政策学会年報』15：195-202.
坂野慎二（2013）「学士課程及び修士課程における教員養成の考察——日本とドイツの比較から」『論叢玉川大学教育学部紀要』25-46.
鈴木篤・杉原薫（2011）「ボローニャ・プロセス下におけるドイツ教員養成制度の改革と現状——教職課程の構成と取得可能免許，学士・修士制度の導入状況」『兵庫教育大学研究紀要』39：241-252.
山本隆太（2012）「教員養成スタンダードと学会版教員養成ガイドラインからみた現代ドイツにおける地理教員像」『早稲田大学　教育・総合科学学術院　学術研究（人文科学・社会科学編）』60：255-266.
Young, M. (2010) "Alternative Educational Futures for a Knowledge Society," *Educational Research Journal*, 9(1)：1-11.
油布佐和子（2013）「教師教育改革の課題——「実践的指導力」養成の予想される帰結と大学の役割」『教育学研究』80(4)：478-490.

第 3 章

教師の力量形成に関する理論的動向
―― 専門的な学習共同体理論等の展開

島田　希

　本章では,「専門的な学習共同体（professional learning community）」に関する知見を中心として，教師の力量形成に関する近年の理論的動向を整理する。また，わが国における教師の力量形成に向けた取り組みについて，専門的な学習共同体の理論をふまえつつ，その特徴を捉える。これらをふまえた上で，教育工学的アプローチに基づく教師教育という観点から，今後より一層求められる研究や実践について展望する。

3.1　教師の力量形成をめぐる今日的課題

3.1.1　「学び続ける教員」を支える仕組みづくりの必要性

　中央教育審議会答申「教職生活の全体を通じた教員の資質能力の総合的な向上方策について」（2012年8月）において示されているように，近年の社会の急激な変化に伴って，学校教育には複雑かつ多様な課題への対応がこれまで以上に求められている。同答申では，こうした社会の急速な進展に対応していくためには，教員が探究力をもち，学び続ける存在であること（いわゆる，「学び続ける教員像」の確立）が不可欠であるとともに，これからの教員には，「教職に対する責任感，探究力，教職生活全体を通じて自主的に学び続ける力」「専門職としての高度な知識・技能」「総合的な人間力」といった資質能力が必要であると示している。

　ここで示されている「学び続ける教員」としての典型的な姿は，わが国における「授業研究」という営みのなかに見出すことができよう。わが国における授業研究は，「制度的な学校と教職の成立期である明治初年にまでさかのぼる

ことができる」(稲垣・佐藤 1996：149) といわれる伝統的な取り組みである。さらに, 近年では,「レッスンスタディ」として海外からも注目されるなど, 授業研究に関する新たな動きが展開されている (秋田・ルイス 2008)。

また,「OECD 国際教員指導環境調査 (Teaching and Learning International Survey：TALIS)」の2013年調査結果からは,「他の教員の授業を見学したことがある教員は, 参加国平均の55％に対し, 日本では94％であり, 顕著に多い」(国立教育政策研究所 2014：22) ことが明らかになるなど, わが国において授業研究が広く普及・展開されている様子を確認することができる。21世紀を生きる子どもたちに求められる学力に対する見方の再考およびそれに伴う授業やカリキュラムのリニューアルを実現していくためにも, 授業研究あるいはそれを通じた教師の力量形成は, 今後より一層, その重要さが増すことになろう。

しかし, その一方で, わが国における教師の仕事時間の長さやその配分に関する課題も浮き彫りになっている。先に挙げた OECD 国際教員指導環境調査 (2013年) からは, 参加国平均の 38.3 時間を大きく上回り, わが国の教師の仕事時間の合計が 53.9 時間 (平均) にのぼる一方, 指導 (授業) に費やした時間は, 他の参加国平均と大差はなく, わが国の教師たちが授業以外の業務に多くの時間を費やしていることが明らかになっている (国立教育政策研究所 2014)。

つまり,「学び続ける教員像」を確立し, それを現実のものとしていくためには, 教師の力量形成やそれを促す諸要因や環境について整理し,「学び続ける教師」を支える仕組みづくりについてあわせて検討することが不可欠なのである。

3.1.2 教師の力量形成を促す環境への着目

教師の力量形成は, いかに促進され得るのだろうか。教師の継続的な学びを実現し得る環境あるいは仕組みについて検討するためには, 専門職としての教師の歩みに影響を与えている要因を確認しておく必要がある。

クリストファー・デイら (Day and Gu 2010) は, 教師の専門職としての歩みに影響を及ぼす出来事として,「個人的なこと (家族からの支援や健康に関する問題など)」「生徒 (生徒の態度や振る舞い, 教師・生徒間の関係性など)」

「実践の状況（管理職や同僚からの支援，付加的な役割や責任，職能開発の機会など）」「政策（教育政策やそれに伴う変化など）」という4つのパターンがあることを明らかにしている。

　さらに，Day and Gu (2010) は，教職歴0－3年，4－7年，8－15年，16－23年，24－30年，31年以上という区切りのもとで調査を行っているが，いずれの教職段階においても，「実践の状況」，つまり，教師の職場としての学校に埋め込まれている諸要因が，専門職としての歩みに最も影響を与えていることが明らかになっている。また，管理職や同僚からの支援の有無といった職場における諸要因は，専門職としての歩みが好調あるいは不調となる場合，いずれにも影響を及ぼしているという点が注目に値する。なぜなら，教師の力量形成とは，教師の内的かつ個人的な資質能力によってのみ決定されるものではなく，彼らを取り巻く環境からの影響を受けているということ，さらには，職場の環境によって，彼らの力量形成を促進し得る可能性を示唆しているからである。

　また，島田ら (2013) は，小学校教師6名を対象とした調査から，同僚や子どもとの関係構築上の悩み，異動によって生じた経験の不適合や学級経営上のトラブルなど，ネガティブな出来事や状況を経験しながらも，彼らは，それらを通じて得た知見を自らにとっての「重要な力量」であると位置づけるなど，力量形成上のターニングポイントとして位置づけていることを明らかにしている。つまり，ネガティブな出来事や状況がすぐさま教師としての自己効力感の低下や離職につながるのではなく，それを自らの力量形成の契機として捉えることを可能とする何らかの要因が存在していることを示唆しているのである。

3.1.3　教師であり続けること――レジリエンスという概念への注目

　教職は，根源的に「傷つきやすい」という特徴をもつものであるといわれている (Kelchtermans 2011)。なぜなら，教師の仕事は，同僚教師，子ども，保護者との対人関係の上に成り立っており，それゆえ，教師たちは，自らの振る舞いの結果を自身で完全にコントロールすることができない，言い換えるならば，自身の振る舞いを同僚教師，子ども，保護者といった他者がいかに認識しているのかということに，常に影響を受けているのである。つまり，子どもや保護

者に対して良かれと思ってとった行動であったとしても，それがそのように子どもや保護者によって肯定的に受け止められないという可能性を常にはらんでおり，ゆえに，教師は，傷つきやすい状況に，身を置かざるを得ないのである。

近年，こうした教職の特質をふまえた上で，教師が，ネガティブな状況を経験しながらも，そこから立ち直り，実践へのコミットメントを維持し続けている状態について，「レジリエンス」という概念を用いて説明しようとする研究が進められている。レジリエンスとは，「子どもの学習や成績向上を支援しようという倫理的な目的やコミットメントの感覚を維持することを可能とする力動的な資質」のことを指す（Gu 2014：503）。そして，それは，個人的かつ内的な資質ではなく，環境や関係性によって変動し得るものであるという。加えて，レジリエンスとは，「現状を跳ね返すこと」という個人的あるいは直接的な営みでは必ずしもなく，「関係的な概念」であることを強調している[1]。

また，紺野・丹藤（2006）は，教師のバーンアウト等に関する従来の研究が，相対的にネガティブな見方に支えられてきたのに対して，レジリエンスに関する研究は，教師が傷つくということを前提として，そこからの回復を呈する現実的，日常的な現象であること，さらには，適切な介入やサポートがあれば，そうした現象が強化，伸展される可能性を有していることを指摘している。

それでは，いかなる環境に身を置いていれば，レジリエンスを発揮することができるのだろうか。レジリエントであり，「教師であり続けること」を可能とするものとして，「管理職のリーダーシップ」「同僚からの支援」「生徒との関係性」「継続的な職能開発への関与」「仕事と生活のバランス」といった複数の要因が挙げられている（Day and Gu 2014）。

また，木原（2011）は，教職の「不確実性」，つまり，教師たちの実践について，あるケースでは効果的であっても，子どもの様子や置かれた条件が異なるケースでは，必ずしも同様に効果的ではない場合があるがゆえに，精神的に追い詰められやすいという特徴をふまえた上で，授業の設計・実施・評価に関わる「授業レジリエンス」のモデル化を図っている（図3-1参照）。

図3-1に示されている「同僚との関係性」は，「難関に遭遇した際に，それを克服するための助けとなる教師の存在を意味している」（木原 2011：31）。一

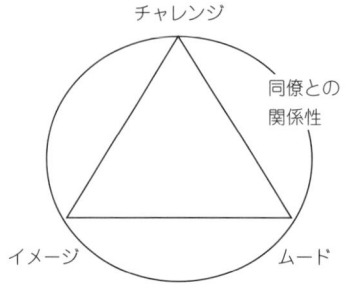

図3-1 授業レジリエンスの外接円モデル
出典：木原（2011：32）．

方，そのほかの「チャレンジ」「イメージ」「ムード」は，克服の方向性を示している。この3つのうち，授業づくりは，マニュアル化が難しい，創造的な営みであるということをふまえ，レジリエンスの主柱として，「チャレンジ」が位置づけられており，それを「イメージ」と「ムード」が支えるという構造になっている。

ここでいう「イメージは，課題克服のための材料を豊富に有していることを意味する。ムードは，授業づくりに関する建設的な態度である。それは，不本意な結果や失敗に耐える力であり，その厳しさを子どもとの人間関係の充実によって『しのぐ』あるいは『納得する』する力」（木原 2011：31）を意味している。

ここでは，教師を取り巻く近年の状況変化をふまえた上で，「傷つきやすい」という教職の特徴とそれを乗り越えることを可能とする要因について整理してきた。そこから，学校内外におけるさまざまな関係性や職場における諸要因が，教師の力量形成に影響を与えていることが確認された。以下では，近年，教師教育の領域において注目されている専門的な学習共同体に関する理論を中心に，教師の力量形成を促しうる環境とはいかなるものであるのか検討していく。

3.2 専門的な学習共同体理論の展開

3.2.1 専門的な学習共同体とは

教師の力量形成のプロセスには，内的かつ個人的な資質能力だけではなく，彼らを取り巻く環境が密接に関連しているということが明らかになるにつれて，それに資する環境をデザインすることへの注目が高まっている。

その象徴的な動向として，1990年代半ばより，学校改革の方向性として，「コミュニティ」という概念が導入されてきた点を挙げることができる（Westheimer 2008）。わが国における教師研究の文脈においても，2000年代以降，

高度専門職業人養成と質保証が求められる中で,「反省・省察 (reflection)」概念や「高度な専門的力量が生み出される場,職業人が育成される場である『コミュニティ』を単位としての研究的関心が高まってきている」(山﨑 2012 : 19-20) ことが指摘されている。

　こうした背景のもとで注目されているのが,「専門的な学習共同体 (professional learning community)」に関する理論である。教育学の領域における専門的な学習共同体は,経営学の領域で発展してきた「学習する組織 (learning organization)」の概念をもとに,それを学校や教師に適応するかたちで意味づけ直されたものであり,この用語は,アメリカの学校改善研究者であるシャーリー・M・フォード (Shirley M. Hord) によって提唱されたものであるといわれている (織田 2011)。

　専門的な学習共同体の考え方は,次のふたつの見方を前提とするものである (Vescio et al. 2008)。ひとつめは,教師の知識は日々の経験に埋め込まれており,同じ経験を共有している他者との批評的な省察を通じて最も理解されるという考え方である。ふたつめは,教師が専門的な学習共同体に積極的に参加することによって,彼らの専門的な知識や児童・生徒の学習が発展・向上するという考え方である。

　専門的な学習共同体に関するこうした前提は,その多様な定義にも反映されている。ペリー・ワイズマン (Perry Wiseman) ら (2013) は,専門的な学習共同体に関して,ある研究者は,協働的な学習や専門的な対話を通じて効果的な実践が構築されることに焦点化しており,また,別の研究者は,専門的な学習共同体のメンバーそのものに焦点を当てているなど,その力点の置き方に若干の違いがあることを指摘している。

　その一方で,「人,場所,物事ではなく,プロセスである」「児童生徒の学習や成績に焦点を当てている」「省察的,診断的,集合的,協働的かつ進行中のものである」「個人的な取り組みの限界を乗り越える相乗効果を生み出すという点において効果的である」という点については,専門的な学習共同体に関して共通した見方であると述べている (Wiseman et al. 2013 : 13)。

　つまり,専門的な学習共同体とは,児童・生徒の学習や教室における実践の

改善と教師の学習との密接な関連性を表す概念であり,いわゆる「教えることを学ぶ (learning to teach)」ことに注目した考え方である。さらにいえば,授業改善やそれを通じた児童生徒の学力向上に加え,それを実現するための学校改革あるいは教師文化の転換を含み込んだ概念であるといえよう。

3.2.2 専門的な学習共同体の特徴

「教えるために学ぶ」という見方のもとで,児童・生徒の学習と教師の学習を結びつけた専門的な学習共同体とは,いかなる特徴をもつものなのだろうか。Hord (2010) は,「支援的で共有されたリーダーシップ」「意図的で集合的な学習」「共有された価値やビジョン」「支援的な状況」「共有された個人の実践」という5つの観点から専門的な学習共同体を特徴づけている。

「支援的で共有されたリーダーシップ」とは,「教師が教え,生徒が学び,管理職が管理する」という伝統的な見方とは全く異なるものである。学校が専門的な学習共同体へと変わっていくためには,リーダーのあり方が変わることが不可欠であるという前提のもと,具体的には,管理職と教職員が,リーダーシップ,権限,意思決定を共有している状態を意味している。

次に,「意図的で集合的な学習」とは,児童・生徒,授業,学習について,管理職と教師が「反省的な対話」や「探究」を協働的に繰り広げている様子を指す。こうした探究は,管理職,教師の間で,「何が重要であるのか」ということについて話し合うことを促すという。つまり,そうした話し合いを通じて,管理職と教師が結びつき,学習者の共同体へとなっていくのである。そして,こうした学習のプロセスにおいて,鍵となるのが,「共有された価値やビジョン」「支援的な状況」「共有された個人の実践」である。

「共有された価値やビジョン」とは,単に「良いアイデア」に同意するというものではなく,個人や組織にとって重要なものに対する「メンタルイメージ」をもつことを意味している。つまり,こうしたメンタルイメージをもつことで,児童・生徒の学習に対して一貫した焦点化を図ることが可能になるのである。

「支援的な状況」とは,専門的な学習共同体のメンバーの学習,意思決定,

問題解決，創造的な仕事のためにいつ，どこで，どのように集まるのかということに関わる諸要因であり，それは，「物理的な側面」と「人的な側面」のふたつに区分されるという。前者は，集まって話すことができる時間やスタッフ間の近さ，コミュニケーションの構造などを意味している。一方，後者は，管理職や教職員間の信頼，フィードバックを受け入れることや改善に向けて取り組むことをいとわない姿勢などを含んでいる。

「共有された個人的な実践」とは，教師間で互いの実践を観察・記録し，それについて話し合うなど，日常的に関わり合うことを意味している。また，こうした取り組みを通じて，教師が互いに学び合うという職場の文化が創られていくことにもつながっていくという。

つまり，専門的な学習共同体としての学校を実現していくためには，それを支える諸条件を検討し，教師間のコミュニケーションや学びを促す仕組みを整えることが不可欠である。それは，わが国における授業研究にも同様のことがいえる。たとえば，秋田 (2006) は，教師の学びに関して，同僚の教師とどのような話や行動をともに行っているのかを調査・分析している。その結果から，「同僚との日常の会話頻度や授業研究の頻度が高いと，研修の満足度も高い，あるいは研修満足度が高いと日常の同僚との会話頻度が増え，授業研究の頻度も高いといういずれかの方向性が示唆される」(p. 198) と述べている。教師が1日のうちで最も多くの時間を過ごす教室は，「学級王国」とも評されるように，教師が互いの実践を交流し合うことが難しい空間的構造となっている。だからこそ，教師間のコミュニケーションや協働を促す諸条件を整えながら，専門的な学習共同体としての学校づくりを実現していくことが求められているのである。

3.2.3 専門的な学習共同体と学校研究の接点

すでに述べたように，わが国においては，授業研究と呼ばれる営みが，伝統的に展開されてきた。授業研究は，学校を基盤としながら，自らあるいは同僚の実践について反省的な対話や探究を繰り広げているという意味において，「意図的で集合的な学習」であるといえよう。木原 (2009) は，こうした授業

研究を中心に据えつつ、組織的な実践研究を共同的に展開するためには、それと連動する諸活動や装置が不可欠であることを指摘し、「学校における実践研究（学校研究）」というより包括的な枠組みを提示している。

学校研究とは、「学校を単位として推進されている授業研究、それを主柱とする実践研究」（木原 2009：127）であり、それは、協働的かつ組織的に展開されているという点に特徴がある。先述のように、その中心には授業研究が位置づくが、それは、「研究テーマの設定」「部会等の構成」「年間の活動計画の策定」「研究発表会の開催」「学力調査等の有効利用」「研究紀要等の作成」という諸活動や装置と連動することによって、より一層充実し得るものであるという（木原 2009）。こうした授業研究と連動した諸活動や装置を重視する考え方は、まさに、「意図的で集合的な学習」を実現していく際の鍵として、「共有されたビジョン」「支援的な状況」「共有された個人の実践」を位置づけた専門的な学習共同体に関する理論と共鳴するものであろう。

また、国立教育政策研究所（2011）の調査においても、校内研究の実施体制と学校の質の高さの連関を実証する結果が示されている。ここでは、学校の質の高さとして、「教員間のコミュニケーション」「授業の水準」「地域平均に比べた学力」「全国平均に比べた学力」という4つの指標が設定されている。これらの指標と校内研究の取り組みとの関連については、図3-2のような結果が明らかになっている。高校においては、校内研究の実施体制と学校の質の高さとの連関がみられなかったものの、小学校や中学校においては、校内研究あるいは授業研究の実施体制との連関が確認されている。図3-2に示されている項目を校種ごとにみてみると、小学校では授業の内容面を高める取り組み、中学校では校内研究や授業研究への組織的な取り組みが、学校の質の高さと連関があることがわかる（国立教育政策研究所 2011）。

専門的な学習共同体としての学校づくりは、容易いプロセスではなく、むしろ、「緊張」や「葛藤」を伴うものであるといわれている（Dooner et al. 2008）。以下では、専門的な学習共同体の理論とわが国における学校研究の展開をふまえつつ、その接点について、具体的な取り組みをもとにみていく。

第3章　教師の力量形成に関する理論的動向

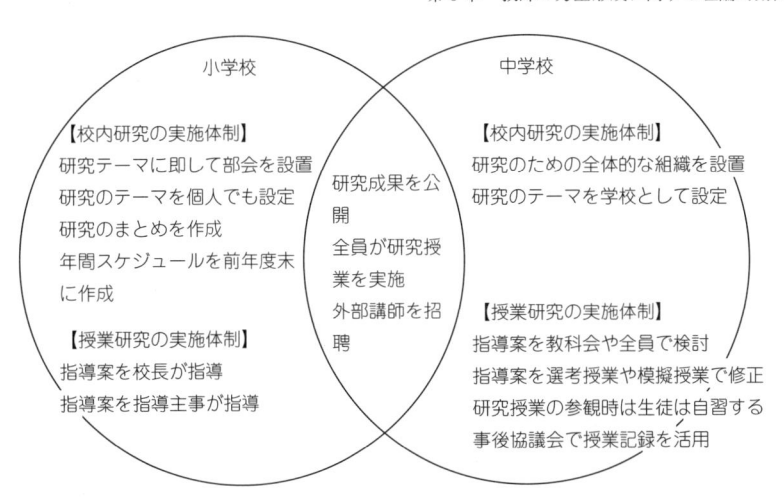

```
    小学校                中学校
【校内研究の実施体制】    【校内研究の実施体制】
研究テーマに即して部会を設置  研究のための全体的な組織を設置
研究のテーマを個人でも設定   研究のテーマを学校として設定
研究のまとめを作成
年間スケジュールを前年度末
に作成           研究成果を公開
              全員が研究授
【授業研究の実施体制】   業を実施    【授業研究の実施体制】
指導案を校長が指導    外部講師を招聘  指導案を教科会や全員で検討
指導案を指導主事が指導         指導案を選考授業や模擬授業で修正
                   研究授業の参観時は生徒は自習する
                   事後協議会で授業記録を活用
```

図3-2　校内研究・授業研究の取り組みと学校の質の高さとの連関
出典：国立教育政策研究所（2011：10）

3.3　専門的な学習共同体としての学校づくり
――教師の協働的な学びを実現する学校研究の企画・運営上の工夫

3.3.1　ワークショップの手法による教師間の学び合いの促進

　専門的な学習共同体理論およびわが国における学校研究いずれにおいても，その主柱となるのは，教師間（管理職含む）の集団的あるいは協働的な学び合いである。わが国では，教師の学びを促進・活性化させることを目指して，「ワークショップ」の手法を取り入れた授業研究が広く普及・展開されている（村川 2010, 2012）。

　村川（2010）は，「ワークショップ型研修には参加者が『共通理解を図る』『各自が持つ知識や体験，技能を生かし繋げ合う』『具体的なアクションプランをつくり実行に移す』『絶えず問題を見つけ改善を図る』『互いに力量を高め合う』ことが研修の形態やプロセスに内在しており」(p. 14)，その結果として，「望ましい組織の状態」が形成されやすくなっていると述べている。

　たとえば，ある中学校では，毎年，すべての教師が授業を公開するとともに，

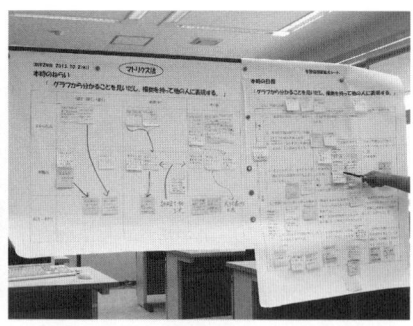

写真3-1 ワークショップ型授業研究会の様子

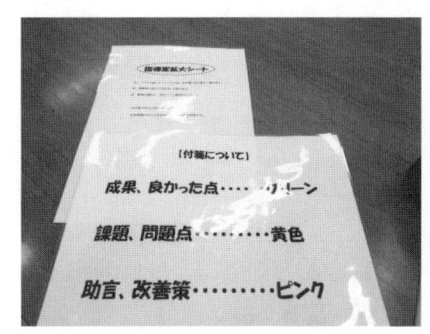

写真3-2 ワークショップの意図や作業手順の説明

写真3-3 実践の改善に資する方策の協議

　ワークショップの手法を取り入れ，管理職，教師がともに学び合う授業研究会を継続的に展開している（写真3-1参照）。また，この学校では，授業研究会の企画・運営において，実践的リーダー（研究主任）がリーダーシップを発揮し，すべての教師の学び合いを実現するための工夫が講じられている。たとえば，ワークショップ型授業研究会を進めるにあたり，その意図や作業の手順等についての周知が徹底している（写真3-2参照）。つまり，こうした実践的リーダーによる配慮のもとで，教師間の協議がスムーズに展開されている。

　また，ワークショップの手法を用いた話し合いによって明らかになった実践の成果や課題については，すべての教職員で共有するとともに，その解決に向けて取り組む内容を協議し，方向性を明確にするなど，まさに，「教えることを学ぶ」活動が展開されている（写真3-3参照）。

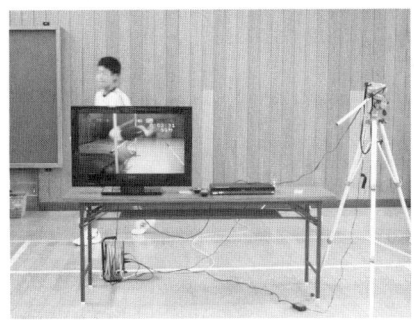

写真 3 - 4　ICT を活用した授業の実践（左：体育　右：社会）

3.3.2　価値やビジョンの共有としての研究テーマの策定

　学校研究は，協働的かつ組織的な営みである。ゆえに，管理職，教師を含むすべてのメンバーによって共有され得る道標，つまり，「価値やビジョンの共有」(Hord 2010) が不可欠である。価値やビジョンを共有するための典型的な取り組みのひとつとして，「研究テーマの策定」を挙げることができよう。

　たとえば，ある中学校では，「基礎学力の定着と活用力を高める授業の創造～効果的な ICT の活用を通して～」という研究テーマを掲げて，学校研究に取り組んでいた。もし，中学校において，ある特定の教科等を対象とした研究テーマが設定されたならば，該当する教科の教師以外は，関わることが難しくなる。それに対して，先述のような研究テーマであれば，すべての教師が関わることが可能となる[2]。

　写真 3 - 4 は，この中学校における体育と社会の授業の様子である。体育の授業では，生徒が自らの背面跳びのフォームを確認・点検するために，デジタルビデオカメラやモニターが活用されていた。社会の授業では，グループの意見を集約し，全体でそれらを比較・検討するために，タブレット型端末と電子黒板が活用されていた。このように，すべての教師たちが関わることができる研究テーマが設定されることにより，さまざまな教科等において，それぞれの特性を生かした効果的な ICT の活用を探究することが可能になっていた。

　また，全国21の学校を対象として，学校研究の取り組みについて調べたところ，「研究テーマの策定」に関しては，子どもの行動観察，アンケート，テス

トや学力調査の結果等，複数の判断材料を活用した検討が行われていた（島田 2010）。加えて，学校研究の全体計画を実施する際には，その出発点として，年度初めに，研究テーマに関する共通理解を図る活動が重視されていた。こうした取り組みは，すべての教師が学び合う基盤を形成していくために不可欠なものであろう。

3.3.3 メンタリングの考え方に基づく若手教師支援と学び合う教師集団の構築

近年，熟練教師の大量退職に伴い，大都市圏を中心に若手教師が急増している。そうした中で，学校における教職員の年齢構成のいびつさや教職歴の差を乗り越えて，学び合う教師集団を構築することが課題となっている。こうした状況をふまえ，「メンタリング」の考え方を取り入れた若手教師支援の取り組みが広がりつつある（横浜市教育委員会 2010；脇本ほか 2010；島田 2012；小柳 2013）。

メンタリングとは，「より経験を積んだ中堅・熟練教師が，新たに教職に就いた初任教師や経験の浅い若手教師に対して，信頼関係を基盤としながら，教職に関わる専門的な技術・方法の習得や教育実践の質の向上といった『専門的な発達』と教師としてのアイデンティティの構築といった『パーソナルな発達』の両面を支援することを目的として構築される比較的長期間にわたる継続的な発達支援関係」（島田 2013b：145）を指す。そして，初任あるいは若手教師の発達を促す役割を担うのが「メンター」である。

メンターが果たす役割は，多岐にわたる。たとえば，島田（2013a）は，メンタリングに関する先行研究をもとに，メンターが果たす機能を「専門的な発達を促す機能（コーチング，アセスメント）」「パーソナルな発達を促す機能（カウンセリング）」「関係性の構築を促す機能（ネットワーキング）」「自立を促す機能（ガイディング，ファシリテーティング）」の4つのカテゴリーに分類している。さらに，初任・若手教師支援に関わったメンターへの調査から，これらのうち，とりわけ「関係性の構築を促す機能」を重視する傾向にあることが明らかになっている（島田 2013b）。

関係性の構築を促すために，ある学校では，メンターを中心として，若手教師同士が学び合う場を設ける取り組みが行われている（写真3-5参照）。こう

写真 3 - 5　若手教師を中心とした学び合いの様子

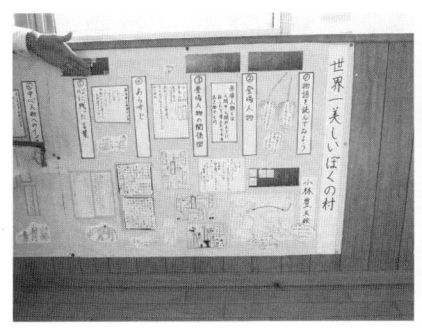

写真 3 - 6　日常的な実践の交流を図るための工夫

した取り組みは，「グループメンタリング」と呼ばれ，若手教師同士の「横のつながり」を築くことを可能にするものとして注目されている[3]。専門的な学習共同体の特徴と照らし合わせるならば，「支援的な状況」(Hord 2010) を創り出そうとする営みであるといえる。

　また，ある小学校では，若手教師を含むすべての教師が互いの実践について情報交換することができるよう工夫を講じていた。写真 3 - 6 は，各学年における授業の取り組みをオープンにし，その交流を図ること，つまり「共有された個人の実践」(Hord 2010) を実現するための取り組みであるといえる。このほかにも，同校では，児童がまとめたワークシートや作品が，数多く廊下に掲示されており，とりわけ，若手教師にとっては，日常的に他の学年の実践の様子を知ることができる環境が整っており，次なる実践に向けた刺激を得ること

が可能となっている。

3.3.4 専門的な学習共同体の持続・発展に向けて

　ここまで，学校研究の企画・運営上の工夫をふまえつつ，専門的な学習共同体としての学校づくりに資する取り組みを取り上げてきた。こうした取り組みは，当然のことながら，単年度で完結するものではなく，中・長期的に展開されることが望まれよう。

　たとえば，専門的な学習共同体を持続させるためには，リーダーシップや学校文化が鍵となる要因であるといわれている（Hipp et al. 2008）。前者は，長期間にわたる革新が展開されたとしても，レジリエントであることを可能とし，後者は，学校改善のための勢いを保持するとともに，教師の協働や学習，さらには，児童・生徒の学習の成果を生み出すためのインフラストラクチャーとして機能するという。

　しかしながら，本章でも取り上げてきたように，専門的な学習共同体の構築を促す要因については先行研究において知見が提示されている一方，その持続や発展あるいはそれらを促す要因については，未だ十分には明らかにされておらず，今後より一層の研究が求められる。

3.4　教師の力量形成を促す教育工学的アプローチへの展望

　本章では，専門的な学習共同体に関する理論を中心として，教師の力量形成に関する近年の研究動向を概観した。そこから明らかになったこととは，以下の点に集約される。まず，教師の力量形成は，個人的な要因によってではなく，彼らを取り巻く環境から影響を受けているという点である。それは，教師の力量形成を促す環境を整備することにより，それを後押しする可能性が切り開かれたことを意味している。こうした知見をふまえ，教師の力量形成を促す環境を考えるにあたって，学校を専門的な学習共同体として捉える見方が，1990年代以降普及しつつあることが確認された。そして，それは，教師の力量形成と児童・生徒の学力の向上を連動するものとして捉える学校改革の方策として位

置づけられているという点も注目に値する。

　また，専門的な学習共同体に関する理論とわが国における学校研究の取り組みは，教師間の協働やそれを通じた学びを支え，促進するための諸活動や仕組みを含み込んだものであるという点において接点を見出すことができることが確認された。専門的な学習共同体に関する理論をもとに，わが国における学校研究の取り組みを捉えると，その構築に資する工夫が講じられている様子もみられた。

　こうした動向をふまえ，また，教育工学的アプローチに基づく教師教育という観点から，今後の展望をまとめたい。

　本章で取り上げた専門的な学習共同体は，学校を基盤としたものである一方，それは，学校内に閉じられたものでは決してない。近年では，複数の専門的な学習共同体が結びつき，ネットワーク化していくことの意義も示されつつある。ゆえに，学校内外をつなぐ学習環境のデザインが求められる。具体的には，インターネットの活用，e-Learning プログラムの開発，Web 研修システムの構築など，そのための方法と充実に資する方策を検討する必要が，今後ますます求められていくことになろう。

注
1) Gu（2014）は，先行研究をふまえつつ，「レジリエンス」を個人の中にあるものとして捉える見方からの転換がなされていないことを指摘している。その上で，関係的な概念として捉え直すことの必要性を強調している。
2) 島田（2010）によれば，「特定の教科に限定されないテーマ」を設定している学校が多い傾向にあることが明らかになっている。ここでいう「特定の教科に限定されないテーマ」とは，「調べ，考え，表現する力」「コミュニケーション能力」「ICT 活用」「思考力・判断力・表現力」など，学校研究の教科・領域横断的な広がりや学校全体における研究テーマの共有化が期待されるようなものを指す。
3) これまで，メンタリングは，メンターと若手教師の1対1の関係性を基本とするものとして捉えられてきた。近年では，メンターと複数の若手教師が相互に関わり合う「グループメンタリング」というスタイルが注目されている。こうした新たな動向については，以下の論文において整理されている。
　　小柳和喜雄（2014）「学校における組織的な教育力の向上と関わるピア・グループ・メンタリングの方法」『奈良教育大学教職大学院研究紀要 学校教育実践研究』6：45-50.

参考文献

秋田喜代美（2006）「教師の力量形成――協働的な知識構築と同僚性形成の場としての授業研究」21世紀COEプログラム東京大学大学院教育学研究科基礎学力研究開発センター（編）『日本の教育と基礎学力――危機の構図と改革への展望』明石書店，191-208.

秋田喜代美・キャサリン・ルイス（2008）『授業の研究 教師の学習――レッスンスタディへのいざない』明石書店.

中央教育審議会（2012）「教職生活の全体を通じた教員の資質能力の総合的な向上方策について（答申）」.

Day, C. and Gu, Q. (2010) *The new lives of teachers*, London and New York: Routledge.

Day, C. and Gu, Q. (2014) *Resilient teachers, resilient schools: Building and sustaining quality in testing times*, London and New York: Routledge.

Dooner, A., Mandzuk, D. and Clifton, R. A. (2008) "Stage of collaboration and the realities of professional learning communities," *Teaching and teacher education*, 24: 564-574.

Gu, Q. (2014) "The role of relational resilience in teachers' career-long commitment and effectiveness," *Teachers and teaching*, 20 (5): 502-529.

Hipp, K. K., Huffman, J. B., Pankake, A. M. and Olivier, D. F. (2008) "Sustaining professional learning communities: Case studies," *Journal of educational change*, 9: 173-195.

Hord, S. M. (2010) "Professional learning communities: What are they and why are they important?" In Hord, S. M., Roussin, J. M. and Sommers, W. A., *Guiding professional learning communities: Inspiration, challenge, surprise, and meaning*, California: Corwin: 20-26.

稲垣忠彦・佐藤学（1996）『授業研究入門』岩波書店.

Kelchtermans, G. (2011) "Vulnerability in Teaching: The Moral and Political Roots of a Structural Condition," In Day, C. and Chi-Kin Lee, J. (Eds.) *New Understandings of Teacher's Work: Emotions and Educational Change*, London and New York: Springer.

木原俊行（2009）「授業研究を基礎とした学校づくり」日本教育方法学会（編）『日本の授業研究―Lesson Study in Japan―授業研究の方法と形態〈下巻〉』学文社，127-137.

木原俊行（2011）「授業レジリエンスのモデル化――小学校教師への質問紙調査の結果から」『日本教育工学会論文誌』35（Suppl.）：29-32.

国立教育政策研究所（2011）「教員の質の向上に関する調査研究報告書（平成19～22年度プロジェクト研究調査研究報告書 研究代表者：大槻達也）」.

国立教育政策研究所（編）（2014）『教員環境の国際比較（OECD 国際教員指導環境調査（TALIS）2013年調査結果報告書）』明石書店.

紺野祐・丹藤進（2006）「教師の資質能力に関する調査研究――『教師レジリエンス』の視

点から」『秋田県立大学総合科学研究彙報』7：73-83.

村川雅弘（2010）『「ワークショップ型校内研修」で学校が変わる学校を変える』教育開発研究所.

村川雅弘（2012）『「ワークショップ型校内研修」充実化・活性化のための戦略＆プラン43』教育開発研究所.

中野和光（2009）「日本の授業の構造と研究の視座」日本教育方法学会（編）『日本の授業研究―Lesson Study in Japan―授業研究の方法と形態〈下巻〉』学文社，1-10.

織田泰幸（2011）「『学習する組織』としての学校に関する一考察――Shirley M. Hord の『専門職の学習共同体』論に注目して」『三重大学教育学部研究紀要』62：211-228.

小柳和喜雄（2013）「メンターを活用した若手支援の効果的な組織的取組の要素分析」『教育実践開発研究センター研究紀要』22：157-161.

島田希（2010）「学校研究の実践動向」木原俊行（監修）『学校における実践研究を充実させるために――その企画・運営の工夫を学ぶハンドブック』パナソニック教育財団.

島田希（2012）『ミドル・リーダーのためのメンタリング・ハンドブック――若手教師支援の充実を目指して』パナソニック教育財団.

島田希（2013a）「若手教師の成長を促すメンタリング機能の類型化」『高知大学教育実践研究』27：43-50.

島田希（2013b）「初任教師へのメンタリングにおいて複数のメンターが果たす機能と役割意識」『日本教育工学会論文誌』37（Suppl.）：145-148.

島田希・廣瀬真琴・深見俊崇・森久佳・髙谷哲也・宮橋小百合（2013）「小学校教員の力量観とその基盤となる経験の解明――イメージマップとインタビューの組み合わせを通じて」『日本教育工学会研究報告集』13(2)：1-8.

山﨑準二（2012）『教師の発達と力量形成――続・教師のライフコース研究』創風社.

横浜市教育委員会（2010）『「教師力」向上の鍵―「メンターチーム」が教師を育てる，学校を変える！』時事通信社.

Vescio, V., Ross, D. and Adams, A. (2008) "A review of research on the impact of professional learning communities on teaching practice and student learning," *Teaching and teacher education*, 24：80-91.

脇本健弘・苅宿俊文・八重樫文・望月俊男・酒井俊典・中原淳（2010）「任教師メンタリング支援システム FRICA の開発」『日本教育工学会論文誌』33(3)：209-218.

Westheimer, J. (2008) "Learning among colleagues: Teacher community and the shared enterprise of education," In Cochran-Smith, M. et al. (eds.) *Handbook of research on teacher education*, New York & London: Routledge: 756-783.

Wiseman, P., Arroyo, H. and Richter, N. (2013) *Reviving professional learning communities: Strength through diversity, conflict, teamwork, and structure*, Lanham: Rowman & Littlefield publishers.

第4章

教育実習プログラムの新開発

深見俊崇

4.1 教員養成における教育実習の位置づけと政策動向

　教育実習は,「学校環境における幼児・児童・生徒との直接的な接触の過程を通して，大学において学んだ知識や理論を現実の学校教育に適用する能力や問題解決能力を養わせるとともに，教員としての能力・適性についての自覚を得させることを目的」(教育職員養成審議会 1987) とするものである。教育実習では，指導教員のサポートの下で指導案を作成し，児童・生徒に対して授業を実践する。大学での模擬授業等とは異なり，正に「生きた」児童・生徒であるため，予想外の反応が返ってきたり，伝えたい内容が全く理解されなかったりと授業実践の難しさを実体験として理解できる。児童・生徒と直接的に関わることができるのも，授業以外の休み時間や給食，掃除の時間等さまざまな場面があり，時に学級活動・ホームルーム活動の一部も教師の立場で担うことができる。また，大学の講義・演習等で実施される短期間の参観とは異なり，教師の授業実践や学級経営等を一定期間継続的に観察できるのも教育実習ならではの経験である。一定期間観察できるからこそ，学校行事の運営や校務分掌等，教師が授業以外に取り組む仕事の一端を垣間見ることもできる。つまり，学校現場における「実践」と「観察」が教育実習において非常に大きな意味をもつのである。それゆえ，山﨑 (2002) は,「教職を心に決めた一番大きなきっかけは何か」や「あなたが教職活動を進めていく上で，基盤を培うことになった大学生活上の事柄は何か」という質問に対して,「教育実習」を挙げた教師が多かったことを報告している。もちろん，教育実習を通して，教職への志望を強くする者がいる反面，何らかの課題や困難を経験したことで他の職業を目指

第4章　教育実習プログラムの新開発

すようになった者もいるだろう。いずれにしても，教育実習は，教員養成段階において教職を志す上での大きな転機となることは間違いない。

　教育実習に関する近年の政策動向として，教育実習の長期化・体系化，そして教育実習の質向上が挙げられる。

　教育実習の長期化に関しては，1997年の教育職員養成審議会第1次答申「新たな時代に向けた教員養成の改善方策について」において，「実践的指導力の基礎を強固にする」ための方策として「教育実習の充実」が掲げられた。その具体化として，中学校の1種および2種免許状に係る「教育実習」の最低修得単位数が3単位から5単位（うち事前・事後指導1単位）に改める方針が示され，1998年の教育職員免許法改正によって，中学校における教育実習の期間が2週間から4週間へと延長された。さらに，教員養成系大学・学部においては，教育職員免許法に定められた教育実習の単位以外も含めて，1年次から4年次まで長期的かつ体系的な教育実習のデザインが構想されている（日本教育大学協会 2004, 2006；岡野ほか 2004）。また，教育実習そのものではないが，学校ボランティアやスクールインターンシップ等，学校現場での児童・生徒の学習支援等に携わる機会も増加してきている。2012年の中央教育審議会答申「教職生活の全体を通じた教員の資質能力の総合的な向上方策について」には，「学校ボランティアや学校支援地域本部，児童館等での活動など，教育実習以外にも一定期間学校現場等での体験機会の充実を図る」，「教員を強く志望する者に対し，学校への長期インターンシップなどの実施も考えられる」と明記されていることから，今後も一層推進されることが予想される。

　教育実習の質向上に関しては，かつては数週間という教育実習を経験することに価値が置かれ，その中身が問われていない時代が長く続いていた。それは，「従来，教育実習は，大学の教職課程のなかで付加的なものと見なされ，大学教育の範囲外に置かれる傾向が強かった」（西村 2001：199）からである。しかし，1987年の教育職員養成審議会答申「教員の資質能力の向上方策等について」で教育実習における「事前及び事後指導」の設置が提案されて以降，教育実習がスタートするまでに綿密な事前指導を行い，教育実習終了後の事後指導において教育実習の成果と課題を確認することが規定されるようになった。と

りわけ教員養成系大学・学部においては，先に述べた教育実習以外の教育活動も含めて，実習期間中の支援やリフレクション等，教育実習の事前・事中・事後全般にわたってプログラムがデザインされるようになってきた（日本教育大学協会 2006）。

　本章では，2004年より次節で詳述する「1000時間体験学修プログラム」を通して，教育実習の長期化・体系化，そして教育実習の質向上に学部全体を挙げて取り組んできた島根大学教育学部の事例の成果と課題を基に，今後の教育実習に関する新しいプログラム開発の方向性について検討していく。

4.2　島根大学教育学部における教育実習の長期化・質的向上の取り組み

　本節では，島根大学教育学部の「1000時間体験学修」の概要と，そこに位置づけられた4年間の長期的・体系的な教育実習プログラムの内容，そしてその運営体制について確認していく。

4.2.1　「1000時間体験学修プログラム」の概要

　島根大学教育学部は，2004年4月より教員養成に特化した専門学部として新たなスタートを切った。それにあたっての最も大きな改革の1つが「1000時間体験学修プログラム」の設置・必修化である。「1000時間体験学修プログラム」は，「基礎体験領域」「学校教育体験領域」「臨床カウンセリング体験領域」の3領域で構成されており，4年間の在学期間中にこれら3領域の総計1000時間の体験時間数をクリアすることが卒業要件となっている（表4-1）。この導入の背景について，畑・森本（2005）は，以下の通り述べている。

　　学校教員に求められる「教育的実践力」は，大学における理論的学習によってだけではなく，自ら主体的に関わる社会的・教育的体験，子どもや社会人との直接的なふれあい・つながりの中での多様な実践的経験との往還作用によって修得されるものであり，このような観点から，「1000時間

第4章 教育実習プログラムの新開発

表4-1 1000時間体験学修の領域と内容

教育体験活動の領域	活動内容
Ⅰ 基礎体験領域（必修110時間・選択400時間） 地域の様々なイベントや学校等での支援活動を通して，教師にとって必要な資質や能力を育成する領域	〈必修〉 基礎体験セミナー，入門期セミナー，介護等体験 〈選択〉 学校・行政連携事業・社会教育施設・各種団体での体験，専攻別体験，大学主催の体験プログラム等
Ⅱ 学校教育体験領域（340時間） 学校における教育活動，授業を中心とする学習集団の中での直接的指導体験（教育実習）の領域	附属学校園及び島根大学教育学部教育研究協力園における4年一貫の教育実習
Ⅲ 臨床・カウンセリング体験領域（150時間） いじめや不登校，また学級崩壊等の教育課題や特別支援教育等についての理解を深め，これらの課題に対応する上で必要となるカウンセリング・マインドやスキル等を育成する領域	①自己理解・他者理解をベースとしたカウンセリング・マインド養成演習 ②グループ・アプローチをベースとした子ども理解，学級集団形成のための基礎演習 ③特別支援教育相談に関する演習 ④外部講師による教育課題に関する特別講義

体験学修プログラム」を設け，卒業要件として1000時間の社会的・教育的体験活動を義務づけることとした。　　　　　　　　（畑・森本 2005：1）

すなわち，大学での学びと学校現場での経験や社会体験等とをつなぎ，それらを往還させることによって「教育的実践力」の育成を目指すのが「1000時間体験学修プログラム」なのである。

4.2.2　島根大学教育学部における教育実習の概要

「1000時間体験学修プログラム」のうち「Ⅱ 学校教育体験領域」が教育実習に関するものであり，図4-1の通り，学校教育実習Ⅰから学校教育実習Ⅵまで4年間の体系的な教育実習プログラムがデザインされている。その体系性を保障するために，学校教育実習Ⅲ・Ⅳの幼稚園実習以外のすべての教育実習が島根大学教育学部附属学校園で行われている。

1年次に授業・保育観察を中心とした学校教育実習Ⅰが6月に5日間実施される（附属幼稚園1日，附属小学校・中学校それぞれ2日間）。本実習は，「教

開講期	1年次 前期	1年次 後期	2年次 前期	2年次 後期	3年次 前期	3年次 後期	4年次 前期	4年次 後期
コア授業科目	学校教育実践研究Ⅰ（30時間）				学校教育実践研究Ⅱ（30時間）			
体験活動内容	学校教育実習Ⅰ（20時間）		学校教育実習Ⅱ（20時間）		学校教育実習Ⅲ（8時間×5日=40時間）	学校教育実習Ⅳ（8時間×20日=160時間）	学校教育実習Ⅴ（8時間×5日=40時間）	学校教育実習Ⅵ（選択）（8時間×5日=40時間）

図4-1 「学校教育体験領域」における4年間の流れ

師としての立場」から授業・保育観察を行うことで教職への理解を深めることを目的としている。この学校教育実習Ⅰの事前・事後指導として，4月から7月にかけて学校教育実践研究Ⅰが講義・演習形式で行われている。学校教育実践研究Ⅰでは，授業記録の取り方や授業協議の進め方等，今後の実習で必要となる基礎的な知識・技能を学ぶのに加え，グループでのディスカッションやスピーチを通して教師として必要な基本的コミュニケーションも学んでいく。そして，学校教育実践研究Ⅰで学習した内容をふまえて，学校教育実習Ⅰで授業・保育観察に臨む。実習期間中，午前中は，附属学校園にて授業・保育観察とグループでの授業協議を行い，午後は，大学でさらに授業協議を行う。これは，午前中の観察と協議をさらに深めることをねらいとしたものである。

2年次の学校教育実習Ⅱは，主専攻に対応する校種・教科の授業観察を通して，授業観察と記録の習熟，教科指導の視点の獲得をねらいとしたものである。学校教育実習Ⅱは主専攻ごとに実施されるが，附属学校園における2時間の授業見学といずれかの授業に関する授業協議会の実施，後述する3年次の学校教育実習Ⅳで実習を行う先輩学生の授業見学2時間とその後の授業協議会への参加が共通の内容として設定されている。それ以外に主専攻ごとに実施される授業参観や模擬授業等が学校教育実習Ⅱのプログラムに含まれる。

3年次においては，学校教育実習Ⅲが5月から6月のうち5日間，学校教育実習Ⅳが8月後半から10月のうち4週間，そして学校教育実習Ⅴが11月に5日

間実施される。4年間の教育実習プログラムで中核的に位置づけられる学校教育実習Ⅳでは，授業実践と学級経営に携わることで教職への深い理解と基礎的な実践力を育成することを目的としている。学校教育実習Ⅳの内容は，協同立案授業・自主立案授業の実践，学級等における児童・生徒との関わり，その他学校行事等への参加・支援となっている。協同立案授業とは，附属小学校では国語もしくは算数に関して，附属中学校においては道徳に関して，実習生が協同で指導案を作成し，授業実践を行うものである。自主立案授業とは，附属中学校においては主専攻の教科に関して，附属小学校においては副専攻の教科もしくはその他の教科・領域に関して個々人が指導案を作成し，授業実践にあたるものである。附属小学校においては協同立案授業が，附属中学校においては自主立案授業が学校教育実習Ⅳの中心的な活動となっている。学校教育実習Ⅳの準備段階として設定されているのが学校教育実習Ⅲである。学校や学級の実態を把握し，短時間の授業実践を行うことで，学校教育実習Ⅳに向けての課題点を把握することをねらいとしている。そして，学校教育実習Ⅳに続く学校教育実習Ⅴは，学校教育実習Ⅲ・Ⅳとは異なる校種で行われる実習であり，児童・生徒の実態や授業・保育実践の差異を観察することで，児童・生徒の成長・発達やそれに応じた指導の理解を促すことを目的としている。附属小・中学校における学校教育実習Ⅴでは，人数的・期間的な制約のため，実習生の授業実践は行わない。それにかわって，学級活動における指導を実習生が協同で行う時間を設け，異校種における児童・生徒の指導を体験できる機会を保障している。これまで述べてきた学校教育実習Ⅲ・Ⅳ・Ⅴに関する事前・事後指導として，学校教育実践研究Ⅱが，3年次前期・後期に開講されており，学校教育実習Ⅲ・Ⅳ・Ⅴの事前・事後指導，各教科等における指導案作成に向けての指導が行われている。

　4年次の5月には，学校教育実習としては最終にあたる学校教育実習Ⅵが5日間実施される（選択制）。本実習は，主専攻の校種・教科で行う実習（深化型）と副専攻の教員免許状取得に関わって行う実習（副免型）に大別される。5日間の実習において，実習生がそれぞれ指導案を作成し，授業・保育実践に臨む。

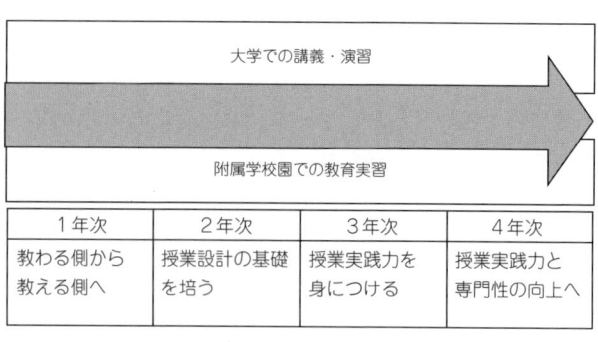

```
┌─────────────────────────────────────────┐
│         大学での講義・演習              │
│  ━━━━━━━━━━━━━━━━━━━━━━━━━━━━━▶        │
│       附属学校園での教育実習            │
└─────────────────────────────────────────┘
```

1年次	2年次	3年次	4年次
教わる側から教える側へ	授業設計の基礎を培う	授業実践力を身につける	授業実践力と専門性の向上へ

図4-2　学部全体のカリキュラムデザイン

4年間の教育実習プログラムが体系的にデザインされているだけではなく，島根大学教育学部における講義・演習が教育実習プログラムと連動して展開されている。図4-2は，そのイメージを示したものである。

4.2.3　学校教育実習の運営体制

学校教育実習の運営に関して特徴的であるのは，4.2.2に挙げた学校教育実習Ⅰから学校教育実習Ⅵの運営にあたって，特定の組織や教員ではなく学部教員が全面的に関わる体制をとっている点である。1000時間体験学修のスタートにあたって，その運営組織として「附属教育支援センター」が設置された。「附属教育支援センター」の一部門として，「教育実践・実習開発センター（実習センター）」も設置され，すべての専攻から選出された役員（2年任期），附属教育支援センターの専任教員，附属学校園の実習担当教員が構成メンバーとなっている。

実習センターの具体的な業務としては，①実習センター会議の開催，②学校教育実習ⅠからⅥの運営，③附属学校園との連携，の3点に集約される。①に関しては，ほぼ毎週実習センター会議が開催されており，学校教育実践研究Ⅰ・Ⅱの指導計画の確認，学校教育実習ⅠからⅥの準備状況，教育実習期間中に生じた課題点，今年度の成果と次年度に向けての改善点等が共有・議論されている。②に関しては，学部教員と附属学校園が協同的に教育実習の運営にあたっている。具体的には，学校教育実習Ⅲ・Ⅳ・Ⅴ・Ⅵの実習期間中には，実

習生朝礼と終礼に実習センター役員1名が参加し，実習生の状況を把握したり，附属学校からの連絡事項等を確認したりしている。それらの情報は，実習センター役員・附属学校園の実習担当者のメーリングリストで日々共有されている。また，学校教育実習Ⅰについては，通勤・退勤時の指導，附属学校園における授業観察・協議と大学における授業協議会の支援を，実習センター役員全員が分担して対応にあたっている。③に関しては，学校教育実習ⅠからⅥまでの日程調整，クラス配当，実習生控室の準備等，附属学校園における実習が円滑に取り組めるように実習センター役員も附属学校園に足を運び，附属学校園教員と連携・協力しながら教育実習の取り組みを進めている。

4.3　3年次における学校教育実習の成果と課題

　先に述べた通り，島根大学教育学部において，3年次で行われる教育実習が4年間の教育実習における中核的な役割を担っている。本節では，2014年度に実施された学校教育実践研究Ⅱ（事前・事後指導），学校教育実習Ⅲ・Ⅳ・Ⅴに関する自己評価アンケートを基にその成果と課題を検討していく。

　自己評価アンケートの回答者は，学校教育実習Ⅲ・Ⅳの実習生（小49名，中109名）であり，それぞれの項目について5段階評価で自己評価してもらった（充実度については4段階）。アンケート実施時期は，学校教育実習Ⅲについては実習直後の振り返り時に，学校教育実践研究Ⅱと学校教育実習Ⅳ・Ⅴについては全体の振り返り時であった。なお，附属小学校実習生については学校教育実習Ⅲ後の振り返りで，附属中学校実習生については全体の振り返りでそれぞれ2名の欠席者がいた。

4.3.1　学校教育実践研究Ⅱの成果と課題

　学校教育実習Ⅲ・Ⅳ・Ⅴの事前・事後指導にあたるのが，学校教育実践研究Ⅱである。学校教育実践研究Ⅱの内容と学校教育実習Ⅲ・Ⅳ・Ⅴの実施時期を含めた2014年度のスケジュールは，表4-2の通りである。学校教育実習Ⅲまでは学校教育実習Ⅲ・Ⅳに向けての教育実習全般に関するオリエンテーション

表4-2　2014年度のスケジュール

No.	日程	内容
1	4月11日	オリエンテーション
2	4月18日	チーム分け・教育実習に向けての自己課題の意識化
3	4月25日	教育話法・校歌の練習
4	5月9日	「教育実習の手引き」を読む
5	5月16日	授業観察・記録の充実（小学校班） 附属学校教員による直前オリエンテーション（中学校班）
学校教育実習Ⅲ：中学校A班（5/19〜5/23）※B班も5/19午後の就任式に出席		
6-1	5月23日	附属学校教員による直前オリエンテーション（小学校班） 評価原票ファイルの作成（中学校B班）
学校教育実習Ⅲ：中学校B班（5/26〜5/30）		
6-2	5月30日	学級掲示物の作成（小学校班） 学校教育実習Ⅲの反省とディスカッション（中学校A班）
学校教育実習Ⅲ：小学校班（6/2〜6/6）		
7-1	6月6日	評価原票ファイルの作成（中学校A班） 学校教育実習Ⅲの反省とディスカッション（中学校B班）
7-2	6月13日	学校教育実習Ⅲの反省とディスカッション（小学校班）
8	6月27日	各教科（専攻）における教材研究1
9	7月4日	各教科（専攻）における教材研究2
10	7月11日	各教科（専攻）における教材研究3
11	7月18日	各教科（専攻）における教材研究4
12	7月25日	各教科（専攻）における教材研究5
13	8月1日	各教科（専攻）における模擬授業演習
学校教育実習Ⅳ：小学校A班（9/2〜9/30・10/29），小学校B班（10/1〜10/29） 　　　　　　　中学校A班（8/28〜9/26），中学校B班（9/29〜10/30）		
14		各教科（専攻）での事後指導・まとめ
15-1	10月3日	学校教育実習Ⅲ・Ⅳの振り返り（小学校A班・中学校A班）
15-2	10月31日	学校教育実習Ⅲ・Ⅳの振り返り（中学校B班）
15-3	11月14日	学校教育実習Ⅲ・Ⅳの振り返り（小学校B班）
学校教育実習Ⅴ：附属幼稚園（11/10〜11/14） 　　　　　　　附属小学校（11/17〜11/21） 　　　　　　　附属中学校（10/31〜11/7）		
16	12月4日	学校教育実習全体の振り返り

第 4 章　教育実習プログラムの新開発

表 4-3　学校教育実践研究Ⅱのアンケート結果

	アンケート項目	附小	附中	小中
1	配当学級のメンバーで活動したこと	4.41	4.32	n.s.
2	校歌の練習をしたこと	4.04	3.45	**
3	教育実習への思いや不安を他の仲間と共有したこと	3.88	4.07	n.s.
4	朝の会・帰りの会での話についてロールプレイをしたこと	3.29	3.78	**
5	実習での生活日程・準備・身だしなみ等について書き出したこと	3.80	3.53	n.s.
6	自己紹介の掲示物を作成したこと（小学校）	3.59		
7	KJ法を用いて実習期間中の課題を整理したこと	3.55	3.42	n.s.
8	附属学校教員の講話や指導を受けたこと	4.45	4.24	n.s.
9	教科（専攻）ごとに行った教材研究	4.53	4.60	n.s.
10	教科（専攻）ごとに行った模擬授業	4.37	4.60	n.s.

$**<.01$

が中心となっており，学校教育実習Ⅲ後には専攻別で教材研究に取り組むという流れとなっている。表4-3は，学校教育実践研究Ⅱで取り組んだ内容が学校教育実習Ⅲ・Ⅳで活かすことができたかを問うアンケート項目の集計結果である。

表4-3の通り，教育実習に直接的に関わる内容である配当学級のメンバーでの活動，附属学校教員からの講話・指導，そして教材研究・模擬授業に関する項目が高かった〈項目1，8，9，10〉。附属小・中学校での平均の差を検討したところ，校歌の練習〈項目2〉と朝の会・帰りの会に関するロールプレイ〈項目4〉で1％の有意差が認められた。校歌については，小学校の場合，中学よりも学校行事が多く，校歌を歌う機会が多かったことが影響したと考えられる。また，朝の会・帰りの会のロールプレイについては，小学校の場合，その日学級で起こったさまざまな出来事がそこで取り上げられる。朝の会・帰りの会を担当するにあたって臨機応変な対応が求められるため，事前のロールプレイでは十分対応できなかったと想定される。これらの点から校種による教育活動や児童・生徒の実態の違いによって事前指導で求められる質が異なることが示された。

この点がより明確に表れるのが，学校教育実習Ⅳに向けて個々人が取り組ん

67

表4-4 学校教育実習Ⅳに向けての個人的な取り組み

		附小	附中	小中
1	配当学級の児童・生徒の名前を覚えること	4.55	4.11	**
2	担当する学年・教科の教科書に目を通すこと	3.80	4.16	*
3	担当する単元の指導書に目を通すこと	3.53	4.02	*
4	担当の単元に関する情報を文献やICTを活用して集めること	3.63	4.17	**
5	担当する単元について教材研究を行うこと	4.57	4.71	n.s.
6	担当する学年・教科等の既習事項を把握すること	3.90	3.69	n.s.
7	自主的に配当学級を訪問すること	2.61	2.77	n.s.
8	自主的に附属学校の指導教員を訪問すること	3.61	3.22	n.s.
9	配当学級のメンバーとの打ち合せに参加すること	4.78	4.15	**
10	担当する教科の専門性を高めること	3.39	4.10	**

**<.01　*<.05

だ事前準備に関するアンケート結果である（表4-4）。表4-4の通り，附属小・中学校の実習生で学校教育実習Ⅳに向けての取り組み方に差異がみられた。附属小学校実習生については，児童の名前を覚えること〈項目1〉とメンバーとの打ち合わせ〈項目9〉の平均値が有意に高く，附属中学校実習生については，学習・情報収集に関する内容〈項目2・3・4〉と教科の専門性〈項目10〉の平均値が有意に高かった。附属小学校の場合，教育実習において児童との関わりが重んじられていること，教育実習の取り組みとして学級内での協同立案授業が中心であることが影響を与えたと考えられる。その一方，附属中学校の場合，各教科の自主立案授業が中心であるため，個々人が各教科に関する知識・理解や教科内容の指導に関わる部分を学ばねばならないと捉えていたことが影響したと考えられる。

　学校教育実践研究Ⅱの内容，そして学校教育実習Ⅳに向けての個々人の取り組みについて検討した結果，附属小・中学校の校種による差異が認められた。それは，それぞれの学校全体の取り組みや教育実習で重視されていることの差異によってもたらされたものであったといえる。

4.3.2 学校教育実習Ⅲ・Ⅳの成果と課題

　表4-5は，2014年度の学校教育実習Ⅲ・Ⅳにおける自己評価アンケートの結果である。

　まず，学校教育実習Ⅲについて，附属小学校と附属中学校での差異を確認していく。児童・生徒との関係性に関する項目では，附属小学校実習生の方が附属中学校実習生よりも有意に高い傾向が認められた〈項目1・6・9〉。これは，小学生と中学生の発達段階の差によるものであるといえる。また，学級担任制である小学校の方が指導教員と関わりを深めやすく，学級の雰囲気を捉えやすいことも挙げられる〈項目7・21〉。それに対して，附属中学校実習生に関しては，教科の専門性を核にした関わりや学部の授業・体験活動を活かせたとの項目で附属小学校実習生よりも有意に高い傾向が認められた〈項目15・22〉。これは，教科担任制をとる中学校では，自身の専攻で学んできた内容に基づいて教育実習を行うことができるためであるだろう。

　これらの点は，学校教育実習Ⅳにおいても同様にみられた（附属小学校における児童との関わり〈項目1・6・9・10・19〉，附属中学校における教科の専門性に関する内容〈項目15・22〉）。さらに附属小学校実習生については，指導教員との関わりに加えて，学校全体の教育活動への参画に関する項目も有意に高い傾向がみられる〈項目4・7・11〉。附属小学校では，運動会等の学校行事の運営に実習生も携わっていたことが影響を与えていると考えられる。

　続いて，学校教育実習ⅢからⅣにかけて実習生の自己評価がどのように変化したかを検討してみる。附属小学校・中学校共に16項目で有意な上昇が認められ，時間をかけることによる一定の成果が認められた。附属小学校・中学校共通に見られたものとしては，児童・生徒との関わり〈項目1・9・10・19〉，教科の専門性〈項目22〉，教師・学校の仕事の理解〈項目4・13・14〉，コミュニケーション能力の向上〈項目28〉が挙げられる。それに加えて，附属小学校実習生に関しては，授業観察や記録〈項目2・3・23〉，附属中学校実習生に関しては，生徒との関わり〈項目6・16・20〉と指導教員との関わり〈項目7〉が有意に上昇したことが明らかとなった。附属中学校においては，先に述べた通り，生徒の発達段階や教科担任制に基づく指導体制からある程度時間を

表4-5 2014年度学校教育実習Ⅲ・Ⅳのアン

	アンケート項目	小Ⅲ	中Ⅲ	小Ⅳ
1	配当学級の児童・生徒の顔と名前を覚えることができた	4.55	3.90	4.96
2	自分なりの視点で授業観察記録をとることができた	3.81	4.05	4.35
3	「教師の視線」で授業や子どもを見ることができた	3.79	3.79	4.16
4	教師の仕事や学校の動きを把握することができた	3.72	3.71	4.20
5	同じ配当学級や学年，教科の実習生と協力しあえた	4.43	4.50	4.49
6	自分から進んで子どもたちと関わることができた	4.34	3.59	4.43
7	実習校の指導教員と積極的に関わることができた	3.85	3.52	4.12
8	実習生朝礼・終礼ではメモを取る習慣が身についた	4.53	3.44	4.41
9	必要なときに児童・生徒を叱ることができた	2.89	2.38	3.49
10	個々の子どもの個性や特徴を理解することができた	3.53	3.38	4.16
11	附属学校の教育活動に貢献するように努めた	3.49	3.48	4.06
12	実習に合わせて生活のリズムを整えることができた	3.85	4.02	4.22
13	その日の予定を事前に確認する習慣が身についた	4.00	4.00	4.33
14	校舎内の教室配置等を頭に入れることができた	3.72	3.65	4.39
15	学部の授業や体験活動での学習を活かせた	3.34	3.76	3.35
16	子どもと関わることに自信が持てるようになった	3.49	3.27	3.86
17	教職に対する気持ちが前向きになった	3.26	3.39	3.69
18	子どもに対して「教師の立場」を保つことができた	3.40	3.34	3.59
19	偏りなく子どもと関わることができた	3.17	2.88	3.69
20	場面に応じて適切な言葉かけができた	3.40	3.39	3.69
21	配当学級の雰囲気を自分なりにつかむことができた	4.30	4.03	4.53
22	教科の専門性を核として子どもに向き合うことができた	2.57	3.55	3.04
23	指導教員の授業を自分なりに解釈することができた	3.77	3.94	4.18
24	授業以外の教師の仕事で代わりを務められた	3.13	3.05	4.37
25	今後の自己の課題が明確になった	4.49	4.47	4.31
26	実習生控室の美化に努め，率先して動くことができた	3.38	3.67	3.82
27	教育の現場に関心が持てるようになった	3.91	3.70	4.27
28	コミュニケーション力や自己表現力が向上した	3.64	3.52	4.00
29	目的意識を持ち，意欲的に取り組むことができた	4.06	4.00	3.90
30	この実習を通してより良く変わることができた	3.96	3.95	4.16

第 4 章　教育実習プログラムの新開発

ケート結果

中Ⅳ	小中Ⅲ	小中Ⅳ	小ⅢⅣ	中ⅢⅣ
4.79	**	*	**	**
4.20	**	n.s.	**	n.s.
3.93	n.s.	n.s.	**	n.s.
3.98	n.s.	*	**	**
4.32	n.s.	n.s.	n.s.	n.s.
3.92	**	**	n.s.	*
3.80	*	*	n.s.	**
4.07	**	*	n.s.	**
2.80	**	**	**	**
3.84	n.s.	**	**	**
3.72	n.s.	**	**	*
4.22	n.s.	n.s.	n.s.	n.s.
4.24	n.s.	n.s.	*	*
4.21	n.s.	n.s.	**	**
3.72	**	*	n.s.	n.s.
3.60	n.s.	n.s.	n.s.	**
3.48	n.s.	*	n.s.	*
3.32	n.s.	n.s.	n.s.	n.s.
3.28	n.s.	*	*	**
3.64	n.s.	n.s.	n.s.	*
4.37	**	n.s.	*	**
3.94	**	**	*	**
3.98	n.s.	n.s.	**	n.s.
3.25	n.s.	n.s.	n.s.	n.s.
4.25	n.s.	*	n.s.	*
3.69	n.s.	*	*	n.s.
3.88	n.s.	*	**	*
3.82	n.s.	n.s.	*	**
3.97	n.s.	n.s.	n.s.	n.s.
4.06	n.s.	n.s.	n.s.	n.s.

**<.01　*<.05

かけた上で関係を築く必要がある。それに対して，附属小学校においては，学校教育実習Ⅲの時点で児童や指導教員との関係をすでに築くことができていたため，授業観察や記録に目を向けることができたと考えられる。以上の点から学校間による差異が認められたが，児童・生徒との関係構築に関しては発達段階の差異によって，指導教員との関わりや学校全体の教育活動への参加に関しては組織上・運営上の差異によってもたらされるものであるといえるだろう。

　そして，学校教育実習Ⅳを終えての充実度を4段階で回答してもらった結果が表4-6である。4段階中4・3を回答した割合が，附属小学校に関しては91.67％，附属中学校に関しては85.58％であったことから，いずれの校種でも教育実習での経験が充実したものであると捉えられていた。なお，附属小・中学校間で充実度の平均に有意差は認められなかった（df＝144, t＝0.962, p＝.338）。

4.3.3　学校教育実習Ⅴの成果と課題

　学校教育実習Ⅲ・Ⅳの後に異校種実習として実施される学校教育実習Ⅴの成果と課題について確認していく。学校教育実習Ⅴでは，学校教育実習Ⅲ・Ⅳを附属小学校で行った者は附属中学校で，附属

表4-6 2014年度学校教育実習Ⅳの充実度

		附小		附中	
		実数	%	実数	%
4	非常に充実しており楽しかった	18	37.50	32	30.77
3	苦しいこともあったが充実していた	26	54.17	57	54.81
2	どちらかと言えば苦痛だった	2	4.17	10	9.62
1	非常に苦痛だった	2	4.17	5	4.81
	合　　計	48	100.00	104	100.00
	平　　均	3.25		3.12	

表4-7 2015年度学校教育実習Ⅴのアンケート結果

	アンケート項目	小Ⅴ	中Ⅴ	小中Ⅴ
1	授業場面での教師から児童・生徒への働きかけについて，校種による違いを理解することができた	4.33	4.16	n.s.
2	授業以外の場面での教師から児童・生徒への働きかけについて，校種による違いを理解することができた	4.26	3.88	**
3	学齢期にある児童・生徒の成長や発達段階の違いを把握することができた	4.28	4.20	n.s.
4	校種による学習環境の違いを理解することができた	4.33	4.41	n.s.
5	主専攻と関係する校種とその授業，児童・生徒への理解をさらに深めることができた	3.62	3.55	n.s.
6	児童・生徒の年齢や発達段階に応じて，学級活動に関する教材研究や指導案作成を行うことができた	3.03	3.29	n.s.
7	児童・生徒の年齢や発達段階に応じて，学級活動を工夫して行うことができた	3.11	3.21	n.s.
8	児童・生徒の年齢や発達段階に応じて，コミュニケーションの方法を工夫することができた	4.07	3.51	**
9	校種による教師の仕事内容，役割，動き（立ち居振る舞い）の違いを理解し，自分も行うことができた	3.74	3.08	**

**<.01

中学校で行った者は附属小学校で実習を行う。なお，学校教育実習Ⅴに関しては，附属幼稚園でも実習が行われており，附属中学校で実習を行った6名が参加した（本研究の対象からは除く）。表4-7は，学校教育実習Ⅴに関するアンケート結果である。

　附属小・中学校で有意差が認められた項目は，授業観察に関する授業場面以

第 4 章　教育実習プログラムの新開発

表 4-8　2014年度学校教育実習Ⅴの充実度

		附小		附中	
		実数	%	実数	%
4	非常に充実しており楽しかった	49	50.00	5	10.42
3	苦しいこともあったが充実していた	40	40.82	57	58.33
2	どちらかと言えば苦痛だった	8	8.16	12	25.00
1	非常に苦痛だった	1	1.02	3	6.25
	合　　計	98	100.00	104	100.00
	平　　均	3.40		2.73	

　外での児童・生徒への働きかけの差異〈項目2〉と児童・生徒との関わりと実習での振る舞い〈項目8・9〉であった。学校教育実習Ⅲ・Ⅳと同様に項目2・9に関しても，学校のシステムと教育実習の形態によるものであろう。小学校では学級担任制であるため，基本的に学級の中で活動を行うことができ，実習生が学級において求められる行動を実践しやすかった。また，学級での観察が基本となるため，休み時間等授業以外の場面での児童に対する働きかけも観察しやすい。それに対して，附属中学校では教科担任制であるため，教師が授業以外の場面で生徒と関わる機会自体が少なかったと考えられる。さらに附属中学校では2日間は学級を中心として，2日間は教科を中心としての観察が設定されていたが，教科によっては実習前半にしか設定できないものもあり，授業観察のためにクラスを移動せざるを得なかった。このような教育実習の運営体制による面も影響があっただろう。そして，生徒とのコミュニケーション〈項目8〉に関しても，学校教育実習Ⅲ・Ⅳで確認された発達段階の差異が共通にみられた。5日間という限られた期間では，附属中学校において生徒とのコミュニケーションを図っていくことは容易ではなかったと考えられる。

　そして，学校教育実習Ⅴを終えての充実度を4段階で回答してもらった結果が表4-8である。附属小学校においては4・3の回答者の割合が90.82％であるにもかかわらず，附属中学校においては68.75％に留まり，附属小・中学校間の充実度に1％の有意差が認められた（df＝144, t＝-5.408, p＜.01）。先に述べた学校のシステムと実習体制，生徒とのコミュニケーションの課題が教

育実習の充実度にも影響を与えたと考えられる。表4-6で示した通り，学校教育実習Ⅳにおける充実度に関しては，附属小・中学校間で有意差が認められなかったことからも，中学校における教育実習では生徒との関係構築等のためにある程度の時間が不可欠であることが浮き彫りとなった。

4.4 新たな教育実習プログラムの方向性

本章の締めくくりとして，本節では，島根大学教育学部における3年次の教育実習における成果と課題をふまえた上で，教育実習の長期化・体系化，そして教育実習における質向上に関する提案を行っていく。以下に詳述するが，新たな教育実習プログラムの方向性とは，これまでとは全く異なる視点で教育実習また教員養成そのものを問い直していくことになる。

4.4.1 適応を目指す教育実習か変革を目指す教育実習か

4.3において，教育実習の長期化・体系化，そして教育実習の質向上に取り組んできた島根大学教育学部における3年次の教育実習に関する2014年度の自己評価アンケート結果を基にその成果と課題を検討してきた。その中から浮かび上がってきたのは，教育実習の期間的な長さもある程度必要ではあるが，単に期間を延長したとしても必ずしも充実したものになりえないということである。たとえば，中学校においては，思春期にある生徒との関係構築や教科担任制から生じる現場での対応の困難さが存在することが，附属中学校実習生の学校教育実習Ⅲ・Ⅴのデータから明らかとなった。このためには時間をかける必要があり，それを保障すればある程度解決可能であることが学校教育実習Ⅳのデータから裏づけられた。その一方で，小学校における教育実習では，学級の児童や指導教員との関係構築や学校全体の取り組みへの関わりに対してのハードルが低いと考えられるが，教科の専門性をふまえた実践については課題が認められた。学級担任制というシステムの中で，教科の専門性を意識して実践に臨むことは，それほど容易ではないだろう。これに関して，学校教育実習Ⅳに向けての個々人の取り組みに関するデータから，附属中学校実習生と比較して

学校教育実習Ⅳへの準備としてそれらの点を十分意識して取り組めてはいなかったことからも裏づけられている。すなわち，これは，単に時間をかければ解決できる問題ではないのである。

　それゆえ，これらの点は教育実習運営上の課題としてだけでなく，大学・学部における教員養成全体，学校現場との協働（さらには学校現場の変革）という視点で捉えていく必要がある。教員養成において4年間でどのような教師を送り出していくのか，そのためにどのような経験を教育実習で積むべきなのかを総合的に議論せねばならない。島根大学教育学部の場合，図4-2の通り，4年間の学部全体のカリキュラムデザインを基に教育実習を運営してきたが，2014年度のデータから浮かび上がったのは小学校・中学校の学校文化に深く関わる問題であった。それに適応すべきと捉えるか，それを変革すべきものと捉えるかによってこれからの教育実習プログラムのデザインを見直す方向は全く異なるものとなる。ある程度適応せねばならない側面も当然あるが，それに留まれば直面している問題の再生産にしかつながらないため，後者の道を選択すべきだろう。後者に関連して，今津（1996）は，アメリカとイギリスで提起された「探究的方法」を紹介している。「探究的方法」とは，「教員養成や現職教育をこれまでのような見習い訓練として捉えるのではなく，学校教育変革を探究し，変革を実際に担いうる主体として自ら成長を遂げていくことのできるような教師教育の考え方」（今津 1996：211）である。そして，「探究的方法」が目指すのは，「伝統的・固定的に把握された教師像に合わせるための職業訓練ではなくて，常に変革に向けて自己成長を実現していく能力と態度の教育」（今津 1996：211）となる。

　この「探究的方法」に関連するものとして，教育実習における学びを促す「省察」をモデル化したKorthagen（2001）の「ALACTモデル」を取り上げる（図4-3）。Korthagen et. al（2001）は，「省察」の重要性について次の2つの観点から論じている。まず，社会やテクノロジ等が急速に変化し続ける時代にあって，実習生が自身の経験から学ぶ強い意志をもち，教員養成プログラムが終わった後も成長し続けることが必要となる点である。そして，将来教えることになる児童・生徒自身も生涯にわたって学び続けるよう教育されなければ

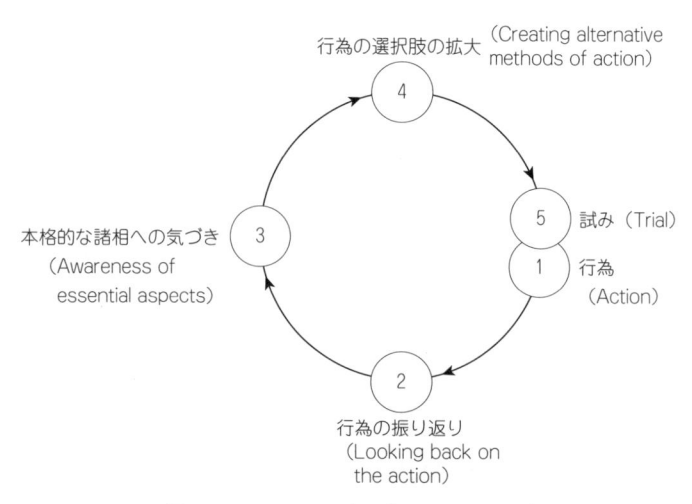

図4-3 ALACT モデル（Korthagen 2001）
出典：Korthagen et al. (2001).

ならない。それゆえ，実習生自身が省察のモデルとなることを彼らに自覚させなければならないためである。ここでは，実習生が直面した課題を取り上げながら，ALACT モデルについて検討していきたい。

第1局面の「行為（Action）」は，教育実習において具体的な経験を積むことであり，教育実習における授業実践，児童・生徒との関わり等それぞれの実習生が直面した課題を取り上げることになるだろう。たとえば，実習生が休み時間に生徒たちを注意した際に彼らから強く反発された場面を取り上げてみる。

続く，第2局面の「行為の振り返り（Looking back on the action）」では，「自身の行動の仕方や考え方，欲求，感情についての省察」（邦訳 p. 128）を行う。実習生が直面した課題について「具体的な感情や思考，ニーズ，行為について注意深く考察できるようになるのを促す」（邦訳 p. 134）段階であり，Korthagen et. al（2001）は，それを促すための9つの質問を表4-9の通り挙げている。たとえば，「休み時間に生徒たちを注意した」のは，どのような状況だったのか（0），なぜその場面で注意しようとしたのか（3），生徒たちから強く反発された際にどのような感情を抱いたか（4）等，実習生自身の振り返りを促すのと同時に，生徒たちはその場面で何をしたかったのか（5），注意されたことで

第4章　教育実習プログラムの新開発

表4-9　第2局面で有効な具体化のための質問

0. 文脈はどのようなものでしたか？	
1. あなたは何をしたかったのですか？	5. 生徒たちは何をしたかったのですか？
2. あなたは何をしたのですか？	6. 生徒たちは何をしたのですか？
3. あなたは何を考えていたのですか？	7. 生徒たちは何を考えていたのですか？
4. あなたはどう感じたのですか？	8. 生徒たちは何を感じていたのですか？

出典：Korthagen et al. (2001).

どのように感じたのか（8）等，生徒たちに対しても意識を向けさせるのである。

そして，第3局面の「本質的な諸相への気づき（Awareness of essential aspects）」では，第2局面の内容を構造化したり一般化したりすることで実習生が直面した問題に具体的に迫っていく段階である。先の場面を例に挙げれば，同じように反発されるような場面は他になかったのか，教師や他の実習生が注意する際に同様の行動をとっていたのか等を追究していく。そのなかで「大文字の理論」（理論的・学術的内容）につなげていくことも重要である。生徒からの反発を考える上では，中学生の発達段階や対人コミュニケーションに関する知見と，それらをふまえた教師の働きかけに関する研究や実践も検討することが必要となる。

第4局面の「行為の選択肢の拡大（Creating alternative methods of action）」では，実習生が直面した問題の解決方法を一般化する段階である。たとえば，発達段階をふまえた対応は，授業中の指導やそのほかさまざまな場面でも共通に求められる内容であるはずである。第4局面では，実習生が直面した課題から導き出された基本的な原理や共通のテーマを確認した上で，さまざまな場面で応用できるように促すことが重要となる。

最後に第5局面の「試み（Trial）」では，第4局面で導き出された解決方法を実際の場面で取り組んでいく。それは，新たな第1局面へと続いていくことになり，このサイクルが繰り返されていくのである（らせん構造）。

つまり，Korthagen et. al（2001）のALACTモデルは，教育実習における経験を基盤とした継続的な学びのモデルであり，実習生が直面した課題を理論

的・学術的な内容につなげながら多様な選択肢を検討させる「理論と実践の往還」なのである。これを実習生自らがこのサイクルをたどれるよう指導していくことが教育実習の中核となるため，教育実習プログラムを大きく転換していくことが求められる。4.2.1 において，島根大学教育学部の「1000時間体験学修プログラム」も「理論と実践の往還」を目指したものであることをすでに述べているが，ALACT モデルの視点からみれば，「理論」と「実践」をつなぐ「往還」が十分できていなかったといえるだろう。

4.4.2 社会変革を志向した教員養成・教育実習を目指して

　4.4.1 では，実習生を変革の主体へと位置づける「探究的方法」や「ALACT モデル」について取り上げてきた。その批判的志向性を一層強化したものが，欧米の教師教育で近年クローズアップされてきた「社会正義を実現するための教師教育（teacher education for social justice）」である。一言で言えば，学校や社会がもたらしている不平等を認識し，それらを解決するために教育を捉え直そうという動きであり，教員養成段階でもその視点に基づいた変革の動きが起こりつつある（Enterline et al. 2008）。欧米の教育は，人種・マイノリティ・貧困等さまざまな問題に直面している（もちろん，それは日本においても程度の差はあれ現実には存在している）。教員養成段階でそれらを理解した上で，それらの解決を目指した取り組みが行われている。たとえば，Storms (2015) は，アクションリサーチを中心としたコースの実践を通して，教員志望学生の変革主体としての意識が高まったり，児童・生徒の学習へのコミットメントが高まったりすることを明らかにしている。また，Leonard and Moore (2014) は，数学の免許取得に必要な 8 週間のコースで社会正義をテーマに据えた実践において，社会正義の視点をふまえた授業実践が構想できるようになることや教員志望学生の信念の変化が生じたことを報告している。

　社会正義を実現するための教師教育の考え方は，わが国における教師教育また教員養成のディスコースでほとんど取り上げられてこなかったものである。もちろん，欧米においても，およそ2000年代以降に意識化されるようになった比較的新しい概念である。しかし，現在では，著書や論文がさまざまに公刊さ

れていることから一定のコンセンサスが得られているといえるだろう（たとえば，Down and Smyth 2012, Zeichner 2009）。ところが，わが国の教員養成また現職教育においては，「実践的指導力」，すなわち授業実践や学級経営，児童・生徒に対する指導の次元でしか議論がなされてこなかったといえる。教師として現在目の前にある社会的な問題状況をどう捉え，その解決をいかに目指すかという社会正義の視点をふまえた議論には十分至っていないのである。

今後，社会正義の視点をふまえた4年間の教員養成プログラムを構想するにあたって，Zeichner and Liu（2010）の言葉を引用しておきたい。

> 学校内での教師による教育的な働きかけは，社会的問題をはっきりと解決できないが，より公正でよりまともな社会の構築に貢献できる。最も重要なポイントは，教えることは中立的で決してありえないことである。教師は，日々の行動が誰の利益につながっているのかという政治的な明確さ（political clarity）をはっきりさせて行動しなければならない。今直面する状況のある面を教師が変えることはできないかもしれない。しかし，少なくとも何が起こっているかに気づくことはできるだろう。
>
> （Zeichner and Liu 2010：74）

「児童・生徒のために○○する」という言葉は実際よく聞く。しかし，その○○の行為をとるにあたって，今の児童・生徒が置かれた現実はどうなのか，その行動の結果はどこにつながっているのかを吟味しているのだろうか。さらに，本当にその行為が「より公正でよりまともな社会」を構築することにつながっているのだろうか。そのような教育における行為の意味を追究したり判断したりしていく場こそが，教員養成における講義・演習であるし，「生きた」児童・生徒とともに実践を行う教育実習にほかならないだろう。

まだ最初の一歩であるが，島根大学教育学部初等教育開発専攻においては，講義・演習の中で社会正義に基づく批判的視点をふまえた取り組みを行いつつある。たとえば，2年次の初等教育実践基礎Ⅱ（論文講読）では，社会的排除・文化資本・経済格差等，毎回異なる論文を読み，それに関するレポートを

まとめ，学生間でディスカッションを行う演習を取り入れている。教育実習へとつながるまでには至っていないが，初等教育開発専攻の 1 年次から 3 年次まで体系的に学習できるカリキュラム上の体制は整っている（河合塾 2014）。

参考文献

中央教育審議会（2012）「教職生活の全体を通じた教員の資質能力の総合的な方策について（答申）」.
Down, B. and Smyth, J. (eds.) (2012) *Critical Voices in Teacher Education : Teaching for Social Justice in Conservative Times*, Dordrecht : Springer.
Enterline, S., Cochran-Smith, M., Ludlow, L. H. and Mitescu, E. (2008) "Learning to Teach for Social Justice : Measuring Change in the Beliefs of Teacher Candidates," *The New Educator*, 4 (4) : 267-290.
畑克明・森本直人（2005）「教育体験活動（「1000 時間体験学修」）の概要」『島根大学教育臨床総合研究紀要』4：1-12.
今津孝次郎（1996）『変動社会の教師教育』名古屋大学出版会.
河合塾（2014）「2010 年〜2012 年度『大学のアクティブラーニング調査』グッドプラクティス集」『『学び』の質を保証するアクティブラーニング——3 年間の全国大学調査から』東信堂：67-179.
Korthagen, F. A. J., Kessels, J., Koster, B., Lagerwerf, B., and Wubbels, T. (2001) *Linking Practice and Theory : The Pedagogy of Realistic Teacher Education*, Mahwah, NJ : Lawrence Erlbaum Associates.（武田信子（監訳）（2010）『教師教育学——理論と実践をつなぐリアリスティック・アプローチ』学文社.）
教育職員養成審議会（1987）「教員の資質能力の向上方策等について（答申）」.
教育職員養成審議会（1997）「新たな時代に向けた教員養成の改善方策について（答申）」.
Leonard, J. and Moore, C. M. (2014) "Learning to Enact Social Justice Pedagogy in Mathematics Classrooms," *Action in Teacher Education*, 36 (1) : 76-95.
日本教育大学協会（2004）「教員養成の『モデル・コア・カリキュラム』の検討——『教員養成コア科目群』を基軸にしたカリキュラムづくりの提案」.
日本教育大学協会（2006）「教員養成カリキュラムの豊かな発展のために——〈体験〉—〈省察〉を基軸にした『モデル・コア・カリキュラム』の発展」.
西村正登（2001）「教師教育の課題」山﨑英則・西村正登編『求められる教師像と教員養成』ミネルヴァ書房：195-216.
岡野勉・住野好久・濁川明男・林尚志（2004）「国立の教員養成大学・学部における 4 年次教育実習カリキュラムの編成動向と課題」『新潟大学教育人間科学部紀要』6 (2)：405-421.

Storms, B. S. (2015) "Social Justice in Practice? Exploring Teacher Candidates' Commitment toward Change Agency through Action Research," *Action in Teacher Education*, 37 : 156-171.

山﨑準二（2002）『教師のライフコース研究』創風社.

Zechner K. (2009) *Teacher Education and the Struggle for Social Justice*, New York : Routledge.

Zeichner, K. and Liu Y. (2010) "A Critical Analysis of Reflection as a Goal for Teacher Education," In Lyons, N. (ed.) *Handbook of Reflection and Reflective Inquiry : Mapping a Way of Knowing*, Springer, New York.

第5章

教育の情報化に対応するための教員養成カリキュラムのリニューアル

寺嶋浩介

5.1 学校現場の課題に対応する教員養成カリキュラムの開発

キャリア教育や危機管理，教科の新設等というように，初等中等教育の学校現場がある課題に対応しないといけないという状況が発生すると，「今後教員となる学生が所属する教員養成段階では，指導はどうなっているのか」という声が必ずあがる。学校現場と同様に，教員養成大学や学部においても新しい要求への対応が迫られるが，既存のカリキュラムに上塗りするだけでは課題が多すぎて追いつかない現状がある。

本章においては，教育現場において新しく発生する課題に対して，教員養成はどう対応し，カリキュラムを編成するのかという視点を「教育の情報化」をテーマとして取り上げながら説明する。これまでの政策や実践研究の動向をふまえ，対応の具体策，今後の課題について述べる。

5.2 教育の情報化の動向

5.2.1 教育の情報化とは

教育の情報化とは，わが国の学校教育において推進されている取り組みであり，学校に ICT（Information and Communication Technology）を導入することにより，学校での教育や職務のさらなる充実を図ろうとするものである。ICTが示す範囲は時代によって流動的であるが，コンピュータやインターネット，プロジェクタ，実物投影機，電子情報ボード，デジタルカメラ，プリンタ，CD-ROM，DVD 等，普通教室に導入が試みられているデジタル機器等を指

す（堀田・木原 2008）。

　教育の情報化の推進においては，以下の3つが主要なテーマとなっている。
- ICT活用（授業においてICTを活用することで，児童・生徒の学力向上を図ること）
- 情報教育（児童・生徒が情報および情報手段を主体的に選択し活用していくための個人の基礎的資質を身につけることを目的とした教育を行うこと）
- 校務の情報化（学校の校務において，ICTを活用し，効率的・効果的に行うこと）

　これら教育の情報化に関するテーマの詳細については，本選書の別巻において特化して取り扱われているので，そちらを参照されたい。

5.2.2　これまでの取り組みと現在の動向

　教育の情報化については，日本教育工学会においてはCAIやCMIの研究が積極的に進められてきた。また，それと同時に関係する諸団体で学校現場での普及が図られたり，熱心な教員の手によって，実践研究が進められてきた（歴史的な経緯については，東原（2008）や林（2012）に詳しい）。

　政策としては，文部科学省が1980年代なかばに情報教育の重要性を打ち出したのがその本格的なスタートとなる。そこから35年程度進んできた今では，主として2009年に公表された「教育の情報化に関する手引」（その後一部追補，修正）（文部科学省 2009）と2011年に発表された「教育の情報化ビジョン」（文部科学省 2011）に基づいて，教育の情報化が図られている。前者は初等中等教育全体が対象となっており，今教育の情報化をどのように図っていくのかについて，ICT活用，情報教育，校務の情報化の立場から描かれている。後者は，2020年度に向けた教育の情報化に関する総合的な推進方策で，将来を見据えたものとなっている。

5.3 教育の情報化に対応するための教員養成の問題

学校現場に要求される課題は，日々変わっていくが，教育の情報化という課題は，特に変化が著しい。それに対して，教員養成段階においてカリキュラムを編成し，対応していくには一般的には3つの問題が存在する。

5.3.1 教育職員免許法における問題

教員免許を得るためには，教育職員免許法に則った大学での単位を習得しなければいけない。まずはここで，教育の情報化に対して，どのように対応されているのかを見ておく必要がある。教育職員免許法において，教育の情報化に関連しているのは，主として2科目である。ひとつは，「情報機器の操作」である。ただしこれは，教員養成とは関係ない大学においても習得しなければいけない単位であり，同種のものに「日本国憲法」や「外国語コミュニケーション」がある。多くの大学では，パソコンを前にして，一般的なソフトの活用について学ぶなどの取り組みが多い。もうひとつは，「教育の方法及び技術（情報機器及び教材の活用を含む。）」である。講義としては2単位の取得が必須となっている。これは，大学としては90分の授業を1コマとすると，15コマの時間が用意されることになる。ここで教育方法について学ぶ中で，授業のひとつのテーマとしてICTを活用した授業が実施される。ただし，この授業はあくまでも「教育方法」についての授業なので，学習目標の設定や評価といったような，授業の組み立て方一般について学ばなければいけない。「教育の方法及び技術」を想定して発行されている標準的な教科書（稲垣・鈴木 2015）をみてみると，全15章のうち，1章しか教育の情報化には割かれていない。15コマのうち，通常取り入れようと思ったら，せいぜい2，3コマの実施といったイメージとなる。以上の授業に加え，教育実習や教職実践演習という必修科目で実施したり，独自に科目を設けて取り組むことになるが，各養成機関によりまちまちとなる。教育の情報化に限らず，新しいテーマを教員養成のカリキュラムに取り入れる場合，免許法を改訂し，科目を新設しない限りはこのような感

じとなるのが一般的である．

5.3.2 大学のカリキュラム編成における問題

カリキュラム上での位置づけの他に，大学のカリキュラムそのものについての問題もある．大学の授業には，初等中等教育での学習指導要領にあたるものがない．その科目を指導できる研究の業績をもつと判断された大学教員が，指導にあたる．よって，同じ科目名を名乗っていても，大学により授業内容にかなりの差がある．大学においては，教員の専門性はそれぞれ異なるので，科目間の連携を意図したカリキュラムを開発しにくい．それゆえ，これも教育の情報化に限ったことではないが，学生に何を身につけさせるのかという議論が不足しがちになる．

5.3.3 受講する学生の問題

加えて，こうした授業を受講する学生の前提条件にばらつきがあり，授業実施が難しいという問題もある．読者は最近の若者だから，ICT を相当活用できることを予想していると思われるが，現実にはそうではない．比較的 ICT を不得手とする学生が教員養成に入学してくる．また，いち個人として ICT を活用していることは，学習指導として ICT を活用できることとは異なる．さらに，これらの学生は旧来からの授業（教育の情報化に対応していない授業）を肯定的にとらえる者が多く，その授業イメージのままで学校教育を捉えるため，新しい授業へのイメージをもちにくいなどの前提条件がある．

5.4 教員養成カリキュラムで何をねらうか

前節のような問題をふまえつつ，教員養成のカリキュラムを編成することが求められる．まず，カリキュラム編成のためには，どういう能力を身につける必要があるのかについて明確にしておかなければいけない．それは，図 5 - 1 のように描かれる．ICT 活用指導力は，指導力や教科指導力の一部として存在する．それは，図のように，教科を問わずに求められる ICT 活用指導力と，

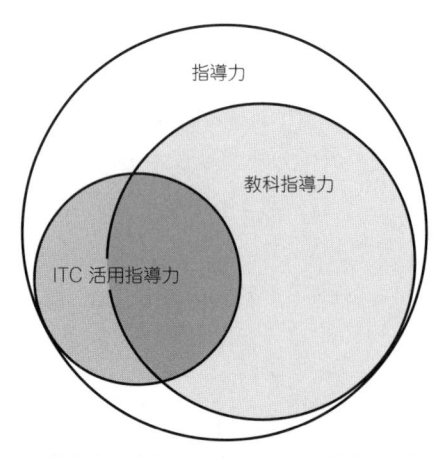

図 5 - 1　指導力の全体における ICT 活用指導力の位置づけ

教科指導力と関わって発揮される教科指導としての ICT 活用指導力がある。加えて，ICT を活用した各指導場面においては，その基礎となる ICT 活用能力も求められる。これは，そもそもコンピュータや各種 ICT 機器のそもそもの活用能力である。ICT 活用指導力はもちろん必要であるが，上記したように教員養成大学や学部に所属をする学生は，一般的に機器の活用に苦手なイメージを抱いていることは，無視できない問題であり，配慮が必要である。ただし本節においては，本章の主旨に沿って内容を限定し，ICT 活用指導力の側面から，どのような構成要素があるのかをこれまでの取り組みから紹介をする。

5.4.1　日本国内では

　国内では，文部科学省より提示されている「ICT 活用指導力」について，有識者により議論され，文部科学省より発表されている（文部科学省 2007）。これは，「教材研究・指導の準備・評価などに ICT を活用する能力」「授業中に ICT を活用して指導する能力」「児童・生徒の ICT 活用を指導する能力」「情報モラルなどを指導する能力」「校務に ICT を活用する能力」の 5 つの領域から構成されている。学校現場の教師を対象として，毎年調査も実施されている（図 5 - 2）。図のように，主にこれまでは特に，「授業中に ICT を活用して指導

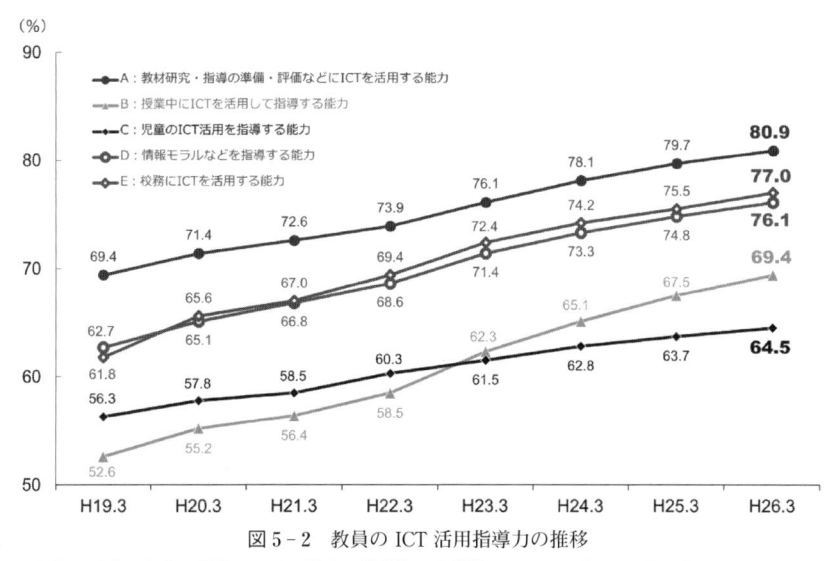

第5章　教育の情報化に対応するための教員養成カリキュラムのリニューアル

図5-2　教員のICT活用指導力の推移

出典：平成25年度　学校における教育の情報化の実態等に関する調査結果（概要）より．
（http://www.mext.go.jp/a_menu/shotou/zyouhou/__icsFiles/afieldfile/2014/09/25/1350411_01.pdf）

する能力」の平均が低いことが指摘されてきた。これは普通教室にICT環境が配備されていないこと，研修機会の少なさが要因としては考えられてきた。このような背景から，教員養成段階においても学ぶ場を確保することが求められてきた。よって，この視点からICT活用指導力を育成することが，教員養成段階にも求められよう。

5.4.2　海外の取り組みでは
① スタンダード

　教員の質を担保するために，特に米国においては国の認証機関が教員養成や教員に求められる目標となる基準（スタンダード）を用意している。こうした枠組みに対応する形で，大学等の機関でスタンダードが用意されている。

　教育の情報化に対応し，スタンダードを公開している組織としては，ISTE (International Society for Technology in Education) がある。ISTEのWebページをみてみると，教師用，Administrator用，Coach用，コンピュータサイエン

ス教育者用のスタンダードが公開されている (http://www.iste.org/standards)。本章の趣旨に近いのは，教師用（ISTE Standards・T）となる（養成段階ではなく，現職教員を対象とはしているが）。ここでは，児童・生徒を主体的な学習に関わらせるという立場から，デザイン，評価をする立場としての教師が何をすべきかについて述べられている。以下の5項目について，それぞれ4つの下位項目を設定している。それが具体的にどのようなものなのかについては，英語の原文を参照されたいが，イメージとしては以下のようなものである。

-Facilitate and inspire student learning and creativity
　児童・生徒の学習や創造的な経験を支援するために，教科，教授・学習，テクノロジの知識を活用すること
-Design and develop digital age learning experiences and assessments
　Standards・S（児童・生徒用に明確されたスタンダード。これも，本サイトから見ることができる。）を達成するために，教師が真正の学習経験やさまざまなツール，リソースを組み合わせた評価を，計画，実践すること
-Model digital age work and learning
　グローバル化，デジタル化社会における新しい専門性を代表するような知識，スキル，活動の過程を示すこと
-Promote and model digital citizenship and responsibility
　ローカルとグローバルな社会問題，デジタル社会における問題，法的・倫理的な問題を理解すること
-Engage in professional growth and leadership
　自身の専門性を継続的に改善し生涯を通じて学び続けること，学校や専門分野のコミュニティにおいて，リーダーシップを発揮すること

② TPACK

ICT活用指導力に近い概念としては，他にTechnological Pedagogical Content Knowledge（TPACK）がある。TPACKは図5-3に示すもので，教師が彼らの指導において，テクノロジを入れていくために必要とされる知識である

第5章　教育の情報化に対応するための教員養成カリキュラムのリニューアル

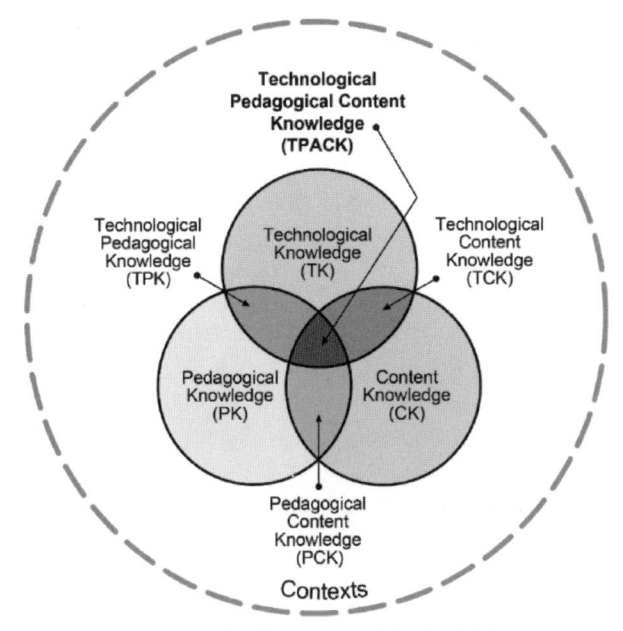

図5-3　TPACK（Mishra & Koehler 2006）
出典：http://www.tpack.org/ より

と定義されている（Mishra & Koehler 2006）。これは Shulman（1987）の Pedagogical Content Knowledge（PCK）の考え方を拡張させたものである。特に米国ではこの TPACK をキーワードとする研究が増えつつある。寺嶋（2011a）は，2009年以降に TPACK をキーワードとする論文が増えていることを指摘し，研究としては「TPACK を測定するための指標の開発」「TPACK を獲得するための学習モデルの開発」「TPACK を活用した学校教育での ICT 活用モデルの開発」が主として進められていることを報告している。こうした先行研究に学び，日本では ICT 活用指導力を獲得するための学習モデル開発が望まれている。また，TPACK の概念においては教科指導との関連が多分に考慮されているが，日本のカリキュラムレベルではあまり考慮されていない。

③ 21世紀型スキル

企業が支援をする ATC21S（The Assessment and Teaching of 21st Century Skills）

では，これからの児童・生徒に必要な能力として「思考の方法」「活動の方法」「活用の道具」「社会生活」という4つのカテゴリーを挙げている。このうち，「活動の方法」に協働（コラボレーション），「活用の道具」にICTに関するリテラシーが入っている（詳細は，益川（2012）を参照）。

このような背景から，インテル社はIntel® Teachプログラムを開発している。このプログラムは，主として学校現場の教師を対象として実践されている(http://www.intel.co.jp/content/www/jp/ja/education/k12/intel-teach-jp.html)。これは一部の教員養成学部をもつ大学において，実験的に行われている。こうした企業の支援によるプログラムが教員養成のカリキュラムにおいて広く取り入れられていく可能性もある。

5.5 教育の情報化に対応するための教員養成での取り組み

教育の情報化に対応するための教員養成での取り組みは，研究としてよりも，実際の取り組みが先行している。本節では，まずその取り組みを紹介しながら，いくつか実践研究として論文化されているものについても取り上げたい。

5.5.1 取り組みの実際

実際にICT活用に関する科目をひとつ設け，その中で授業を展開するような事例が多い。村松（2010）の取り組みが，それにあたる。具体的には，以下のような内容を授業に取り入れ，学習を進めているという。
- 学生自身のICT活用（プレゼンテーション，レポートの基礎）
- 教員としてのICT活用（実物投影機，デジタルコンテンツの活用事例，演習）
- 情報モラル（基礎知識と指導事例）
- 校務でのICT活用（アンケート調査の基本，校務処理の事例，成績処理の演習）

寺嶋（2011b）も同様の立場から，「ICT教育法」という授業について紹介している。

- ICTを活用した授業について，映像を見せ，どのようなものかについての共通理解を図っている。また，ICT活用指導力についても説明している（教育方法の一般的な授業では，おおよそこの程度の概論になると思われる）。
- 次に，プロジェクタに実物投影機を接続して実施する10分程度の模擬授業を，全員に行わせている。まず接続するところから教え，毎時学生自身に準備をさせた。3グループに分け，一人ずつ違った授業事例を渡し，それをやってもらい，授業後にはその意図や応用範囲を発表してもらったり，議論してもらうようにしている。
- フラッシュ型教材，デジタル教材，デジタル教科書を見せ，テレビ番組，動画クリップ，静止画などのデジタルコンテンツが多様な形で存在していることを利用法とともに紹介している。模擬授業を上位年次の学生に行ってもらい，授業のイメージをつかませている。その後，効果的な利用場面をできるだけ多く考えてもらい，それらを共有する。
- この他，情報モラル等，情報活用能力の育成に関する指導も取り扱っている。

以上の結果，ICTを活用した授業はさまざまな教科に応用可能であることや，何をどのように見せるかは教師の意図によること，授業場面等によってはICTを活用しない方がよいものがあることなど，授業についてより深く議論をしている。

教育家庭新聞の2012年6月4日号では，教員養成大学や学部における指導者用デジタル教科書の活用について，いくつかの事例が報告されている。ここでは和歌山大学教育学部や富山大学人間発達科学部のように，「教育の方法と技術」の一部に取り入れられていることが報告されている。また，その実施形態も，先に取り上げた取り組みのように，模擬授業などを通して実際の活用場面を自身で体験させる形態での取り組みを重視している。一方，これとは別に社会科教育（筑波大学大学院）や国語科教育（新潟大学教育学部）の授業の一環でテーマとして取り上げ，研究対象としたり，活用への習熟を促す授業も出てきた。

5.5.2 先行研究

先に述べたように，各大学での実践に比して，実践研究として論文化がなされているものは極めて少ないというのが現状である。そのような中で，関連研究として整理をすると，以下のような取り組みが挙げられる。

① 教員養成段階の授業や学生の実態の把握

カリキュラム開発の前提とするため，教員養成段階の教育の情報化に関する実態の把握や学生のICT活用指導力の把握を試みた研究がいくつかみられる。授業については，小林ら（2012）が大学の特別支援教育教員養成課程等での実態調査を行っている。ここでは，ICT活用を扱う時間が限られているということ，講義自体が資料やビデオ等で説明するような授業がほとんどであることが報告されている。上記してきたように，これは教員養成大学・学部の他の課程においても同じ状況であると考えられる。一方，学生の実態を把握しようとした調査としては，竹野ら（2011）の取り組みがある。文部科学省の「ICT活用指導力チェックリスト」を基本とした調査を，教育学部生を対象に調査することで，彼らのICT活用指導力が授業の展開・評価，態度の涵養および校務処理に関する面において低調であること，自由に利用できるPC環境の存在がICT活用指導力向上のための要因になりうることを示している。同様に森下（2014）も調査を教員養成段階の学生を対象に実施し，現職教員の調査と比較することにより，指導や評価の場面において「どのようにICTを活用すればよいか」を学ぶ機会がないため，授業の具体的なイメージをもつことが難しいということに言及している。また，子どもが主体となってICTを活用する授業での指導に学生が課題を抱えていることについても触れている。

② カリキュラム開発

カリキュラム開発は，全体的な設計というよりもむしろ単一の授業の中でどのように授業を展開するか，その際に何を支援するのかという立場から研究されているものが多い。なかでも，講義という形よりも，模擬授業を通してICT活用指導力を修得させることを意図した授業が多い（野中・豊田（2005），

園屋 (2011)，小清水ほか (2012) など）。いずれも模擬授業の実践に基づいて，相互評価などを取り入れた多様な振り返りを重視すること，ICT 活用そのものだけではなくて，授業としてのねらいが達成されたのかを深く考えることが共通している。またこのことは課題ともなるかもしれないが，いずれの授業も革新的な授業の開発，というよりかはどちらかというとこれまで教室で行われてきた授業をどのように充実させるかという視点で模擬授業が行われているのも特徴である。

一方，カリキュラム開発の視点から別のアプローチを試みている研究としては石原 (2009) のものがある。独自に200の評価基準を用意し，テキストを開発し，その目標をさまざまな授業で達成しようとする意図が読み取れ，カリキュラム開発の視点から興味深い。

また，教員養成カリキュラムの主軸を担う教育実習において，ICT 活用を取り入れる動きが少しずつ出てきている（坂東ほか 2013）。このような実践研究の積み重ねも今後期待される。

他の教育実践研究の論文化においても同様であるが，教育工学アプローチにおいてカリキュラム開発の効果を測定するのは，要因の統制が取りにくいということ，時間をかけて対象者から多様なデータを取るのが難しいことなどから，実際に行われている実践研究よりも報告されている成果が少ないと思われる。このことは，教師教育，中でもカリキュラム開発の実践的な研究の蓄積を考える上では，今後重要な課題となる。

5.6 教員養成カリキュラムのリニューアルをどう行うか

先に，教育の情報化に向けた教員養成の取り組みについて，かなり多くのものが出てきていることを紹介した。また，実際に学習のデザインを対象とした先行研究もいくつか出てきている。しかし，個々の取り組みでは限界があり，教員養成カリキュラムの全体レベルでどのように改善していくのかが重要である。ここでは，その考え方について紹介し，具体例についても触れる。

5.6.1 基本的な考え方

図5-4に基本的な考え方をまとめた。カリキュラムを編成する際は，コア科目と周辺科目で編成することができれば，単一科目に終わらないより体系的な実践が期待できる。コア科目で学んだことを周辺科目において応用を図る。場合によっては，周辺科目において出てきた疑問点などをさらに深めるなどの取り組みが考えられる。これらに加え，教員養成においては教育実習科目も重要であり，その中での展開を構想することも必要である。以下に，今回の教育の情報化に向けた教員養成カリキュラムの場合は，どうなるのかについて私案であるが提示する。

① コア科目

これは先行的な実践においてすでに実施されているものであるが，ICTを活用した教育を前面に打ち出した科目となる。具体的な展開としては，免許取得のための科目として位置づけられている「情報機器の活用」，そして「教育の方法と技術」の一部を活用することができるし，最低限これは行わないといけない。加えて，単独科目も設けたほうがよい。

「情報機器の活用」については，教員養成カリキュラムの中でもおそらくスタート時に位置づけられることが多いので，一般の情報化が与える恩恵をふまえたうえで，教育の情報化がどのような効果をもたらすのかについて学習させたい。また，実際ICTがどのように学校現場において活用されるか，今後の活用可能性についても学ばせたい。この科目はそもそも，ICT機器活用の習熟が意図されている科目である。普通に実施するとすれば，オフィス系ソフトの活用などに終始する場合が多い。もちろん教育の情報化においては主要とは言えないが，その基礎となるICT基礎スキルも重要である。ただし，それだけに終わってしまうと，教員養成科目のひとつとしてはあまりに寂しい。こうしたスキルを習得させる際に，学校教育の文脈をもたせる工夫や教育の情報化のイメージをもたせたい。

「教育の方法と技術」においては，授業設計・展開・実施に関わる諸能力を育成するための必修科目である。本科目において，5分の1（15コマ編成なら

第5章 教育の情報化に対応するための教員養成カリキュラムのリニューアル

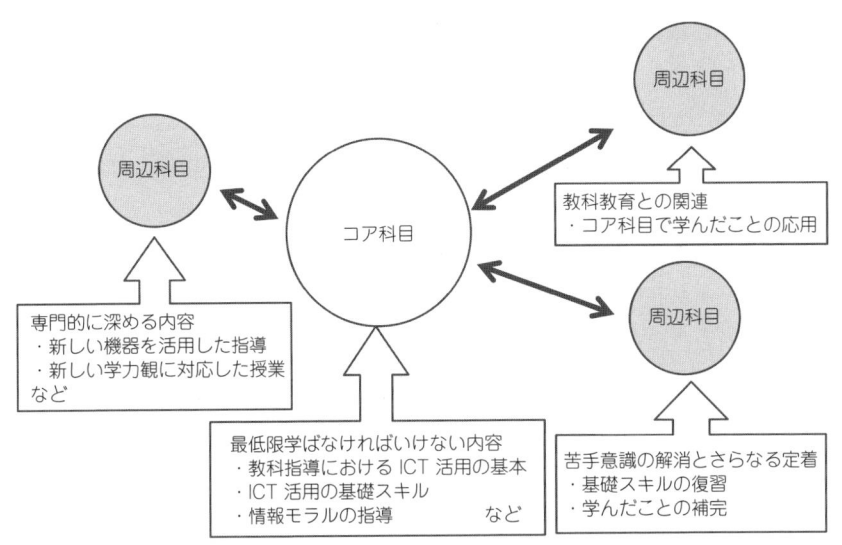

図中テキスト:
- 周辺科目
- コア科目
- 専門的に深める内容
  ・新しい機器を活用した指導
  ・新しい学力観に対応した授業
  など
- 最低限学ばなければいけない内容
  ・教科指導における ICT 活用の基本
  ・ICT 活用の基礎スキル
  ・情報モラルの指導　　　　など
- 教科教育との関連
  ・コア科目で学んだことの応用
- 苦手意識の解消とさらなる定着
  ・基礎スキルの復習
  ・学んだことの補完

図5-4　教育の情報化に対応するカリキュラム編成の基本的な考え方

3コマ）程度は教育の情報化に特化した時間として設けるのがよいのではないかと思う。ここでは，基本的な ICT 活用について，普通教室において活用するイメージを付けさせたい。具体的には，実物投影機や電子黒板の活用を通して教師の資料を提示したり，子どもの資料を提示することで，教室内のコミュニケーションが改善される可能性があることを伝えた上で，授業技術のひとつとしての ICT 活用が必須となっているということを伝えたい。加えて，授業技術であるので，それとともに「指示・説明・発問」と一体の関係であるということを指導する必要もある。また，これらは机上で学んだだけでは現場で活用できるわけではないので，受講生数に応じて，模擬授業を通して体験させることも取り入れるのがよいのではないかと思う。また，短い時間では難しいかもしれないが，活用型能力育成の一環として，タブレット型端末が導入されていること，その活用事例についても見せておく必要もある。

　これら「情報機器の活用」「教育の方法と技術」のどちらか，あるいは双方で情報モラルを扱うような場を取り入れることも求められよう。仮に両方で取り組むとすれば，前者においては学生自身の立場で情報を扱うときに，注意し

たほうがよい点などを学ばせる必要があるだろう。これは，教師になったときには校務の情報化につながってくると考えられるので，実際に学校で起きている実態などについても学ぶことなどが求められよう。後者においては，情報モラルの学習指導が，最低限どのような場で求められるのかを指導したい。具体的には，学習指導要領でどのように扱われているのか，道徳での指導が求められていることなどを取り上げる必要がある。各都道府県の教育センターなどでは情報モラル用の指導者用教材が用意されているところもあるので，それを実際に学習者の立場から活用させるところをはじめとして，指導をする立場へとつなげたい。

② 周辺科目

コア科目において学んだことを生かすため，周辺科目との関連を図りたい。
（1）専門的に深める科目

周辺科目では，コア科目を前提として，各機関の実情に応じてICT活用に関する科目を設け，先に挙げたICT活用スキルやICT活用指導力をより深めるような独自の取り組みが期待される。特にICT活用を専門として学習する場合にはこうした科目が必要となってくるだろう。以下に，具体的に特化された取り組みを挙げておく。

- 21世紀型能力に対応するICT活用（特にタブレット型端末の活用）プログラム
- メディアリテラシーや情報活用能力の育成を指導するプログラム
- 情報モラル教育のカリキュラム開発に関するプログラム
- ICT支援員として教室で対応できるような人材を養成するようなプログラム

一方で，学生の個人差のため，コア科目だけでは定着しないような内容についてフォローを図るような科目が求められるであろう。一度きりでは学習の定着を図ることは難しいので，こうしたカリキュラム編成上の工夫があったほうがよい。

（2）教科教育と連携するプログラム

コア科目において，事例として各教科の取り組みが紹介されることになるが，教科教育の専門家が紹介しない以上，どうしても表層的なものとならざるを得ない。そこで，各教科の文脈において，ICT を活用した指導がどのように取り入れられているのかについて学ばせたい。当然ではあるが，指導をする大学教員が ICT を活用して指導をするというのではなく，初等中等教育での ICT を活用した授業を講義の中で実際にテーマとするということである（意外とこのことが理解されていない）。コア科目では「ICT を活用すると，大きく一斉提示ができます」といったことを学習内容として取り扱うことになる。この応用・定着を図るために，周辺科目が求められる。具体的に各教科の教育において先の場面を取り上げるとすると，大きく一斉提示をする際の適切な教材や部分，授業の目標との関連，児童・生徒への具体的な発問などを学生には考えさせたい。

ただし，こうした取り組みを行う際には，コア科目とは逆に実施する大学教員がそのことについてまだ詳しくなかったり，他の指導事項を多く抱えている中で実際にテーマとして取り上げるのは難しいという問題が出てくる。こうした問題を背景としながら，実際のカリキュラム運営を考慮する必要がある。

筆者が科研費を受けてこうした授業運営の研究を進めたところ，各教科での授業展開を意図する際には，以下のような留意点があることがわかった（寺嶋 2012，2013a）。

a）講義において，通常の教科教育法としての目標を設定するのに加え，ICT 活用指導力として，受講生に身につけさせたい目標を明確化する。この際には，ICT 活用場面と効果について，科目担当者が選択できるような目標リストが必要である。これまでの教科を越えた包括的な ICT 活用場面の提示（高橋・堀田 2009）などが参考となる。

b）a）をふまえ，実際に活用ガイドや教材を通して，授業場面や ICT 活用法を表現することもあると，さらに広がる。教科学習としての効果や文脈をふまえた ICT 活用の意義や具体的事例があれば，授業を実施する教員は，その事例を参考にして，自身で新しい事例を考案することもできる。

c）講義を実施している専門家が取り組みやすいように，彼らの普段の授業の方法を崩さない形で導入する。教員養成学部所属の大学教員の授業方略について寺嶋（2013b）が検討したところ，概ね次の3つのスタイルをとっていることが確認できた。普段彼らがどのような講義のスタイルをとるかにより，指導法を変化させる必要があるだろう。

- 講義として意義や具体例を説明する
- 模擬授業を通して，受講生に経験的に学ばせる
- 教員自身が模擬授業的に行いながら，授業を実施する

5.6.2 実　　際

前節においては教育の情報化に対応したカリキュラム開発の考え方について述べた。ここでは，それをどう具現化していっているのかということを筆者の前任校である長崎大学での取り組みについて，カリキュラムの全体像や筆者が取り組んだことを中心に紹介したい。

なお，執筆現在での長崎大学教育学部は，小学校教育コースの一部にICT活用実践専攻が設けられており，ここに所属する学生に対して構想・実践されているカリキュラムなので，あくまでも参考程度であることを申し添えたい。

① コア科目

初年次の情報処理科目として用意されている情報処理入門（必修）については，かつてはICT教育推進プログラム協議会[1]が開発したICTスキルアッププログラムのテキストを活用し，複数教員が担当しても同じように進めることができる形となっていた。現在ではこうした取り組みについては事情により実施をしていないが，校務や授業につながるような科目を意識していた。

この他のコア科目として，中心を担う専攻必修科目が「ICT教育法」と「教職とICT活用」であった。前者については前節において触れた通りで，ICTを活用した教育の方法を中心に学ぶことを行っている。まだ実習を履修していない2年次段階における実施となるので，授業の基本についても十分に押さえながら，指示・説明・発問を意識したような取り組みを実施していた。

学生は自ら教科書を用意し，ワークシートを準備するなどをしていた。本科目が授業でのICT活用について考えるのに対し，後者の科目においては，ネットワーク環境と校務情報化，著作権などを学ぶことを可能にするカリキュラムとなっていた。

② 周辺科目
（1）ICTをテーマとして直接扱う科目
　周辺科目を設けすぎると，科目増により教員が対応できない事態が発生する。このため，現在の科目の一部を5.6.1項で述べるような周辺科目的に扱えないかと考えた。先のコア科目をさらに深化させるため，先に取り上げた「ICT教育法」においては，今日的な流行に対応するため，一部に発展的なプログラムを用意していた。現在では，タブレット端末の活用だとか協働学習におけるICT活用にあたる。もはやこれについても「今日ではなく日常」と捉える向きもあるように思われるが，学校現場の状態や受講学生のことを考えると，発展的な内容に位置するのではないかと思う。
　そして，選択科目として先の必修科目の他に「ICT教材開発」と「ICT基礎スキル」というものが用意されていた。前者は，既存のICT教材を活用するだけではなく，自身で必要に応じてICT教材を開発できるようになることを視野に入れている。後者については，2年次に設定されており，そもそも授業で使う以前にICTについて苦手意識を感じている学生を対象とし，その学習を補完するような位置づけが取られている。

（2）教科教育と連携するプログラム
　以上に加え，各教科教育において連携が図られることが重要であるが，執筆地点において実際になされたのは，教科指導の観点に基づく複数の教科用の資料とそれを具現化したプログラムの開発であった。ここから，筆者の指導学生と国語科教育（小学校教員免許取得のための科目である初等国語科教育）の専門家とともに取り組んだ事例を紹介したい（内山ほか 2015）。
　本講義は，国語科教育全15回中の2回を対象とした国語科「読むこと」領域

における指導において，デジタル教科書の指導を扱ったものである。ここでは，以下のような活動がなされている。以下で○をつけた活動が，デジタル教科書も活用して指導法について講義をしている場面にあたる。

〈1時間目〉
- 教材の題名から，どのような内容かを推測する（あわせてそのような指導法があることを学ぶ）
○デジタル教科書の当該単元部分を活用し，基本的な機能について学習する
○範読や新出漢字の指導法をデジタル教科書の機能を通して学習する
○学習の目当てを含んだオーソドックスな授業展開を確認する（この際にデジタル教科書で線を引いたり，動画を見せたりする）

〈2時間目〉
- 前時の振り返り
- 国語の授業における説明文の内容と形式を読み方から検討する
○別の教材で，異なる授業の展開について検討する

授業者は国語科教育の専門家ではあるが，ICTを活用する教育の専門家ではない。しかし，このように実際にこれまで授業者が行ってきた授業の取り組みにICT活用を乗せながら，無理のない授業展開となっている。

5.7 今後の研究課題と教育工学会との関連

本章においては，教育現場において新しく発生する課題に対して，教員養成はどう対応し，カリキュラムを編成するのかという視点を「教育の情報化」をテーマとして説明した。本書が日本教育工学会の選書である点を考慮し，学会活動とも関連する形で今後の実践研究課題を取り上げたい。

① 教員養成段階におけるカリキュラムのパッケージ化を進める

　教育工学のひとつの特徴として，現場で活用できるための道具を提供するというものがある。これを本章の内容に置き換えるのであれば，全国にある教員

養成系の大学，あるいは学部が活用することができるようなカリキュラムのパッケージ化を進めることが求められよう。オンラインかどうかを含め，その提供方法は検討する必要があるが，各教員が個々で取り組むのではなく，学会が関連諸機関（たとえば，すでに関連するプロジェクトでの成果があり，多くの専門家が所属する国立大学教育実践研究関連センター協議会など）と連携し，組織的に対応していくことが必要である。

② 教育現場の要請と関連した教員養成段階での指導
　教育工学会のひとつの特徴として，初等中等教育の現場と密接につながりをもっているという点が挙げられる。その学校現場に教育の情報化と教員養成の視点から何が学会から提供できるのかを考慮すると，教員養成・採用・研修の一体化，各地で要請が高まっているICT支援員の養成，まもなくカリキュラムが変更される教員免許状更新講習への対応，道徳の教科化における情報モラル教育への対応等が挙げられよう。これらに対応するために，教育委員会や教育センター，学校現場との協働において，教員養成と教員研修を連動させるような取り組みが必要となってくるだろう。

③ 教師教育と教育の情報化の交差点の強化
　2014年度第30回全国大会（岐阜大学）において，学会のSIG（Special Interest Group）が立ち上がった。今後，各グループでの研究が進むことになっている。現在グループとして「教師教育」と「教育の情報化」がそれぞれ別に成立をしており，いずれも重要な研究課題となっている。ただし，本章で取り上げたような問題については，両者が密接に関わらないことには発展はしない。たとえば「教師教育」からは，教育の情報化に関する教員養成や教員研修については議論をしにくい。一方，「教育の情報化」からは教員養成段階の学部教育や今後より一層進められる教職大学院のカリキュラムについての議論は難しい。グループがタッグを組むことにより，研究課題に対応していくことも必要ではないかと思われる。

注
1) 現在本協議会の活動は終了している。下記ウェブサイトを参照のこと。
    http://www.japet.or.jp/Top/Publications/Ict/

参考文献リスト

坂東宏和・加藤直樹・新藤茂（2013）「東京学芸大学における教育の情報化に対応した教育実習の取り組み」『情報処理学会研究報告　コンピュータと教育研究会報告』2013(11)：1-5.

堀田龍也・木原俊行（2008）「我が国における学力向上を目指した ICT 活用の現状と課題」『日本教育工学会論文誌』32(3)：253-263.

東原義訓（2008）「我が国における学力向上を目指した ICT 活用の系譜」『日本教育工学会論文誌』32(3)：241-252.

稲垣忠・鈴木克明（編著）（2015）『授業設計マニュアル ver. 2』北大路書房.

石原一彦（2009）「200の評価基準に基づく ICT 活用指導力の向上を目指した教員養成カリキュラムの開発」『岐阜聖徳学園大学紀要　教育学部編』48：17-31.

小林巖・中園正吾・金森克浩・島治伸・三崎吉剛・丹羽登（2012）「『特別支援教育における ICT 活用』に関する大学の授業の実態調査——特別支援教育教員養成課程等を対象として」『日本教育工学会論文誌』36（Suppl.）：25-28.

小清水貴子・大石智里・藤木卓・寺嶋浩介・室田真男（2012）「教員養成課程における ICT 機器を活用した模擬授業の実践と学生の意識の変容」『日本教育工学会論文誌』36（Suppl.）：69-72.

教育家庭新聞　2012年6月4日号
    http://www.kknews.co.jp/maruti/news/2012n/0604_1a.html

益川弘如（2012）「質の高い学びを引き起こす協働学習と ICT 活用の原則」『学習情報研究』2012年11月号：26-27.

Mishra, P. and Koehler, M. J. (2006). "Technological Pedagogical Content Knowledge: A Framework for Teacher Knowledge." *Teachers College Record*, 108(6): 1017-1054.

文部科学省（2007）『教員の ICT 活用指導力の基準（チェックリスト）』
    http://www.mext.go.jp/a_menu/shotou/zyouhou/1296901.htm

文部科学省（2009）教育の情報化に関する手引
    http://www.mext.go.jp/a_menu/shotou/zyouhou/1259413.htm

文部科学省（2011）教育の情報化ビジョン
    http://www.mext.go.jp/b_menu/houdou/23/04/1305484.htm

森下孟（2014）「教員養成学部生における ICT 活用指導力の現状と課題」『鹿児島大学教育学部教育実践研究紀要』23：201-208.

村松浩幸（2010）「教員養成における学生の ICT 活用指導力育成の試み」『ECS たより』

第5章 教育の情報化に対応するための教員養成カリキュラムのリニューアル

52：1
野中陽一・豊田充崇（2005）．「教員養成における ICT 活用指導力育成の試みと評価」『日本教育工学会研究報告集』3：67-70.
Shulman, L. S. (1987) "Knowledge and Teaching: Foundations of the New Reform," *Harvard Educational Review*, 57 (1): 1-22.
園屋高志（2011）「教育の情報化に対応した教員の養成に関する研究——ICT を活用した授業実践能力の育成」『鹿児島大学教育学部教育実践研究紀要』21：133-143.
高橋純・堀田龍也（編）（2009）『すべての子どもがわかる授業づくり——教室で ICT を使おう』高陵社書店．
竹野英敏・谷田親彦・紅林秀治・上野耕史（2011）「教育学部所属大学生の ICT 活用指導力の実態と関連要因」『日本教育工学会論文誌』35(2)：147-155.
寺嶋浩介（2011a）「Technological Pedagogical Content Knowledge（TPACK）に関する研究の動向」『日本教育メディア学会 第18回年次大会発表論文集』167-168.
寺嶋浩介（2011b）「教員養成学部で ICT 活用指導力を育成するための取り組み」『ECS たより』57：1.
寺嶋浩介（2012）「教員養成における ICT 活用指導力向上のための一提案——教科教育法からのアプローチ」『日本教育メディア学会 第19回年次大会発表論文集』37-38.
寺嶋浩介（2013a）「教科教育法において ICT 活用指導力を向上させるための授業デザインプロセスの検討」『日本教育メディア学会 第20回年次大会発表論文集』27-28.
寺嶋浩介（2013b）「教員養成学部における大学教員の授業に対するパーソナルセオリーに関する研究——教科教育と教科専門の違いに着目して」『日本教育工学会 第29回全国大会講演論文集』735-736.
内山果奈・平瀬正賢・寺嶋浩介（2015）「教職志望学生の ICT 活用指導力向上のための教科教育授業の提案——小学校国語科「読むこと」の領域におけるデジタル教科書の活用を対象にして」『長崎大学教育学部附属教育実践総合センター紀要』14：139-146.
林向達（2012）「日本の教育情報化の実態調査と歴史的変遷」『日本教育工学会研究報告集』4：139-146.

第6章

現職教員を対象とした大学院教育の高度化
―― 教職大学院におけるアクティブ・ラーニングの自己省察を通して

田中博之

6.1 教職大学院のねらいと制度的特徴

6.1.1 教職大学院制度のねらいと設置経緯

わが国における教員養成の修士レベル化は，2008年度に2年制の教職大学院を設置することによって開始した。よって，2015年度をもって，多くの教職大学院は開設8年目を迎えている。2015年度よりさらに2大学において開設され，全国の国立・私立大学の教職大学院は，27大学に設置されることになった。

こうしてわが国の教員養成を主目的とした大学院教育は，文部科学省が省令により定めた「専門職大学院設置基準」を2007年に改正し，新たに，教員養成に特化した専門職大学院である「教職大学院制度」を創設することによって開始した（「専門職大学院設置基準等の一部を改正する省令等について―「教職大学院制度」の創設について―」平成19年3月5日）。

そのねらいは周知の通り，

① 実践的な指導力を備えた新人教員の養成

② 現職教員を対象に，スクールリーダー（中核的中堅教員）の養成

を行うことにある。加えて，「力量ある教員養成のモデルを制度的に提示することにより，学部段階をはじめとする教員養成に対してより効果的な取組を促す」ことが目指された。

また，教職大学院の修了要件を満たした者には，「教職修士（専門職）」という学位が授与され，それぞれの大学院において課程認定を受けている教科についての専修免許を取得することができるようになっている。

一言で言えば，わが国の学校が抱える諸問題の解決力と新しい学習指導要領

が求める高度な実践力を備えた教員の養成を，理論と実践を融合し，高度な教育実習を行う連携協力校と大学院，そして教育委員会が連携して実施するという使命をもった教職課程が，教職大学院であるといえる。

6.1.2 教職大学院の制度設計上の特色

以上のような趣旨と経緯によって創設された教職大学院制度は，次のような10点の特徴を備えている。

① 理論と実践の往還をねらいとして実践的な教育を重視した専門職大学院

大学院であるとはいえ，これまでの大学院のように研究者養成を目的とせず，あくまでも学校教員，および学校管理職の養成をねらいとした大学院レベルでの高度な教員養成を行うことをねらいとしている。したがって，講義や文献講読による理論研究を行うことに偏らず，またその逆に，実習において実務経験の日数を増やすだけでなく，理論と実践を常に関連づけながら，あるいは，大学院で学んだ理論と先進的な実践事例を通した知見を，連携協力校での学校臨床実習において具現化し，その成果と課題を再び大学院に戻って省察するといった，理論と実践の往還を行うことが大切にされる。

② 大学院レベルの教員養成

さらに，大学院レベルでの教員養成を行うので，常に意識されるべきは，学部教育における教員養成をどのような意味において高度化しているかということである。いいかえれば，教職大学院という新しい教員養成制度が，学校カリキュラムの編成能力の修得，授業力や学級経営力の向上，特別支援教育の実践力の育成，いじめや不登校に関わる対応能力の修得などの諸点において，学校で求められる高度な専門的力量を形成するうえで，明らかに必要十分な教育を提供していることをエビデンスに基づいて明示しなければならない。

③ ストレートマスターは2年，現職教員学生は1年で修了可能（実習単位の認定が必要）

　各大学院において比率の差はあっても，ストレートマスターと現職教員学生の両方を受け入れ，それぞれの教育ニーズに応じた教育を，2年制または1年制のコース編成によって提供しなければならない。なお，現職教員学生については，実習単位の免除（書類審査等による認定）によって，1年間で修了が可能となるカリキュラムを編成することが求められている。

④ 地域の教育委員会との連携協定

　各教職大学院が置かれている都道府県または市区町村教育委員会と連携し，講師の派遣や教員採用時での優遇措置，共通カリキュラムの編成，関係者評価の実施，そして，修了生による実績発表会や追跡調査などの多くの点で，協定書を交わして相互に協力しながら，大学院での教員養成を充実したものにしていくことが求められている。

⑤ 多様な外部評価制度の設置と運営（教員養成評価機構による認証評価）

　すべての教職大学院は，教員養成評価機構による認証評価を受け，その結果をHPなどで公表することが義務づけられている。認証評価は，5年に1度のサイクルで行われ，公開されている10領域からなる評価規準に基づいて，エビデンスとなる各種資料を提出して，教職大学院に求められる教育研究および運営状況について外部評価を受けなければならない。

　これに加えて，いわゆる関係者評価として，「教育研究評価委員会」のような呼称の組織を設置して，他の教職大学院の専任教員や連携協力校の校長，教育委員会などを招いて，評価意見と改善提案を受けることを通して，認証評価の間の期間の検証改善サイクルを運用することも通例となっている。

⑥ 研究者教員と実務家教員の連携による授業

　また，教員組織として特徴的であるのは，これまでの大学院教育学研究科などでは教員のほとんどが学校での実務経験のない研究者教員であるのに対して，

全教員数の4割以上を実務家教員が占めることを設置基準で定めている。教職大学院によっては，研究業績の内容と本数によって，学校での実務経験がある者が研究者教員としてカウントされている場合も少なくないので，実際の教員経験者は4割を優に超えているところが多い。また，研究者教員と実務家教員によるオムニバス形式やティーム・ティーチング方式による授業も奨励されているため，理論と実践の往還による教員養成を制度的に保障しているといえる。

⑦ 対話型，問題解決型教育の実施
　教職大学院では，実践的で，かつ，学校で役立つ高度な専門的力量や問題解決的な能力，そして保護者や地域との連携能力の育成が求められているため，授業方法も実践的かつ問題解決的なものとなることが求められている。したがって，教育理論に関わる講義形式の授業は最低限にとどめ，グループワークやフィールド調査，討論や発表，参加型ワークショップ，模擬授業とその省察などの受講生主体の能動的な学修方法が期待されている。いわゆる，アクティブ・ラーニングの考え方が，最もあてはまる教育の場が，教職大学院であるといえる。

⑧ 現職教員学生とストレートマスターの協同的な学び
　③において，教職大学院では，現職教員学生とストレートマスターの両方が学べる環境を提供することが特徴であると指摘したが，その結果，大学院においては両者の協同的な学びが可能となっている。これにより，ストレートマスターがより実践的な知見や経験値を多く学べるようになるというメリットがあるのは当然であるが，逆に，現職教員学生にとっても，ストレートマスターにわかりやすく自身の経験値を伝えたり学校で役立つ教育理論を解説したりする経験は，所属校に帰ってからの若手教員の現職教育や校内研修において役立つものとなるだろう。

⑨ ピアレビューとFDの実施
　この点は，教職大学院だけに求められているものではないが，特に教職大学

院においては先述した教員養成評価機構が作成した自己評価基準に明記されているため，特に留意して行うことが必要である。

⑩ オンライン・コースウェアを用いた連絡，評価，運営システム
　この点は，制度的に求められているものではないが，ほとんどの教職大学院において実施している点である。在学生の長期的な成長を保証するため，そして多様な学びの共有化や蓄積のために，オンライン・コースウェアを用いた学修プラットフォームの活用が行われている。

　このような10点にわたる特徴をもつ大学院での教員養成制度を，教職大学院と呼ぶのである。

6.2　現職教員のための教職大学院のねらいと工夫点

　では，教職大学院では，大学院教育という高度な教員養成教育が求められる機関として，どのような教育機能が求められるだろうか。筆者の体験的な私見も交えて，次の10点に整理してみたい。

① 管理職候補の学校経営力の養成
　まず重視されているのが，管理職候補である現職教員学生の学校経営力の養成である。教職大学院に所属している客員教授の多くは，元学校管理職であることが多いため，その意味から学校管理や学校経営のノウハウの伝承を行いやすい。イギリスにおける学校管理職の養成機関である NCSL（National College for School Leadership）などの準備機関のように機能することが求められている。

② ミドルリーダー教員の養成
　次に期待されていることは，学校におけるミドルリーダーの養成である。主幹教諭や首席教諭，教務主任や研究主任といった校内のミドルリーダーが身につけておかなければならない資質・能力は，多様化しかつ高度化している。そ

の意味で，1年間の研修期間は短すぎるといえるが，少なくとも学校での多忙な教育活動と学校事務から一旦離れて，集中的に学べる環境に身を置くことは有意義である。

③ 学校課題の解決力

　ミドルリーダーが身につけるべき多様で高度な資質・能力は，ここから5項目にわたり整理する力であると思われる。その一点は，学校課題の解決力である。地域や保護者そして関係機関と協力しながら，多様で複雑な学校課題，たとえば，不登校，非行，学力低下，いじめ，特別支援教育の充実，職員間の同僚性の不足，校内研修の充実などを粘り強く解決するための理論と技術を修得することが求められている。

④ 若手育成と校内研究の活性化力

　第二点として，校内の若手育成と校内研究の活性化がある。東京都や大阪府などの大都市から始まった教員の平均年齢の低下傾向は，今後急速に全国に広がっていくことが予測される。ミドルリーダーとなりうる年齢層の教員がそもそも少ないことも問題を大きくしている。したがって，ミドルリーダーによる若手育成能力の高度化が急務であるといえる。

⑤ 授業開発力やカリキュラム・マネジメント力の向上

　現職教員学生の資質・能力の高度化において，忘れがちなことは，授業開発力とカリキュラム・マネジメント力の一層の向上である。ミドルリーダーの役割として，ついつい学校経営や地域連携に重点を置きがちになり，授業づくりや学校のカリキュラム編成についての力量アップが忘れがちになることが課題であるといえる。

　なぜなら，これからの学校教育においては，学校課題の解決のみならず，新しい学習指導要領が求める新しい教育のあり方を，日々の授業を通して実現することが求められているからである。そのためには，現職教員学生がこれまでの教職経験を通して身につけてきた，一斉指導場面における授業技術や教科書

に沿った年間単元配列を遵守するだけの固定的な授業力では対応できない，新しい教育のあり方が次々と提起されてきている。

　たとえば，総合的な学習の時間におけるカリキュラム開発はもちろんのこと，活用を図る学習活動を取り入れた授業づくり，言語活動の充実のあり方，そして最近では，「特別の教科　道徳」や，「アクティブ・ラーニング」「汎用的能力」を育てる教科指導のあり方など，大学院教育を通した高度な教員養成教育なくしては，修得できない授業が増えているのである。

⑥　国際的かつ歴史的な視野でみた日本の学校教育の理解

　そうした高度な授業づくりやカリキュラム編成の力量形成においては，現職教員学生が身を置いてきた日本の学校教育を相対化し，国際的視野と歴史的展望に立って，これまでの日本の学校教育を見直すとともに，将来のあり方を見通すことも大切である。そうして初めて，校内のミドルリーダーとして，「なぜ，新しい学習指導要領で求めている新しい学力や教育のあり方が必要であるか」という問いに自信をもって答えることができるようになるからである。リーダーとは，ビジョンを示し，なぜに答え，そして具体案を提示して，組織メンバーを意欲づけることができる人でなければならないのである。

⑦　教育行政能力の育成

　しかしその一方で，教職大学院で学ぶ現職教員学生には，校内だけでなく，より広く，教育行政の実務経験を積ませたり，また，教育行政の理論と実践について学ぶことを求めていることが多い。実際には，行政実務の研修が多く，修了後に指導主事に就くことが少なくないことから，事前研修的な機能を果たしている。しかし，理想的には，一つの学校の経営ではなく，域内の複数の学校や学校種を超えた複数の学校を組織体として全体的に捉え，そうした広域での教育課題の解決や行政事業の立案，さらには，学校群の運営・管理の方法を学ぶことも求められている。

⑧ 理論の広範囲で体系的な修得

　以上の諸点の実現のためには，教職大学院において，広範囲で体系的な教育理論を修得することはもちろんのこと，豊かな事例研究（ケーススタディー）を通して，理論と実践を往還させながら，学校教育の諸問題の解決に必要な資質・能力を修得することが大切である。

⑨ 開発授業・プロジェクトの実践と評価

　さらに教育理論を実践化する能力や，開発した提案性の高い授業やプロジェクトを評価する技法を習得することも合わせて必要である。

⑩ 教育実践論文の作成

　そして最後に，これらすべての学修成果や研究成果をまとめて，教育実践論文や可能であれば学術論文を作成する能力も育てたい。

　では次に，事例研究として，筆者の開設している授業科目をいくつか取り上げて，それらの事例検討を通して教職大学院における教員養成教育の条件をどのように具現化しているか，そしてそのことが大学院レベルでの現職教育にどのように対応しているかをみてみよう。

6.3　事例検討（１）──必修科目「授業設計の実践力」および「授業分析の実践力」

　これらの２科目は，必修科目として１年次に開講されており，「教科等の実践的な指導方法に関する領域」に位置づけられている。本研究科では，これら１単位ずつの２科目を連続して受講させ，授業の設計・実施・評価のあり方を一貫したものとして学修できるように配慮している。

　本研究科では，これら２科目以外に，授業力向上に関わる科目として，「授業技術の理論と実践」（２単位の選択必修科目で，マイクロティーチングにより基礎的な授業力の向上をねらいとするもの）と「授業力向上の実践演習」（２単位の分野別選択科目で，模擬授業により基礎的な授業力のねらい

とするもの）という2つの科目も設置されている。そこで，これら2科目については，より応用的・発展的な学修を目指して，学校教育法の改正と学習指導要領の改訂によって提唱された「活用を図る学習活動」を取り入れた授業，すなわち活用学習（田中 2011）の理論と実践を一体的・実践的に学修することをねらいとしている。

「授業設計の実践力」では，諸外国とわが国の21世紀型学力を開設した後，各教科（主に中学校と高等学校）における活用学習の事例研究をし，それを受けて，「授業分析の実践力」では，受講生の中から，現職教員学生とストレートマスターを問わず，2名のボランティアを募り，それぞれに自分の免許教科を生かした活用学習の模擬授業（2校時分）を実施してもらい，それについて参加型ワークショップによる校内研修の手法（村川 2005）を用いて，授業評価と授業改善のためのグループ討論と全体プレゼンテーションを行わせる。最後には，成績評価の一環として，自分の免許教科における活用学習のための学習指導案を作成し，グループ討論を通して練り上げて提出させる。

これらの科目では，先述した教職大学院の制度設計上の特色を多く取り入れている。具体的には，すべてのグループ討論やグループワークを現職教員学生とストレートマスターの混成グループとしていること，理論を指定教科書から学び，それと関連した実践を授業者が執筆した教育実践論文や授業記録ビデオ，さらに生徒のワークシート等の具体的な資料を通して学ぶようにしていることが挙げられる。さらに，授業記録ビデオや授業記録写真の提示には，視聴覚機器やパソコンとプロジェクタを用いるなど，文字情報だけでなく，マルチメディアを活用して，より生の実践に近い情報や資料を活用している。また，受講生による討論，ワークショップ，プレゼンテーション等を豊富に取り入れ，能動的な学習，いわゆるアクティブ・ラーニングを進めている。

オンライン・コースウェアの活用については，早稲田大学が全学で学生と教職員に提供している，「コースナヴィ」というシステムを使って，作成した学習指導案の相互検討や授業に関連した補足資料の提供を行い，対面授業の時間的制約を超える学修を保証している。

以上から，学部の教職科目や教育実習では得られない高度な大学院レベルで

の教員養成を行っているといえるだろう。

特に，現職教員学生への配慮事項としては，次の5点が挙げられる。
① 活用学習は，学校においてまだ十分に浸透していない
② 授業開発力の育成とカリキュラム・マネジメント的な発想力の育成
③ 学習指導案や模擬授業へのアドバイスと，OJTに必要な能力の育成
④ 活用学習のための授業チェックリストの活用
⑤ ルーブリック評価のスキル修得

参考までに，授業シラバスの概要は，資料1と資料2の通りである。

6.4　事例検討（2）——分野別選択科目「授業開発の実践研究」について

これは，分野別選択科目として2年次に開講されており（1年制コースの現職教員学生は，1年次で履修可能），「カリキュラム開発・授業力形成に関する科目群」に位置づけられた2単位の科目である。

2年次に開講されている意味は，学部新卒学生においては，学部段階の教職科目や教育実習において，本科目のテーマである学級経営についての理論の理解も経験知もほとんど身につけていないことから，大学院1年次の学校臨床実習（合計7単位）や，いくつかの学級経営に関わる科目（「学級経営の理論（1単位）」「学級経営の実践力研究（2単位）」「学級経営の実証的研究（2単位）」）を履修した後に学修する方が効果的であると判断したためである。

本科目は，受講生が学級担任になったときを想定して，学級担任が行う学級経営の手法として，「学級力向上プロジェクト」という理論と実践のあり方を，講義とさまざまなワークショップによるアクティブ・ラーニングを通して実践的に学ぶことをねらいとしている。

特徴的なことは，指定教科書に掲載されている20事例のうちから，典型的な実践事例を小・中・高の各学校段階に対応させ，かつ受講生のニーズに配慮しながら選択し，それぞれのケーススタディーを，教育実践論文の講読，付録DVDの視聴による具体的な実践手法の理解，グループ討論を通した学級経営の実践のあり方の提案プレゼンテーションを通して行い，自らの学級経営の指

導観の基礎を形成することを目指している。

　したがって，授業の終わりには，受講生各自で，学級力向上プロジェクトを用いた学級経営の年間指導計画の作成を行う課題を課している。

　また，本科目を土曜日の開講にすることによって，現職教員を招聘講師としてお呼びし，それぞれに現在自らの学級で実施している学級力向上プロジェクトの実践について，授業記録写真や児童生徒のワークシート等の実践資料を基にして事例発表と討論をしてもらうことで，より実践的で役に立つ授業内容を提供できるように配慮している。この招聘講師を毎年2名ほどお呼びして，小学校や高等学校といった複数の学校段階に対応して多様な実践事例を紹介できるようにしている。

　さらに民間の教育支援機関（公益財団法人理想教育財団）と協同して2コマを割りあて，はがき新聞の作成講座を開催してもらい，学級通信の書き方，子どもによる学級新聞の書かせ方等を，実習を通して学修できるようにしている。このはがき新聞づくりという新しい学級経営の手法は，今日全国的な広がりを見せており，その理論と実践事例をまとめたブックレットを刊行できるまでになっている（田中博之編著『学級力を高めるはがき新聞の活用』公益財団法人理想教育財団，2014年）。この講習会では，指定教科書に加えてこのブックレットを用いて，学級担任が実践できる具体的なツールと教育メソッドを提供している。

　特に，現職教員学生への配慮事項としては，次の5点が挙げられる。
　① 学級経営に関する慣例的な考え方を覆す
　② 学級経営のための新たな可視化ツールを修得する
　③ 若手の学級マネジメント力の育成方法について修得する
　④ 学級経営を通した学校の新しい組織マネジメントについて修得する
　⑤ 学級経営が学校経営の基盤になることを理解する

　参考までに，授業シラバスの概要は，資料3の通りである。

6.5　授業の自己省察と高度化の意味

　筆者が担当する授業科目には，上記の他にも「総合的な学習の時間の実践研

究」（分野別選択科目・2単位）があり，その中で，「総合表現」をねらいとして，イギリスの DIE（Drama in Education）を参考にして教師の即興表現教育，つまりドラマ教育の指導能力を育成するプログラムを実践している。

このようにして，筆者の担当する授業科目においては，現職教員学生がそれまでの教職経験の中でほとんど実施していない，活用学習，ドラマ教育，子どもによる学級づくりという3つの新しい教育理論と教育手法を，アクティブ・ラーニングの考え方に基づき，ワークショップや討論，プレゼンテーションなどを通して実践的に理解するとともに，実践的な授業力や学級マネジメント力を育てている。

その真の理由は，現職教員学生自らが，学校や教育委員会に戻って，新しい学習指導要領を実施するために必要な力量を修得することである。いいかえれば，これまでの教職経験の中でばらばらに実施していた教育手法をまとめあげて，一つの理論の元に体系化し，常に新しい学習指導要領で求められている教育実践を創出できる人材養成を行うことが，まさに教職大学院での教師教育の高度化であると考える。

実際に筆者の授業科目を受講した多くの現職教員学生が，そうした高度な授業力や学級マネジメント力を修得できたかどうかについて，厳密な評価研究を実施していないため証明はできないが，状況的なエビデンスとしては，多くの修了生が現在でも筆者との共同研究を継続しており，上記の3つのテーマでの実践研究を行っている。そして，その成果を教育雑誌へ発表したり単行本として刊行することで，各種の教育賞を受賞したりしている。さらに，招聘講師として教職大学院の授業科目において後輩たちのために講義を行ったりしている。

また，筆者を校内研修の講師として迎えてくれて，少しずつではあるが，現職の修了生との実践的な共同研究も進みつつあることは，うれしい限りである。

6.6　現職教員のためのこれからの教職大学院のあり方

教職大学院は，まだ始まったばかりの新しい制度である。したがって，その組織を動かす人，つまり，大学側の教員と連携協力校，そして教育委員会が自

己成長を図りつつ，力量形成を行うことを通して，現職教員学生の教師教育の高度化が実現することは当然である。

その意味で，次の8点をこれからの教職大学院の課題として指摘しておきたい。もちろん，これらは筆者の自己研修課題であることはいうまでもない。これからも自己研鑽を重ねながら，教職大学院の発展に寄与していきたい。

① 中堅・若手の実務家教員の採用と現職教員学生との切磋琢磨
② 教育実践理論を創出できる研究者教員の採用と研究業績評価の厳格化
③ 連携協力校における指導教員の力量アップと研修制度の義務化
④ 連携協力校と教職大学院の共同研究（教育実践の開発・評価）の推進
⑤ 現職教員学生の修了生と教職大学院との共同研究の推進
⑥ 現職教員学生を出した学校への人的保証の充実
⑦ 教職大学院が創出した教育実践理論を教育委員会の研修講座で普及していくシステムの充実
⑧ アクティブ・ラーニングの理論構成と授業開発

参考文献
村川雅弘（編著）（2005）『ワークショップ型研修のすすめ』ぎょうせい．
田中博之（2010）『フィンランド・メソッド超「読解力」』経済界．
田中博之（編著）（2011）『言葉の力を育てる活用学習』ミネルヴァ書房．
田中博之（2013）『カリキュラム編成論』NHK出版．
田中博之（編著）（2014）『学級力向上プロジェクト2』金子書房．

資料1 【授業設計の実践力】のシラバス概要

授業概要

　この科目では，授業設計のあり方とその多様な技法を，講義とグループワークを通して理論と実践の融合を図りながら深く理解することを目的とする。さらに，その前提としての学力モデルの検討や授業設計プロセスの漸進的アプローチについても解説する。具体的には，活用学習，問題解決的な学習，単元学習，R-PDCA サイクル，協同学習等の多様な学習法を成立させるための授業設計の技法を，実際の学習指導案の分析，授業記録ビデオや写真の視聴，生徒のワークシート等の検討を通して実践的に修得することをねらいとする。

授業の到達目標

　授業設計の理論解説と事例分析を行うグループワークを通して，多様な授業設計のあり方と技法について修得するとともに，それに沿った学習指導案を作成することができる。キャリア別の到達目標を次のように定める。

【学部新卒学生】　授業設計の理論解説と事例分析を行うグループワークを通して，多様な授業設計のあり方と技法について修得するとともに，それに沿った学習指導案を作成することができる。

【現職教員学生】　校内における指導的教員として求められる水準において，高度な授業設計技法を用いて学習指導案を作成するとともに，学部新卒学生に対する指導的な働きかけを行うことができる。

【中核的教員学生】　管理職として求められる水準において，高度な授業設計技法を用いて学習指導案を作成するとともに，多様な授業設計技法を活用した校内研修のあり方を構想することができる。

授業計画

第1回　授業設計の基盤となる21世紀型学力モデルの検討（講義）
第2回　OECD の PISA 調査と全国的な学力調査の検討（講義）
第3回　活用を図る学習活動を組み入れた授業設計（講義・グループワーク）
第4回　フィンランド・メソッドを取り入れた授業設計（講義・グループワーク）
第5回　各教科における授業設計（1）国語科（講義・グループ討論）
第6回　各教科における授業設計（2）数学科（講義・グループ討論）
第7回　各教科における授業設計（3）社会科，等（講義・グループ討論）
第8回　まとめと学習指導案の相互検討（グループワーク）

教科書

- 田中博之著『フィンランド・メソッド超「読解力」』経済界，2010年
- 田中博之編著『言葉の力を育てる活用学習』ミネルヴァ書房，2011年
- 田中博之著『カリキュラム編成論』NHK 出版，2013年

資料2 【授業分析の実践力】のシラバス概要

授業概要

　この科目では，授業改善のための授業分析及び授業評価の意義と方法について，事例分析とグループワークを通じて具体的・実践的に学ぶ。受講生による模擬授業に基づき，プロトコルなどの記録も併用しながら，授業分析及び授業評価の手法について理解し，KJ法等を用いた参加型ワークショップによる校内研修のあり方を修得する。さらに，教科等の意義・目的に応じて，活用学習のための教材作成・活用方法や指導法，ルーブリック評価のあり方についてもアクティビティーを通して理解する。

授業の到達目標

　目標は，授業分析及び授業評価について理解を深め，授業改善のための手法を習得して，その成果をプレゼンテーションすることであり，キャリア別の到達目標を以下の通りとする。

【学部新卒学生】　活用学習のための模擬授業に参加し，教師と子どものコミュニケーション過程のプロトコル分析を通してその特徴を理解する。そこから授業改善の指針と方法をグループディスカッションにより明確化したプレゼンテーションを行うことができる。

【現職教員学生】　活用学習のための模擬授業に参加し，参加型ワークショップによる校内研修を模擬的に組織し，KJ法等を用いて，授業の成果，課題，改善の3点について構造化したプレゼンテーションをすることができる。

【中核的教員学生】　効果的な参加型ワークショップによる校内研修のあり方について理解し，本科目内で実施する模擬的な参加型ワークショップによる校内研修の組織・管理に関する指導的力量を修得し，その意義と成果についてプレゼンテーションをすることができる。

授業計画
第1回　授業分析と授業評価の意義と手法（講義とグループ別討論）
第2回　授業分析と授業評価の事例紹介（講義）
第3回　授業分析及び授業評価演習（1）（小学校の事例研究）
第4回　授業分析及び授業評価演習（2）（中学校の事例研究）
第5回　授業分析及び授業評価演習（3）（高等学校の事例研究）
第6回　授業分析及び授業評価演習（4）（グループワーク）
第7回　参加型ワークショップによる校内研修のあり方（講義）
第8回　授業評価を通した授業力向上（講義とグループ別討論）

教科書
- 村川雅弘編著『ワークショップ型研修のすすめ』ぎょうせい，2005年

資料3 【授業開発の実践研究】のシラバス概要

授業概要

　この科目では，学習指導要領で求められている「学級経営の充実」を授業においてどう取り入れればよいのかについて，学級力向上プロジェクトに関する理論と先行事例の分析を通して，理解することができるようにする。先行事例の分析においては，授業記録写真や学習指導案，児童生徒のワークシート等の具体的な資料や教材を使用して，実践的理解を深めるようにする。また，異なるキャリアをもつ学生からなる混成グループによる討論を行うことにより，自らの学級経営に関する省察を深めるとともに，豊かな視点から，学級力向上のあり方について深い理解を得られるようにする。さらに，本科目で提供した理論と先行実践をもとにして，受講者各自が学級力向上のためのカリキュラム編成，単元計画及び学習指導案を作成することを通して，実践の場面で理論を実践化する力量を形成する。なお，取り扱う教科等は，国語科，社会科，特別活動，道徳，総合的な学習の時間等である。学校種は，小学校と中学校の事例を主に扱う予定である。

授業の到達目標

　キャリア別到達目標は，以下の通りである。
- 【学部新卒学生】　新しい学習指導要領の記述や例示を参考にして，学級経営に関する実践的な理解を深めるとともに，各自，学級力向上プロジェクトを取り入れた単元計画及び学習指導案を作成することができる。
- 【現職教員学生】　学習指導要領の規定のみならず，学術的・実践的な教育論文や著作を参考にして，自らの学級経営に関する理論を構成し，それに基づいて，特色ある学級力向上プロジェクトの単元計画及び学習指導案を作成することができる。
- 【中核的教員学生】　学級力向上プロジェクトを推進するために必要な学校経営のビジョンと手法を理解するとともに，学級力向上プロジェクトを取り入れた自校の教育課程の再編成の具体像を構想することができる。

授業計画
第1回　学習指導要領に見る学級経営の充実
第2回　学級力の理論的検討と教育的意義
第3回　学級力向上プロジェクトと学校経営
第4回　先行事例の分析（1）小学校低学年
第5回　先行事例の分析（2）小学校中学年
第6回　先行事例の分析（3）小学校高学年
第7回　先行事例の分析（4）中学校・高等学校
第8回　スマイル・アクションの分類
第9回　スマイル・ミーティングの事例分析
第10回　学級力向上のためのサブ・カリキュラムの検討
第11回　教科学力と学級力の統計的相関関係の検討
第12回　現職教員による事例報告（1）小学校
第13回　現職教員による事例報告（2）中学校・高等学校
第14回　はがき新聞の作成講習
第15回　カリキュラム案の発表と討議

教科書
- 田中博之編著『学級力向上プロジェクト2』金子書房，2014年

第 7 章

現職教員を対象とする行政研修プログラムの改革

千々布敏弥

　本章は現職教員を対象とする行政研修プログラムについて論じることとする。教員の学びの機会は行政が提供する研修プログラムの機会以外にも多様にある。日々の実践から学ぶこともあるし，同僚との会話から学ぶこともある。校内研修は重要な学びの機会だろう。それらの行政研修プログラム以外の機会を重視し，行政研修の機会を忌避したり軽んじたりする教員がいる。いっぽうで，法律に定められた研修に関する規定を過剰に意識し，その研修の機会の重要性や必要性のみを強調する教員もいる。後者の立場からいえば，法律に規定されている研修の権利と義務，その規定を受けて提供される任命権者たる教育委員会が提供する研修の機会の内容を説明していけばいいだろう。ところが，法規定をよりどころとして研修のあり方を考えていくと，具体的なプログラムが見えてきにくい。そのため，本章では教員の本来的な学びの諸相をまず論じ，ついで教員研修に関する法規定の枠組みを概観し，最後に行政研修プログラムの改革動向について論じることとする。

7.1　教員の学びの諸相

　本で学んだことは実践で役に立たない——そう口にする実践家は多い。なぜ実践で役に立つ理論を作ることができないのか，それは研究者の怠慢ではないか。たとえば，医学は医術に役立つ知識を提供できているではないか。医者になるのに医学は必須だ。ところが，教育学を学ばずとも教員になることはできる。教員免許が不要な学習塾がいい例だし，テレビドラマで活躍する教員は大学の特別コースで学んでその力を身につけたわけではなく，おおむね生来の資

質を活用している。ならばいっそのこと教員免許制度を廃止してはどうか，という議論が，自由化論者から出てくるのも仕方のないことと思われる。

そのような教員への見方に対抗する説得的な説明が，ドナルド・ショーンからなされた。ショーン（1983）によると，医療や法律の世界は，人々が納得する明白な目的によって学問的に原理づけられており，医者や法律家という「メジャーな専門性の職業」は，学問の成果による技術的知識を有することが力量の向上につながる。ところが，教育や福祉や宗教の世界は，変わりやすいあいまいな目的に支配され，不安定な制度的な文脈に煩わされるため，教員や社会福祉士という「マイナーな専門性の職業」は技術的知識に頼ることが許されず，常に複雑性，不確実性，不安定さ，独自性，価値葛藤に直面している。マイナーな専門性の職業人にとって，自らに有益な実践的知識は，学問の成果を学習することにより得るところは少なく，実践を通して実践の中の知を獲得するしかない。教員などのマイナーな専門性の職業家は，医者や法律家とは異なる「反省的実践家」でなくてはならないと，ショーンは主張した。

ショーンによる反省的思考の必要性は，教員など技術的合理性を適用しにくいマイナーな専門性の職業にとどまっていない。医者や法律家などのメジャーな専門性の職業においては，医療ミスや弁護士による不祥事など，近年職業上の問題が指摘される場面が多数生じている。これらの問題の解決は，学問をいかに発展させるかという方向性よりも，専門職としての倫理や患者や顧客とのコミュニケーションの持ち方など，マイナーな専門性の職業で重視されてきた技能の獲得に焦点が移行しつつある。かくして，メジャーな専門性の職業においても，マイナーな専門性の職業においても，反省的思考（リフレクション）による実践的な認識や実践的な問題解決が必要な時代になっているとショーンは分析している。

レイブとウエンガー（1991）はユカタン半島の産婆などの事例分析を通して，集団として成立している思考様式，行動様式に周辺的参加する段階から十全的参加する段階へ徐々に移行することが，その集団において獲得が可能となるスキルの学習の過程として観察されると解釈し，状況学習や正統的周辺参加の概念を提言した。

ショーンやレイブ＆ウエンガーの枠組みにより教員研修の戦略は大きく変わりつつあり，実践経験が重視されるようになっている。企業の人材育成においては従来から経験学習や熟達論が注目されていたが，それに加え，状況学習の場としての学校の役割が重視されるようになっている。たとえば，アメリカの免許更新制においては更新の単位として学校におけるアクション・リサーチ，授業研究の取り組みが認められるようになっている。

7.2 行政研修の法制度

行政研修は法律に基づいて実施されるものであるが，実は法律上の規定はそれほど厳密でない。教育基本法は「教員については，その使命と職責の重要性にかんがみ，その身分は尊重され，待遇の適正が期せられるとともに，養成と研修の充実が図られなければならない」（第9条）と規定するほか，地方公務員法（第39条）および教育公務員特例法（第21条）が，任命権者である教育委員会における研修実施義務と「それに要する施設，研修を奨励するための方途その他研修に関する計画を樹立し，その実施に努めなければならない」と規定している。

これらの規定により都道府県と指定都市，中核市教育委員会は所属する教員に対して研修の機会を提供することとなっている，そのプログラム内容は法律上明確に決まっていない。国が通知でガイドラインを示しているものの，あくまでガイドラインであり，その通りにしなくてはいけないわけではない。研修を実施しない教育委員会は存在しないが，ある教育委員会が実施する研修を他の教育委員会が実施していないことはよくあることである。

多くの教育委員会が研修のために教育センターと称される施設を設置しているが，設置形態や名称が多様となっている。地方教育行政の組織及び運営に関する法律（地教行法）は「地方公共団体は，（中略）条例で，教育に関する専門的，技術的事項の研究又は教育関係職員の研修，保健若しくは福利厚生に関する施設その他の必要な教育機関を設置することができる」（第30条）と規定しているのみであり，研修施設の設置は義務でない。都道府県と指定都市におい

ては国の補助事業によりすべての教育委員会が研修のための施設を設置しているが，中核市に関しては研修施設に関する補助事業が実施されていないため，研修施設を有していないものがある。その場合，教育委員会の施設内で教員を集め（その施設が事実上教育センターとなる），研修の機会を提供している。

研修施設の名称は多くの場合「教育センター」あるいは「総合教育センター」となっているが，研修センター，教育研究所等の名称もある。法律上名称に関する規定がないためである。本章では以後，便宜上研修のための施設を総称して「教育センター」と述べていく。

教員のための研修の機会は，主に地教行法と教育公務員特例法に基づき，任命権者である教育委員会が提供することとなっている。ここで研修は権利であるのか，義務であるのかという議論が出てくるが，ここで深追いはしない。研修は教員側の権利であるという考えから，研修を受けない権利の主張や行政が提供していない研修プログラムを新たに設ける要求の正当性に関する論議が，行政研修に関して時折発生しているが，その論議から教員の力量が向上した事例の報告は皆無であるところによる。

教員研修に関する条件整備は，集合研修の場所である教育センターの設置とそこにおける集合研修の制度化にエネルギーが注がれてきた。そのような歴史的経緯から，行政研修とは教員が勤務場所である学校を離れ，一ヵ所に集められて講義や演習を受講するものであると受け止められているが，法律上そう規定されているわけではない。

たとえば教育公務員特例法では初任者研修と10年経験者研修が規定されている（ゆえにこの２つを法定研修，他の経験者研修や役職に応じた研修等を法定外研修と称したりする）。初任者研修に関しては「(略)任命権者は，小学校等の教諭等に対して，その採用の日から一年間の教諭の職務の遂行に必要な事項に関する実践的な研修（以下「初任者研修」という。）を実施しなければならない。」(第23条)，10年経験者研修に関しては「(略)任命権者は，当該教諭等に対して，その在職期間が十年に達した後相当の期間内に，個々の能力，適性等に応じて，教諭等としての資質の向上を図るために必要な事項に関する研修を実施しなければならない。」(第24条)と規定されており，これらの規定は，

任命権者である教育委員会は初任者研修と10年経験者研修の機会を教員に提供することの義務のみを規定しており，その内容は任命権者に委ねられていると解釈できる。

　初任者研修プログラムの多くは，教育センター等に集まって受講する校外研修の機会が25日，校内研修の機会が年間300時間となっている。また，10年経験者研修は校外研修と校内研修をともに20日程度となっている。国が通知でそのようなガイドラインを示しているためである。それぞれのガイドラインを定める議論の過程においては，校外研修と同時に校内研修の重要性も指摘されていた。したがって，行政研修が集合研修ばかりを規定するものではないことは明白である。都道府県が独自に実施する経験者研修においても校内研修をプログラムに位置づけているものは多い。

　初任者研修と10年経験者研修については校外研修と校内研修の日数が国のガイドラインで示されているが，このガイドラインに法的拘束力はない。そのため，校外研修の日数が25日でなく20日や15日となる教育委員会もある。それは，初任者が通常の授業を実施する日に担当クラスを他の教員（多くの場合非常勤講師）に委ね，校外の研修を受講しに赴いた結果，担当クラスの進度に遅れが生じたり学級経営に問題が生じたりすることを問題視した教育委員会の判断による。

　法律上教育委員会は初任者研修の機会を提供することのみを求められているわけであり，そのプログラム内容は教育委員会に委ねられているわけだから，日数の減少自体は問題にならない。それよりもどのような研修プログラムが初任者に最適かという検討が必要になってくる。詳しくは後述するが，多くの教育委員会がとりつつある考えは，2年目研修，3年目研修を新設し，事実上初任者研修を複数年化することである。2年目以降の研修は法律上初任者研修と称することはできないが，2年目，3年目の研修プログラムと合わせることで教員の初歩的トレーニングを提供するという考え方自体は，前節で述べた教員の力量が生涯を通じて向上し続ける性質であることに合致するものであるし，場合によっては初任者研修に関する法規定を変更したほうがいいのではないか（すなわち初任者研修を複数年で実施することを教育公務員特例法に規定する）

という考えも出てくる。

　10年経験者研修の場合は少々状況が異なる。10年経験者研修は教員の個々の課題に応じて研修の機会を提供することとなっており，しかしながら校外研修と校内研修の機会が日数や時間で規定されていることは初任者研修と同様となっている。この問題は10年経験者研修プログラムのあり方として検討されなければならないが，免許更新制が開始され，事実上10年経験者研修が教育委員会と大学で並行して実施されるようになり（施策推進上は目的が異なると説明されているものの，実際のプログラムはその目的の違いを反映したものになりえていない），両者のプログラムの関係を考える課題も生じているところから，なかなか検討が進んでいない。現実的には，10年経験者研修と免許更新講習を同時期に受講する教員の負担軽減のため，10年経験者研修の校外研修の日数を減少させるという判断が行われている。

　多くの教育委員会は法定研修のほかに5年目，15年目等の経験者研修，管理職や主任等の役職に応じた研修，受講が選択制である教科等の研修を実施している。これらの研修は国が補助事業を実施していた歴史的経緯もあり，多くの教育委員会が実施しているが，教育委員会により違いがある。経験者研修の実施年は各教育委員会で異なるし，管理職研修の対象が新任だけのもの，経験者も含めて毎年全員の受講が義務づけられているもの等の違いがある（表7-1参照）。

7.3　行政研修プログラムの概要

　文部科学省は，2003（平成15）年度より毎年，「教職経験者研修の実施状況」に関する調査を実施している（それ以前に，法定研修以外の教職経験者研修の実施状況に関する調査が実施された年度はあるものの，調査枠組みが異なっている）。そこで，2003年度から2009年度までの，教職2年程度，5年程度，12年程度，15年程度，20年程度の経験者研修実施状況を比較する（同調査の結果は，小学校，中学校，高等学校別に示されているが，研修の日数は校種による相違が少ないところから，基本的に小学校に関するデータを使用することとした）（図7-1，図7-2）。

第7章　現職教員を対象とする行政研修プログラムの改革

表7-1　職務に応じた研修実施状況（全国教育研究所連盟2006年度教育課題調査）

新任校長	校長	新任副校長・教頭	副校長・教頭	新任教務主任	教務主任	新任学年主任	学年主任	新任研究主任	研究主任	研修主任・担当者	学習指導主任	新任生徒指導主任	生徒指導主任	新任進路指導主事	進路指導主事	新任保健主事	保健主事
39	32	39	35	25	18	8	4	7	5	6	1	15	19	11	17	10	8

新規養護教諭	養護教諭	事務長	新任事務職員	事務職員	新規学校栄養職員	学校栄養職員	学校給食指導者	安全教育指導者	体育実技指導者	運動部活動指導者	ALT	新任免許外担任	免許外担任	実験・実習助手	セクハラ相談員	総数
29	23	12	20	23	18	18	5	3	8	3	8	2	6	15	2	47

　小学校段階で教職2年程度の教員を対象にした研修を実施する都道府県指定都市中核市教育委員会は，2003（平成15）年度の21委員会（22.1％）から，2009（平成21）年度は51委員会（48.1％）へと増加している。教職20年程度の教員を対象にした研修は2003年度の18委員会（18.9％）から，2009年度30委員会（30.3％）まで増加し，21年度は24委員会（22.6％）となっている。教職5年程度と教職15年程度の教員を対象にした研修は，ほぼ横ばい傾向であるところから，各教育委員会は経験者研修の必要性自体は重視し続けており，教職2年程度の若手を対象にした研修を増加させる傾向にあると解釈できる。

　教職経験2年程度の研修は，実施する教育委員会の割合は増加傾向だが，実施日数は減少傾向にある。2003年度の実施日数平均は21.3日となっていたのが，2009年度は9日となっている。

　各都道府県では，上記経験者研修のほか，職務に応じた研修を実施している。その全国傾向について，全国教育研究所連盟が2006年に実施した「教育課題調査」によると，各都道府県が実施する職務に応じた研修の実施状況は表7-1のようになっている（47都道府県のうちで，各職務に応じた研修を実施している都道府県数を記している）。校長，副校長・教頭研修はほとんどの都道府県が実施しているが，教務主任や学年主任，研究主任，研修主任研修になると，

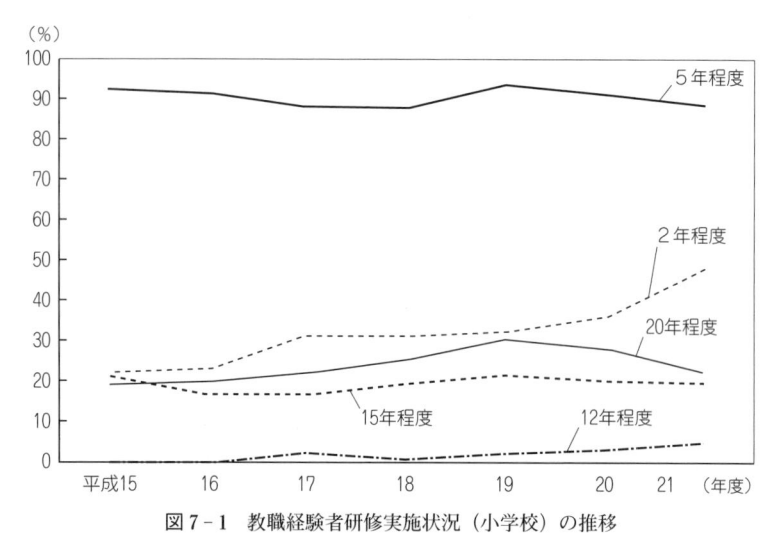

図7-1 教職経験者研修実施状況（小学校）の推移

出典：文部科学省「教職経験者研修実施状況」（平成15～21年）より作成．

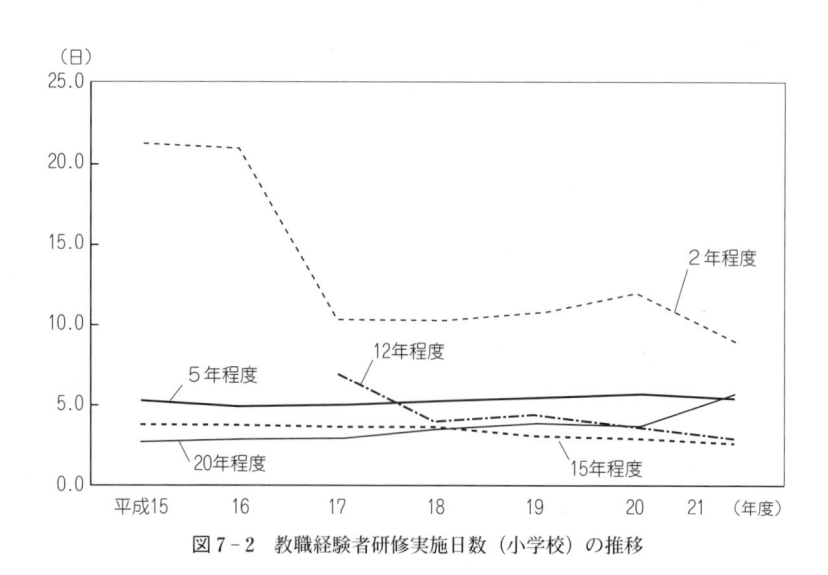

図7-2 教職経験者研修実施日数（小学校）の推移

第7章　現職教員を対象とする行政研修プログラムの改革

実施しない都道府県が出てくる。

7.4　行政研修プログラムの改編動向

　ここでは，行政研修プログラムの改編動向を4つの観点から紹介する。第1に研修日数の変化，第2に訪問研修の増加，第3に所属校の実践を基盤とした隔日開催プログラムの増加，第4に演習形式の増加である。研修日数の変化については国の統計に加え，国立教育政策研究所が実施した調査により，詳しい動向が判明している。第2から第4の動向は，筆者が多くの教育センターと交流する中で感じているものであり，教育センターが研修の改編方針として示す資料（教育センター運営会議で配付される資料や教育センターが事業内容を交流する場である全国教育研究所連盟で配布される資料等）に記述されているものを根拠としている。内部資料として拝見しているため，本章で出典を明示できないし，全国的な傾向と断定するには統計的な根拠が乏しいものの，複数の教育センターが同様の改革案を示すことが多く，筆者としては全国的に共通する動向と受け止めている。これらの動向のほか，今後大きな流れになる可能性のある事例についても紹介する。

7.4.1　研修日数の変化

　文部科学省は1989（平成元）年度から初任者研修の実施状況を調査し，2005（平成17）年度以降は校外研修と校内研修の実施日数を公表している。2005年度以降の「初任者研修実施状況調査」によると，2004（平成16）年度は平均25.0日実施していたのが，2009（平成21）年度には平均23.9日と減少している。

　初任者研修の実施日数が減少傾向にあるのに対し，2年目，3年目研修は拡大傾向にある。文部科学省が2003（平成15）年度より毎年実施している「教職経験者研修の実施状況」によると，小学校段階で教職2年程度の教員を対象にした研修を実施する都道府県指定都市中核市教育委員会は，2003（平成15）年度の21委員会（22.1％）から，2009年度は51委員会（48.1％）へと増加している。

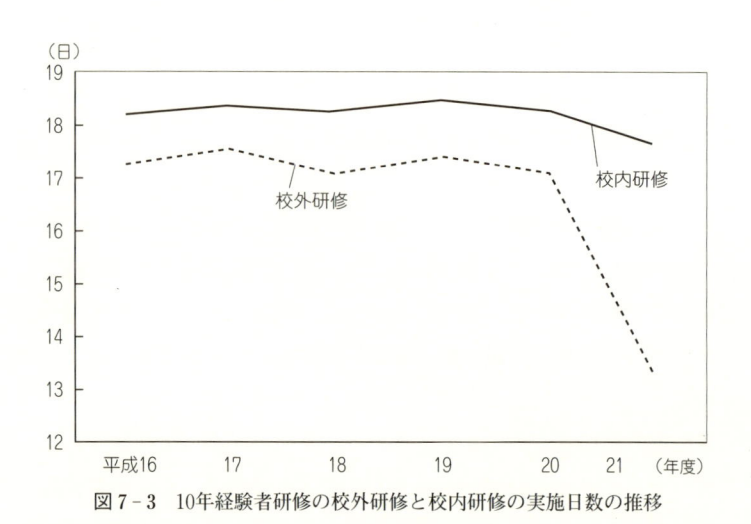

図7-3 10年経験者研修の校外研修と校内研修の実施日数の推移

　10年経験者研修については，文部科学省は同研修が制度化された2003年度から実施し，校外研修と校内研修の実施日数を，2004年度調査から公表している。同調査によると，校内研修の実施日数はあまり変動していないものの，校外研修の実施日数は，小学校において，17日程度で推移していたのが，2009年度に13.3日に減少している。その原因は，2009年度から施行される教員免許の更新制実施に伴い，2008（平成20）年11月に出された通知において「教育センター等において実施する校外研修の期間を（中略）現行の日数から5日間程度短縮することも考えられること」と記されていたところによる。国立教育政策研究所「教員研修に関する調査」(2009年1月実施) によると，免許更新制に伴う経験者研修の見直しの検討状況について，見直しをしている県市が80％となっている。見直しの内容としては，免許更新講習と10年経験者研修を連動させる方向で考えている県市が3，その他は，短縮する方向で検討している。短縮の日数は，5日間の短縮が26と最も多く，その他2～4日間の短縮と回答しているところもあった。

7.4.2　所属校の実践を基盤とした隔日開催プログラムの増加傾向
　教育センターが実施する研修の多くは，少ない日数で実施されている。初任

者研修と10年経験者研修は国が示すモデルにおいて20日程度の日数が示されているために期間が長いが，それ以外の経験者研修は2～3日で終わるものや1日限りのものが多い。前節で紹介したように，その多くは日数が減少する傾向にあるが，一部の管理職研修やミドルリーダー研修は日数が増加し，それを通年で隔日開催とする傾向にある。

これは，研修の成果がみられるか否かが行政上の課題になっているところから，知識の伝達で終わらせることなく，集合研修を受講した後に勤務校での実践を通じて課題をこなし，その成果を次の集合研修に持ち寄るスタイルの研修が増加したと考えられる。このスタイルの研修は，管理職教頭候補者を養成する研修，将来のリーダーを養成する研修などでみられる。

高知県は2004（平成16）年から管理職研修プログラムの改革に取り組み，4年間の管理職育成プログラムを構築した。初任と2年次に7日間，3年次に3日間，4年次に2日間の研修を実施する。各研修日は連続しておらず，受講者は月に1度程度の割合で教育センターに集まり講義や演習を受講する。このほか，実践発表や課題解決研修の日もあり，受講者の勤務校の実践に基づき年間を通して実践研究をした成果を教育センターに提出することとなっている。

課題解決研修において，各受講者は学校の実態に応じて研究課題を設定し，計画書を作成する。1月に教育センターに集まり中間報告会を開催し，3月に報告書を提出することとなっている。課題解決研修は2年次から行われ，2年次の課題は生徒指導，3年次の課題は教科指導，4年次の課題は学校組織の活性化と人材育成となっている。

このプログラムは2006年度の段階のものであり，その後修正されているが，複数日に教育センターに集まり，年間を通して課題解決研修に取り組むスタイルは変わっていない。

東京都は，2006（平成18）年から若手教員を対象にした「東京教師道場」を実施している。教師道場の参加者は約400人。指導主事や退職校長が「指導者」として運営や指導を担い，教科指導のベテラン教員約100人が「助言者」で加

わる。同じ教科と校種の部員8人に助言者2人からなる「班」を基本単位とし，2年間を3期に分けて毎月1回ほどのペースで活動する。部員と助言者は各学校で授業研究などを繰り返し，電子メールを使って学習指導案などについて意見を交わし合う。

　教師道場は，10年間を通した若手教員の授業力向上プログラムの一部となっている。初任者研修後の2年目，3年目教員は授業研究を中心にした2・3年次授業研究を実施する。年3回の授業公開を行うほか，年4回都立学校に集まり，学習指導案の改善に向けたグループ協議や模擬授業等を行う。その後の4年目から10年目程度の教員の中で，教科等の指導において高い専門性を身につけたい教員や校長がリーダーとして育成したい教員が教師道場の対象となっている。

　長岡市は2003年から「教員サポート錬成塾」を実施している。教職経験2年目から6年目の若手を対象にした基礎的な指導，7年目以降の教員を対象にした発展的な指導を，指導主事がマンツーマンで指導している。

　若手教員を対象にしたコースの内容は，主に授業研究となる。自分で課題を決めて，1年間に5回程度授業研究を行う。授業研究の事前と事後に指導を受けるので，最低10回は担当指導主事と会うこととなる。必要に応じてさらに指導のための面談の機会を得ることもある。また，多くの場合，特に事前指導は，面談以外に電子メールによるやりとりが行われている。7年目以降の教員が参加するコースは，1年間の継続指導とはならず，研修生の希望に応じ，1回限りの指導というものもある。このコースの受講者も錬成塾の指導主事が指導するため，指導主事は合計十数名の教員を指導することとなっている。

　担当指導主事は6人であり，全員嘱託の退職校長である。指導力量の高い教員OBが，後輩を指導している。一人の指導主事が5～6人の研修生を指導している。

　長岡市と東京都の取り組みには共通項がある。一つは，初任者研修修了直後の採用2年目の教員を対象としていることである。東京都の場合は，採用2・

3年目の教員を悉皆で研修の対象とし，長岡市は初任研を終えた採用2年目〜6年目の教員の中から希望者を対象としている。

　もう一つの共通項は，退職校長が指導者となっていることである。東京都の場合，教師道場の部員を，現職のベテラン教員が助言者となって指導しているが，部員と助言者に対する指導的役割を学習指導専門員である退職校長が担っている。長岡市では退職校長が直接指導している。

　東京都も，長岡市も，それぞれの規模や条件に応じて指導体制を工夫している。いずれも，授業研究に焦点を当て，退職校長を活用している。

7.4.3　演習形式のプログラムの増加傾向

　研修の多くは知識伝達を目的としているため，その方法は講義形式になりがちである。子どもを対象にしたカリキュラムにおいてはコンピテンシー概念が広まり，協調学習や問題解決学習の意義が広まっているものの，教員研修においてはコンピテンシーと研修プログラムを関連させた議論は不十分である。

　講義中心の研修方法に変更がみられるようになったのが，国によるマネジメント研修の提案であった。マネジメント研修は教育改革国民会議の提言を受けて，学校管理職のマネジメント力の向上を目指して文部科学省が2002年に協力者会議を立ち上げ，2004年にモデルプログラムを作成し，多くの教育センターに広まった。マネジメント研修が教育センターに受け入れられたのは，その伝達内容もさることながら，ほとんどを演習形式で推進したところによると推量している。マネジメント研修においては，自校と環境の強みと課題を4象限の枠に書き出すSWOT分析など，受講者の所属校の実態に応じたマネジメントのあり方を考え，グループ内で協議する形で研修が進んでいく。

　マネジメント研修導入以前に教育センターの研修において演習形式で実践されていたのは，教育相談研修に限られていた。教育相談研修はアメリカでプログラム化されたもので，1980年代から全国の教育センターに広まった。教育センターの集合体である全国教育研究所連盟は，1970年代に生徒指導上の問題が顕在化したことを受け，1986年から1988年まで「学校における教育相談の推進に関する研究」，1989年から1991年まで「生徒指導・学校教育相談の推進に関

する研究」というテーマで共同研究を実施した。以前から日本に伝わっていながら学校に十分広がっていなかったカウンセリングの考え方を取り入れようという考え方が背景にあった。この共同研究においては研究協議以外に，カウンセリングで実施されていた実技研修が取り入れられ，それが極めて好評であったことから，共同研究終了後も同連盟の中で教育相談の研修会が開催され，それが全国の研修に反映されるに至っている。

　教育相談以外の研修において演習形式で実践されるのはあまりなかったが，マネジメント研修の普及から演習形式の意義が改めて認識されるようになり，他の研修にも演習形式が広がりつつある。たとえば，研究主任研修において，自校の課題分析から校内研究テーマを設定し，その年間計画を研修の中で策定するようなものなどである。

　また，2015（平成27）年12月に出された中教審答申では，「主体的・協働的な学びの要素を含んだ，いわば AL 研修（アクティブ・ラーニング型研修）ともいうべき研修への転換を図っていくことが重要」とされている。

7.4.4　訪問研修の増加

　この傾向は，主に希望に応じて実施される教科等の研修に関してみられる。端緒は2004年に実施された，研修補助金の交付税化であった。国は経験者研修に対する補助を1977年度から，新任教務主任研修に対する補助を1984年度から実施していたが，これらのほとんどが，2004，2005年度に交付税化された。2004年度には初任者研修のための非常勤講師配置，教職経験者研修，新任教務主任研修に関する補助金が交付税化され，2005年度には，初任研，10年研の法定研修の実施に関する補助金をはじめとして，研修に関する国の補助金はすべて交付税化された。国の補助事業として残っているのは，拠点校指導教員に関するもののみとなっている。補助金と同額が交付税として都道府県に支出されているため，都道府県内で適切な予算措置を行えば従来と同様の行政研修が行われるはずであるが，実際には教員研修予算が大幅に削られる都道府県が生じた。そのため，その教育委員会においては削減された研修予算の中で従来の研修をどう実施するかという課題に直面し，苦肉の策として登場したのが訪問研

修であった。

　そのような課題が最も深刻であったのが新潟県である。新潟県においては，2005年度に教職経験者研修のうち教科に関する講座が全面的に廃止となり，研修講座数が大幅に縮小された。その対処として開始されたのが訪問研修である。研修予算の大部分は講師予算よりも参加者の旅費が占めている。受講者が教育センターに集まるための旅費を支出するよりも，講師である指導主事が各学校に出向くことで，講師の旅費だけを支出する方が効率的となる。当初は予算面の課題に後追い的に対応する形で開始された訪問研修であったが，実施を進めると，それが多くの現場で好意的に受け止められることに，新潟県は気づいてきた。全国教育研究所連盟でその成果を報告し，その影響等から，多くの教育センターが訪問研修を実施するようになっている。

　訪問研修が受講者である教員からポジティブに支持されているのは，7.1節で解説した，教員の力量形成の多くの場が学校の中で展開されているところによるものと思われる。研修の場所を教育センターでなく学校とすることで，日々の実践の文脈に即した研修を受けることができること，同僚と一緒に研修を受講することで研修の成果を同僚と共有しながらその後の実践に取り組むことが可能になることなどが，その要因として考えられる。

　大阪府は2009年から，国や府の学力調査により明らかになった課題を改善するとともに，学習指導要領が目指す学力に対応する授業作りを支援する「学習指導ツール」を開発し，イントラネット上で公開している。ツールの内容は，モデル授業を動画で公開すると同時に指導案，ワークシートがダウンロードできるもの，単元別テスト問題，自学自習ワークブックなどである。大阪府は，このツールを府下の教員に公開すると同時に，希望する学校に指導主事が訪問し，ツールの活用法を解説するようにしている。大阪府の試みは，拡大しつつある訪問研修を，教育委員会側で研修の教材を用意することで効果を高めようとするものと解釈できよう。

　訪問研修の考えをさらに推し進めたプログラムが，福井県の「コア・ティーチャー養成事業」であろう。コア・ティーチャーとは，校内研究の中核となる教員であり，学校から推薦を受けたコア・ティーチャーに対し，福井県の指導

主事は月に1回訪問して指導している。その指導の場は授業研究会の場であり，県の指導主事はコア・ティーチャーの指導だけでなくその学校の授業研究全体を支援するようにしている。このプログラムが従来の訪問研修と異なるのは，あらかじめ用意された講義内容を受講者に伝達するのではなく，研修受講者の所属校の校内研究を推進するために支援することを通じて受講者の力量向上を目指しているところにある。

訪問研修の増加傾向は，7.1節で解説した教員の学びの多くがオンサイトであることと通底している。行政研修は教員の日常実践から遊離していることから，多くの教員がその有効性を感じにくかったり成果を感じにくかったりするところがあるが，福井県のミドルリーダー研修のように校内研究を行政が支援することを行政研修と解すると，オンサイトとしての行政研修が有りうることとなり，その傾向が加速する可能性がある。

7.4.5　単位制研修の試行

この試みは，今のところ京都府総合教育センターが実施しているのみであり，他の都道府県が追随しているわけではないので，改編動向とはいえないが，今後同様の研修を開始する都道府県が増える可能性があるために紹介しておく。

京都府は2009年度から2～6年目研修と7～12年目研修を開始した。このプログラムの新しいところは，経験者研修を幅をもたせた年度で実施することに加え，研修の内容を単位制とし，受講者が選択により所定単位の研修を受講したことで研修受講とみなすことである。京都府の試みは，受講者側の興味関心に応じた研修が受講できるようになるだけでなく，府教育センター以外の教育事務所，市区町村教委，教科研究会等が提供するさまざまな学びの機会を単位として認定することで教員の学びの機会を多様に認めることにつながる可能性がある。

7.4.6　その他の動向

本章の課題から若干ずれるのだが，教員の学びについて行政研修以外の動向もあるので紹介しておきたい。それは，教科研究会と大学における学びの機会

第7章　現職教員を対象とする行政研修プログラムの改革

である。

　多くの都道府県や市区町村において，教科研究会が組織されている。教科研究会は教員が組織する任意団体であるが，その多くは教育委員会が主導して設立されている。出発点においては行政が支援して，事実上行政研修の一部を担う組織であったが，昨今は公的機関が任意団体を支援することの正当性が疑問視されているところから，特に都道府県レベルでは教科研究会に対する行政の支援は縮小傾向にある（市区町村レベルでは従来通りの支援を行っているところが多い）。教員の側においても，従来は事実上の行政研修であったため，参加は義務であることが不文律として認識されていたものの，昨今は任意団体としての認識が強くなり，教科研究会に登録しない，あるいは登録はしても活動に参加しない教員が増えている。

　国立教育政策研究所が2010年に実施した調査によると，市区町村教育委員会の所轄下における小学校，中学校の教育研究諸団体の組織状況は，77.1％となっており，市区町村教育委員会が教育研究諸団体に行っている支援は，「活動に対して補助金を支出」63.0％，「教育研究諸団体への参加を研修として認める」52.6％，「教育委員会として共催，後援」44.7％，「指導主事を指導者として派遣」30.2％となっている。

　訪問研修の節で解説したように，行政研修はオフサイトにおける知識伝達からオンサイトにおいて日常の実践の文脈に即した研修にシフトする傾向がみられる。その傾向から推量するに，教科研究会は教員が各学校の実践を持ち寄り同じ教科を専門とする教員同士で議論する場であり，今後は教科研究会の意義づけは高まっていくのではないかという予感がしている。

　もう一つの動向が，大学を基盤とした学びの機会の拡大である。教職大学院として，あるいは免許更新講習の実施機関として，教員養成大学や大学教育学部は以前よりも現職教育に関与する機会が増えている。その流れの中で，大学が自発的に現職教員に学びの機会を提供する取り組みが出てきている。

　福井大学教職大学院は全国に先駆けて拠点校指導方式による教職大学院プログラムを開始した。拠点校指導方式とは，大学院生となる教員が所属する学校を拠点校とし，拠点校に勤務しながら大学院の授業を受講する方法である。教

職大学院のスタッフは大学のキャンパスで教えるのでなく，拠点校に出向いて教えている。福井大学教職大学院にはストレートマスターの学生もいる。彼らは拠点校に週3日インターンとして通い，残りを大学におけるカンファレンスに参加している。

　教職大学院のスタッフが拠点校に通う際は，大学院生個人の指導よりも学校の校内研究全体に関わっている。教職大学院に通っている教員は，拠点校の研究主任である。大学院生となっている研究主任は大学で開催される合同カンファレンスに参加したり，院生同士の研究会に参加したりして，自校の校内研究の推進と自らの省察を深めている。すなわち，福井大学教職大学院のプログラムは，研究主任の学びを深めながら，拠点校の校内研究を支援するプログラムとなっている。

7.5　中教審における審議の動向

　中教審は教員の養成・採用・研修の接続を重視して見直し，再構築するための方策について検討し，2015（平成27）年12月に「これからの学校教育を担う教員の資質能力の向上について」答申した。その内容は，本章が指摘している教員研修の改革動向をふまえたものとなっている。

　第一に大学との連携の強化である。この考え方は教員養成の修士レベル化を提言した2016（平成24）年中教審答申「教職生活の全体を通じた教員の資質能力の総合的な向上方策について」から強化されているものだが，これまで研修サービスの提供主体が教育委員会（その施設としての教育センター）に偏していたことから脱却し，大学や学校も研修の場として機能することが意図されている。教育委員会と大学が協議・調整するための教員育成協議会の設置も求められている。

　第二に校内研修の重視である。2016年中教審答申は「校内研修等を活性化するための取り組みを推進するとともに，組織的かつ効果的な指導主事による学校訪問の在り方の研究など，学校現場の指導の継続的な改善を支える指導行政の在り方を検討」することを求めた。このたびの答申も校内研修の意義を認め，

一層推進するべきとの考えが提言されている。

第三に，校内研修重視の文脈の中で，初任者研修の校外研修は実施期間を短縮する方向で運用されることが望ましいとされている。

第四に，2年目研修や3年目研修の意義を認め，初任者研修の弾力的な運用を可能にするような見直しも提言されている。

第五に，10年経験者研修に関しては，10年が経過した時点で受講すべき研修との意識を改め，学校内でミドルリーダーとなるべき人材を育成すべき研修という認識に転換することも提言されている。

7.6　ま と め

歴史的に教員の質の確保は，まず養成段階，次いで現職教育の整備が図られた。量的整備が一段落した時期から質の充実に関心が移り，その流れの中で，ここに記したような行政研修プログラムの改編動向が生まれつつあると感じている。ことに最近の中教審の議論は，研修の現場の動向が逆に国の制度改正を促す傾向がみられ，大きくは教員の学びの本質に従った研修プログラムが構築されつつあるとみることができる。

参考文献
国立教育政策研究所（2009）「教員の質の向上に関する調査研究（2年次報告書）」.
国立教育政策研究所（2011）「教員の質の向上に関する調査研究　報告書」.
千々布敏弥（2012）「都道府県指定都市における教職経験者研修の改編動向に関する考察」『国立教育政策研究所紀要』第141集.
Schön, Donald (1983) *The Reflective Practitioner : How Professional Think in Action*, Basic Books.（佐藤学・秋田喜代美（訳）（2001）『専門家の知恵――反省的実践家は行為しながら考える』ゆみる出版.）
Lave, J. & Wenger, E. (1991). *Situated learning : Legitimate peripheral participation. Learning in doing*, Cambridge, UK : Cambridge University Press.（佐伯胖（訳）（1993）『状況に埋め込まれた学習――正統的周辺参加』産業図書.）

第8章

教育実践力育成に資する模擬授業教室の開発

豊田充崇

8.1 模擬授業教室開設の動向

　教員養成における教育実践力育成が重要視され，「教育実践演習」の必修化，教員採用試験の実技試験（模擬授業）対策，教職大学院の開設や実践的力量を重視する教育実習カリキュラムの改革等で，模擬授業の効果を求める動きが強まっている。

　茨城大学では，2012（平成24）年度に模擬授業教室を開設し，ここを「授業の練習（いわゆる発問や指示，板書などの練習はもちろん，プレゼンテーション機器の使用，机間指導などの練習等）」を行う専用教室として位置づけている。また，奈良教育大学の次世代教育養成センター2号館にある普通教室を模した「モデル教室」(2014年度開設）では，「模擬授業」用途に加えて教員採用試験対策や教室環境整備を学ぶ場としても活用されている。さらに，山梨大学の模擬授業室では教材作成に関する消耗品が自由に使えるような配慮を行ったり，関西国際大学の模擬教室では，そこでの模擬授業を観察するための部屋を併設するなど，それぞれに特色をもっている。

　和歌山大学教育学部では，2010（平成22）年度末から「模擬授業教室（授業シミュレーション室）」を附属教育実践総合センター内に構築し，教員養成における教育実践力の育成に努めてきた。当時，この教室の開発にあたっての先行事例がほとんどなく，大学内に小学校の普通教室をそのまま構築することが「教育実践力の育成・向上に寄与できるか」という点については懐疑的な見方が多かったといえる。

　しかしながら，ここ数年での模擬教室開設の全国的な動向から察するに，教

育実践力向上への期待を込めての設置やその検討が強まっていることは間違いない。そこで本章では，模擬授業の広まりとともにその実施の有効的な場として期待される「模擬授業教室」に焦点を当て，その開発と活用について，和歌山大学の事例を元に述べていくこととする。模擬授業教室をどういった目的や意図をもって構築してきたのか，そしてそこで実践される模擬授業に関係したカリキュラムや育成される学生の技能等についてまとめてみたい。

8.2 学内ニーズから生まれた模擬授業教室の構想

8.2.1 模擬授業教室開設当初の基本原則

　和歌山大学では，2006年度の教育実習カリキュラムの改革によって，3年次学生の教育実習事前指導における模擬授業を全員に義務づけた。さらに1年次学生の授業参観実習（実習入門Ⅰ）の事後指導においては，参観した授業の「授業記録用紙」を元に授業を再現して実演する「模倣授業」を課し，後には「教職実践演習」にもグループによる授業実践研究＝模擬授業の共同実施を課している。

　しかしながら，大学内の講義室で行う「模擬授業」は，どこかよそよそしく，教師役の学生が普段のレポート課題の発表と同様な雰囲気で模擬授業に挑むこともあれば，児童生徒役が子どもになりきれていない点も大きな課題となり，やはり「授業のまねごと」の域を出ないものであった。また，教材・教具をはじめ児童・生徒役の学生が使用する文具類などの準備もままならず，黒板につけるマグネットの数が足りないなど，大学内講義室にて通常の小・中学校の授業を再現する困難さが露呈した。つまり，教室内で当然使われるであろう教具類が揃っていないことが模擬授業の内容に制限をかけることとなり，円滑な実施の妨げともなっていたといえる。授業の監督者（学内教員）からも，模擬授業が「授業実践力の育成」に役立っているとは思えないとの厳しい指摘も数多くだされていた。

　そんなとき，多くの法学部がクオリティの高い模擬法廷を構築し，そこで現実の裁判さながらの「模擬裁判」が実施されていることを知った。その場の持

図8-1 2010年末，開設当時の様子。一般学校の20以上の教室をリサーチし，必要な物品を選定して臨場感を出した。

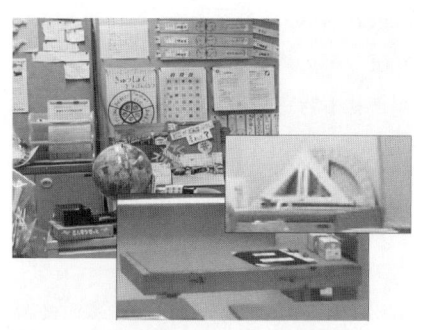

図8-2 教室内の教具や掲示物に至るあらゆるものを再現。模擬授業の円滑な実施と「学級経営」の基礎を学ぶ目的も兼ねる。

図8-3 1年次の「教育実習入門」における『模倣授業』の様子

第8章 教育実践力育成に資する模擬授業教室の開発

図8-4 各教科指導法やゼミ演習等での利用の様子

つ臨場感から，それぞれの役になりきることで，模擬裁判がよりリアルに進行するという。基本的な裁判の流れをつかみ柔軟な対応力をつけることや，法曹界へのモチベーションを維持することも期待されていた。

「模擬授業教室」の発想もこれに準じている。現実味のある普通の学級を学内に構築できれば，そこでそれぞれの役割（教師役，児童・生徒役）を演じやすいし，教具・教材が揃っていれば円滑な模擬授業の進行が見込まれる。そこで，模擬授業教室の構想段階における基本原則として「児童・生徒役の学生が子どもになりきれるための教室雰囲気の再現」と「あらゆる授業内容（手作業を伴う算数や図工，ICT活用等）に対応するために想定される教具・文具類を最大限揃える」の2点を設定した。

8.2.2 実習協力校からの「実習前の実践力向上」に関する要望

教育実習終了後に実習協力校への聞き取り調査（実習生への要望）を実施しているが，その際に「教育実習までに備えておくべき能力」についてまとめたものが下記である。実習校からの要望は多岐にわたる（挨拶面や生活習慣面等）が，ここでは「授業に関する技能」の項目を抜粋した。

■教育実習までにできていてほしいこと（実習担当教員への聞き取り調査結果）
1．学習指導案を様式に従って（ある程度）書けること
2．板書計画および丁寧な板書ができること

145

> 3．授業中の適切な言葉づかいやしゃべり方ができること
> 4．児童・生徒の発言に耳を傾け，円滑なコミュニケーションがとれること
> 5．基本的な「授業展開のスキル」（発問や応答，意見をまとめる等）が備わっていること
> 6．教材研究の進め方に多様性があること
>
> ※授業関連項目を抜粋

　総じて，実習生に期待しているレベルはそれほど高いわけではなく，実践力は教育現場で鍛えるものであるという自負が実習協力校にはある。しかしながら，上記の点（少なくとも2.，3.）が一定のレベルに達している場合，「短い教育実習期間で，基本的な授業スキルや板書方法等の指導に時間を割かずに，教材解釈や発問の吟味など，学習内容面にはいっていきやすい」ため，結果的に実習校の指導教員の負担を減らすことにつながるという。特に1.～3.は学内の模擬授業でも充分指導可能な項目であり，特に3.のようなパフォーマンス面の技能は，藤川ら（2015）の研究において，マイクロティーチングによっても即改善可能であることが示されている。

　4.は児童・生徒役次第で一定のスキルアップは果たせるし，5.や6.は模擬授業の経験や評価を重ねることによってレベルアップが図れるはずである。

　なお，前原ら（2007）の研究によれば，教育実習に行く前の学生たちを調査した結果「授業実践力への不安」が顕著である一方で，教育実習の前に指導案を作成した回数や模擬授業の経験回数が多い学生ほど，教育実習の不安が低いことがわかったという。学内における指導案作成や模擬授業は，実際の教育現場で通用する「授業実践力」の育成につながっているかどうかといった点での検証は定かではないが，少なくとも学生らの「不安要因の緩和」には一定の効果が認められることは確実であろう。

8.3　「模擬授業教室」の開発

　マイクロティーチングの歴史的な経緯からその手法の検討や分析方法，模擬

第8章 教育実践力育成に資する模擬授業教室の開発

授業の効果検証等の研究は日本教育工学会でも数多く蓄積されており，論文にもまとめられている。しかしその一方で，その「実施環境」について言及されることはほとんどない。マイクロティーチングの効果検証等に関する各先行研究から，教室環境について詳細に述べられたものはみつけられず，学内の講義室を用いて，机・椅子，黒板と教卓といった基本的な教室備品の配置などが記述されているにとどまっている。

よって，模擬授業教室の開発は，独自のリサーチや設計意図によって行うこととなった。以下に模擬授業教室に求められた要件と，教室環境のリサーチ結果および模擬授業教室開発の経緯を示す。

8.3.1 模擬授業教室の要件

模擬授業教室の開発にあたり，8.2.1ではその基本原則を示し，8.2.2では実習校から寄せられた学生が事前に備えるべき能力を示した。その他にも，「授業観察時における分析的な視点が足らず，問題意識が低い」「教材教具等の作成における工夫が足りない」「ICT機器の効果的な活用方法を事前に学んできてほしい」など，教育実践力の向上に関する課題は多い。そこで模擬授業教室の開発に際しては，先に述べた構想段階での基本原則をふまえつつ，以下の5点を最終的な目的として設定した。

① 児童・生徒役の学生が，その役になりきれるような教室の雰囲気とその臨場感を再現すること。
② 教師役の授業進行上必要な教具・教材，生徒役に必要な教材・文具が揃えられていること（＝実際に普通教室で行われているあらゆる授業が実現可能であること）。
③ 学級経営のノウハウを学んだり，教材教具の作成の場となること。
④ 学生の観察眼や授業の分析力を養い，問題意識を高めること。
⑤ 教師役にはデジタル教材の提示ができる常設環境が利用でき，児童・生徒役にはモバイル端末1人1台体制での利用ができること。

8.3.2 普通教室のリサーチ

　学内に「小学校の通常の普通教室」を再現するために，まずは一般の公立学校の普通学級のリサーチを行った。2010年度に訪問する機会のあった県内外の12校（計24教室）の普通教室を対象に，教室内の設備・備品・教材・教具・掲示物等についてリストアップした。ただし，教室内物品の管理・所有形態には学校や担任によって大きく異なるため，分類が困難であった。よって，ここで示した表8-1は一つの分類モデルを示したものとして扱いたい。

　まず，担任裁量に関係なく普通教室に共通にあるもの（通常は，担任が学級移動してもそのまま教室に残るもの）を「学級内備品（学級内固定品）」と分類し，主に担任裁量によるもので，進級時に担任が学級移動した場合に一緒に移動するものを「学級経営・授業用教具類」とした。

　さらに，児童・生徒が教室内において個人で用いるものとして「（児童生徒個人用）教具・教材・文具・材料等」と，教室内壁面に貼られる「学級内掲示物」というカテゴリをそれぞれ設けた。視聴覚機器やICT関連機器については，「固定設備」と「移動できる教具」の中間的な位置づけとして，これを別のカテゴリに設定している。これらをまとめたものが表8-1である。なお，和歌山大学の模擬授業教室には，表8-1中の給食配膳台が教室スペースの都合で設置できなかったが，それ以外の物品はすべて常備することとした。

8.3.3 教室内の掲示物の分類とその重要性

　表8-1中の「学級内掲示物」については，各学級での扱いの差異が大きく，担任の個性や学級経営の工夫が最も垣間見えるものであるといえる。つまり，この学級内の掲示物から，学級経営のビジョンや授業観がうかがえることとなり，その内容や貼り方で，学級内の様子が一変することとなる。ここでは，教室内の掲示物を便宜上以下の①～④のように分類し，模擬授業教室にもできるだけ本物の学級に近い掲示物をバランスよく揃えることとした。

　この教室内掲示物の分類について，①の「学級運営上の掲示物」は教室前面に，③の「学習成果物」は教室の後面，④は前面・後面の隅に掲示される傾向がみられた。①の「学級運営上の掲示物」のa）～d）については，少なくとも

第8章 教育実践力育成に資する模擬授業教室の開発

表8-1 教室内の備品・物品等の分類モデル（一覧表）

分類項目	具体物の例
学級内備品（固定品） ※担任裁量に関係なく、主に普通教室に共通にあるもの。通常は、担任が学級移動してもそのまま教室に残るもの。	黒板（チョーク・黒板消し、クリーナーを含む）、教卓、児童生徒用机・椅子、オルガン、日課・連絡スペース（黒板の左右の壁）、教壇、教師用机（担任デスク）、収納庫、ロッカー、本棚、掃除具入れ・雑巾掛け、移動式黒板（ホワイトボード）、作業用デスク・給食配膳台、洗い場（廊下の場合が多い）
学級経営・授業用教具類等 ※主に担任裁量によるもの。通常は、進級時に担任が学級移動した場合に一緒に移動することが多い。	水槽・花瓶、書類棚（主に漢字練習やドリル教材、ワークシートなどを収納するもの）、教室時計、温度計・湿度計、スクールタイマー、小黒板（主に升目等が書かれたもの）、小型ホワイトボード（グループワーク用）、コルクボード、黒板用の大型分度器・三角定規、コンパス、メートルさし、指し棒、マグネット類、学級図書や辞書・辞典類、図鑑・資料集等、学級日誌、出席簿、教師用スタンプ（ノート押印用）
ICT関係機器等 ※教室に常設されていることが多いが、個人備品である場合もあり。	プロジェクター・大型テレビ（電子黒板等を含む）、実物投影機、デジタルカメラ、教師用PC（各種デジタル教材、ソフトウェア類を含む）、プリンタ複合機、CDコンボ、スピーカー、DVD・BDプレイヤー、スクリーン
（個人用）教具・教材・文具・材料等	ねんど、クレヨン、絵の具セット、スケッチブック、色画用紙、付箋等、書道セット、算数セット、ピアニカ、リコーダー、その他文具類や工作工具セット等
学級内掲示物	学校・学級運営上の掲示物、学習用掲示物、学習成果物等
その他（一時利用教具・教材等）	掛け図、地球儀、立体モデル、指導用そろばんなど一時的に資料室からもってくるもの

1つは、調査したすべての学級で確認することができたため、国内の小・中学校ではスタンダードな掲示物であるといえる。

【教室内に貼られた掲示物の分類】

① 学級運営上の掲示物

　a）学校目標・学級目標（学校訓・学級訓）・スローガン

　b）校則・学級ルール（○ヶ条等の決まり事等）・標語

　c）時間割・当番表・委員会所属・日直の仕事

　d）各種お便りや○○通信、学校新聞

② 学習用掲示物（公式や新出漢字、地図、必須暗記事項、学習履歴等）

③ 学習成果物（絵画・書道作品，作文，壁新聞，観察・スケッチ等，読書カード，ポートフォリオ）

④ その他（各種団体から配布される啓発ポスター，市町村から配布される公刊物等）

なお，②の「学習用掲示物」については，全く掲示されていない学級から，側面にびっしりと貼られている学級もあり，その数や貼られている面積の差が非常に大きい掲示物であるといえる。③の学習成果物については，単に並べて掲示しているものから，各作品にコメントが付加されて掲示しているもの，透明なフォルダに重ねて入れていくもの（観察記録のポートフォリオ的な使い方）まで多種多様である。

つまり，②や③には特に担任の授業方略上の意図が色濃く込められており，その掲示内容や貼り替えのタイミングなどは学級経営の経験によって培われ，蓄積されていることがわかった。これはマニュアル化されたり，計画書があるわけではないが，担任による「経験知」として継承されているといえる。

たとえば，②は基本的な公式や漢字などを掲示している場合，低学力層の児童向けの学習支援を意図していることが多い。一方，「学習履歴」を掲示している場合は，長時間の単元構成において，授業の位置づけやプロセスを確認させたいといったように，そこには必ず授業者の意図が込められているといえよう。

このように，掲示物から授業者の意図を読み解き分析することは，授業実践力を高める上で有効的であり，授業参観の際に教室内の掲示物をきちんと記録してきたり，授業実践と掲示物の関係性を見出すことにもつながる。

学級内の備品や教材教具，掲示物等の観察眼を鍛えることは，授業参観をより充実したものとするとともに，分析の視点を幅広くもち，授業者の学級経営上の戦略や，児童・生徒らの学習状況を把握する上でも重要である。

以上のような点から，学級内掲示物を模擬授業教室に移設するメリットは「教室雰囲気の再現」という単純なものではなく，学生に対して多様な授業分析の視点をもたせることや担任の学級経営上の意図への気づきを促すと考えら

模擬授業教室には，これらの学級内掲示物を数多く移設しており，ここから学級経営上の意図を推察する機会を設けている（図8-5）。実際の教職系科目「教育実践学入門」や「教育実践学基礎演習」では，模擬教室内の掲示物を参照して，それらの授業者の授業実施上の工夫や意図を推測する取り組みを行っている。

図8-5 さまざまな学習履歴を蓄積。中央にはマインドマップが，奥側には校区地図があり，成果物から授業内容・目的を予想させる。

これらの学級内掲示物等の入手については，学期末の掲示物張り替えの際に各学級担任からいただいたものである。なお，各掲示物には，児童・生徒の個人情報が掲載されている場合があるため，ぬりつぶす，切り取るといった配慮を行っている。また，学習の成果物は，「児童・生徒の著作物」として扱い，大学に移設する際には，担任教員から児童・生徒らに許可を得るように打診してもらっている。

なお，学級経営上のノウハウ・授業の工夫が詰まったともいえるこれらの掲示物は，従来はすべて廃棄されていたものである。教員養成系学生の教育実践力向上の指導に活かせる「教材」が処分されてきたといってもいいだろう。ベテラン教員の経験知が込められた掲示物や学習履歴・成果物をどのように次世代に継承していくかは検討すべき事項であると考えられる。

8.3.4　木質の床から教室環境への問題意識をもたせる

当模擬授業教室は，もとはコンピュータ教室であったために，床下配線となっており，床面はカーペット様式であった。ここを，一般の学級でよくみられる木質のフローリングに改修するには，施設管理上の許可を得ることが必要であり，その施工は各種の手続きや予算面での困難があった。

そこで，ホームセンター等で売られているフローリング用材を教室面積分購入し敷き詰めることで，教室の雰囲気に近い木質の床面を再現することにした。

なぜ，木質の床面にこだわったかについてはいくつかの理由がある。まず，松浦ら (2001) は，校舎の教育上の効果について調査しており，木質の校舎や教室の利点を述べているが，インタビュー調査において木質の校舎・教室に関する優位性を明らかにしている。他の研究結果からも，調湿効果が高いことや急激な温度低下を和らげるといった科学的な見地に基づいた検証（橘田 2003）や，心理的な面（情緒の安定等）でも効果が認められている（高橋 1993）。

よって，模擬授業教室においては，床面だけでも木質として，教室雰囲気の再現性にこだわるとともに，木質の教室における教育効果についても学生らの目を向けさせたいという考えがあった。児童・生徒らの過ごす教室や校舎の環境がいかに重要であるかを認識し，その点にも配慮を行えるよう，教員養成段階からの意識づけを目的としている。

将来，ここで学ぶ学生らも，担任として教室環境整備に関わることや将来的に教育委員会・教育行政等もしくは学校の管理職として校舎設計に関わることもあるだろう。その際に，心情的な面で「木のぬくもり」といった効果を示すだけではなくて，科学的な根拠や調査結果をふまえた上での議論ができるきっかけとなりうることを期待した。そもそも，そういった学習環境に関する研究が存在するといったことも知らずに教師になっていくケースも多いため，その意識づけを行う意味もこめて，「木質の床」にこだわり，児童・生徒らの発達において最適な環境を考えさせるきっかけづくりとしたのである。

8.3.5 教室内の ICT 環境整備

模擬教室内の ICT 設備についても，実際の教育現場を想定して整備を進めた。まずは，黒板に向けて投影するプロジェクターと黒板貼り付け式のマグネットスクリーンおよび教室前面に黒板を避けるように設置した IWB（インタラクティブホワイトボード＝電子黒板）そして実物投影機を整備することとした。

これは，「教育の情報化の手引き」（第 8 章　学校における ICT 環境整備）や野中ら (2009) の調査研究による日本の普通教室に求められる ICT 環境の理想形態から検討した結果である。つまり，ICT 機器が板書と連動して使用さ

れるケースが多いこと，常設状態にあることが最も活用頻度や学習効果が高いことに着目した結果である。

プロジェクターに関して，1つ目は黒板の一部にマグネット式のスクリーンを貼り付けた上で画面を投影する形式，2つ目は黒板横の電子情報ボードに画面を投影する形式の両方を導入したが，これらを同時に使用することは想定していない。教師役の学生が使い勝手のいい方を選択して使えるようにした。

なお，和歌山大学教育学部附属小・中学校は，黒板を撤去してすべてホワイトボードに置き換わっており，そこにプロジェクター画面を直接投影する方式が日常化している。しかしながら，新設校や統廃合による新整備校の環境を調査しても，ホワイトボードに置き換わっている例は極めて稀であるため，模擬授業教室にはあえて通常の黒板を設置した。

なお，教師用 PC には，各社のデジタル教科書サンプル版を整備したり，教室前面の保管庫には，タブレット PC やモバイル情報端末を準備し，1人1台体制での利用を想定した授業も実践できるようにした。これは，2011年に出された「フューチャースクール事業（総務省）・学びのイノベーション事業（文部科学省）」を意識して，「児童・生徒1人1台体制（One to One）」の下での指導力をつけさせることも視野に入れた結果である。

8.4 模擬授業教室の活用

8.4.1 模擬授業用評価シートの作成

まず，模擬授業で向上する「実践力」の限界はかねてから指摘されてきた。基本的な授業スキルを評価したり，授業進行のシミュレーションはできても，児童・生徒の反応を模擬授業で再現したり，グループワークでの協議進行を再現することなどは非常に困難である。そのため，模擬授業の評価の際には，その限界を見極め，通常の教育実習や参観授業とは異なる，「授業評価シート」が必要である。

三尾ら（2010）は以下のような13項目からなる模擬授業評価の観点を定めているが，基本的な授業スキルを中心にシンプルな項目にまとめており，短時間

のマイクロティーチングでも評価可能なように配慮している。

> ※三尾ら（2010）によるマイクロティーチングの評価項目
> ①声の聞き取り易さ，②話す速さ，③言葉使いのやさしさ，④黒板の字の見やすさ，⑤板書内容が適切，⑥生徒観察，⑦意図の明瞭さ，⑧板書・発問・指名等のタイミング，⑨ていねいさ，⑩わかりやすさ，⑪やる気，⑫落ち着き，⑬計画性

　このすべての項目は，対峙する用語を当てはめることができるために，たとえば，【声が聞き取りにくい ─┼─┼─┼─┼─ 聞き取りやすい】のように評価項目を設定し，一回目と二回目の自己評価を同一のシートに書き込むことで，それぞれの評価項目の差異が把握しやすくなっている。

　和歌山大学でも同様に，授業中の指導技術中心の評価シートを独自に作成してきたが，授業進行の適切さや教材提示などの評価が必要なことも多く，さらに模擬授業用教室内では「児童・生徒役のなりきりレベルが上がる」ということから，机間指導や児童生徒役との応答といった観点も評価に加えてきた。最終的に，図8-9のような12項目からなる授業評価シートとなっており，通常は4件法での評価を実施している。

　模擬授業の基本的な条件は，「一斉指導の形態」で，教科書・ノート・ワークシート等を用いた15分程度であり，評価できるポイントは限られてくる。残念ながら，「児童・生徒同士の話し合い活動での学習の深まり」といったよう点は評価しづらいため，ここでの評価項目にはあえて設定はしていない。

　あくまで，基本的な授業実践・展開のためのスキルやスタンスを評価することを主な目的としている。

　模擬授業の目的を焦点化して，「教育実習への備え」であるとした場合，「最低限これだけは理解し，意識的に実施できていて欲しい」という教育実習指導担当教員の要求を満たすことが前提であると考えられる。そこで，図8-9の評価シートの項目設定にあたっては，実習協力校から寄せられた「最低限必要な授業実践上の能力」をもとに検討を加え，図8-9の①～④は個人のパフォーマンス的な面，⑤～⑧は児童・生徒役との関係性が重要視される面，⑨⑩は授

第 8 章　教育実践力育成に資する模擬授業教室の開発

模擬授業用自己評価シート（授業スキル編）※主として一斉授業形式用

[1] 授業を振り返り、以下の①〜⑫の項目を4観点でチェックしてください。

	大変そう思う	少しそう思う	あまり思わない	全くそう思わない
① 児童生徒全員とアイコンタクトが取れていましたか（テキストやワークシート、黒板に顔を向けて、下を向けるだけになっていなかったか、全体を見て話せていたかをチェックしてください。）	4	3	2	1
② アクション（身振り・手振り）が内容におおわせてできていましたか（教卓前や席に座ったまま、静止してはいなかったか、強調したい点には、身振り手振りを加える、指差す、ジェスチャーするなど、ダイナミックな動きをつけましょう。）	4	3	2	1
③ 話すスピード・間の取り方が適切でしたか（対象とする学年が充分理解できる程度の速度で、且つ区切りをきちんとつけていたか、早口ですべってしまうよりは、要点をおさえて説明した内容を心がけましょう。）	4	3	2	1
④ しゃべり方・声の大きさ・抑揚などは、意図して配慮・工夫をしていましたか（基本は標準語で丁寧なしゃべり方を心がけますが、時には抑揚をつけて強調する点を明確にしたり、ユーモアを交えるしゃべり方で飽きさせない工夫も必要です。）	4	3	2	1
⑤ 指示・命令を適切に伝えることができていましたか（資料の○○を見てください、など、受講者を混乱させないための指示が適切に配慮されているか、こちらを向いてください）	4	3	2	1
⑥ 発問（児童生徒との問答）が必要に応じて取り入れられ、その発問内容・指示が的確でしたか（一方的に情報を流すだけではなく、考えさせる場面を意図的に設けていますか。）	4	3	2	1
⑦ 児童生徒からの回答や発言などへのフォローやリアクションが適切にとれていましたか（発問に対しての回答すべてに何らかの反応をしてください）	4	3	2	1
⑧ 児童生徒全体の状況や個々の様子を把握し、それに対してのなんらかのフォローやリアクションが取れましたか（ちょっとうとうとしている子、うなずいている様子を捉える、感度を褒める等）	4	3	2	1
⑨ 導入部分で児童生徒数を引き付ける・注目させる工夫を行いましたか（導入）は身近な話題を提供して親近感、一体感を持たせる場面、「今日学ぶことの重要性」などを訴える重要な場面です。	4	3	2	1
⑩ 最初に授業の目標を明確に伝えましたか（最初に、できるだけ簡潔に本時の達成目標や注目すべきポイント、終了までの流れなどを述べ、受講者に「見通し」をもたせてください。）	4	3	2	1
⑪ 板書の文字はわかりやすく書かれていましたか。また、黒板スペースの使い方を含め、児童生徒がノートやワークシートに書き写すことを前提に、計画的に書かれていますか。	4	3	2	1
⑫ 掲示物や提示物（実物）などが、必要に応じて作成され、それが児童生徒の学習を進める上で、思考や理解の支援に役立っていますか。	4	3	2	1

[2] 自由記述で総評してください。

学籍番号（　　　　）氏名（　　　　　　　　）

図 8 − 9　模擬授業用自己評価シート（※一斉指導形式用）

出典：筆者作成。

業進行に関わる面，⑪は板書全般，⑫は教材利用・作成の適切さ，といった多様な面を評価できるように設定した。

なお，教育実習入門Ⅰ（模倣授業），教育実践学基礎演習，児童教育実践演習，各教科教育法，教育実習事前指導，教育実践演習等で実施される模擬授業は，基本的にこの評価シートもしくはこれらの縮小・派生版を用いており，評価の共通性をもたせている。

8.4.2 『師範授業』の場

模擬授業教室は学生の実践力向上の場以外にも多様な用途があり，その一つに「師範授業」を実施する場としての活用が挙げられる（図8-10，8-11）。

図8-10 模擬授業教室における元教員による「学級びらき」のコツの実演と解説。

図8-11 指導主事による「修正授業場面」の実演。学生の模擬授業のあと，「私だったらこのようにやります」と，修正された授業場面を即興で実演していただく機会。

教員と児童・生徒が初めて教室にて対面する「学級びらき」は非常に重要であることはいうまでもないが，教育実習生が学級びらきを参観するケースはないに等しい。この場面は，教師の個性や教育観が色濃く出る場面であり，マニュアル化したり，授業技術の一環として紙面で指導できるものでもない。新任教員にとっては，授業よりも前に行う業務でありながら，そもそも何をすればいいのか，何をその場で決めたり，意識づけをさせておくのかさえも指導されていないことも多い。よって学級びらきを，このような実演を通じて学び，それが今後の学級経営上どういう効果をもたらすのかを考える機会は，教員養成の最終段階では重要であるといえよう。前述には，模擬授業教室の学校内掲示物から学級経営上の意図を予想するといったことも可能であるとしたが，ここでは「模擬学級びらき」によって，これまで教育現場での経験的な積み上げが必須とされてきた学級経営上のノウハウを学ぶことも可能になったともいえる。

8.4.3　学生の「ICT活用指導力向上」の場
　学生の「ICT操作能力」の獲得はそれほど難しいことではない。基本的な操作説明をすれば，一通りの機能を使いこなすことができる。しかしながら，ICT機器の操作ができることと学習効果を高める活用ができるかは別である。一連の授業展開の中で，どの場面でどのように使えば効果的か，発問にどう絡めるのか，発想を深めるために教材の見せ方は適切かといった点などはやはりきっちりと指導する必要があるといえるだろう。これは，ICTに長けた学生ほど，作り込まれたプレゼンテーションスライドを用いて一方的な説明をして終わるといった授業まがいなものを実施して，児童・生徒役の学生から「わかりやすい」という誤った評価を受けることもあるからだ。たとえば，電子黒板の活用場面では，作り込まれた教材よりも一枚の写真や白地図がより児童・生徒らの思考を深める場合もある。操作がわかっていても，教材が揃っていても，それをどのように提示して，何を児童・生徒に考えさせるのかといった場面は，やはり見本となる実演を真似てやってみせることが効果的であるといえる（図8-12，8-13）。

図 8-12 教育実践総合センター専任教員による電子黒板を効果的に活用した授業実演の様子。最初にスタンダードな見本を示し、同じ動作を学生にもさせてみる。操作技能の習得だけではなく、授業の一場面として実施し、その学習効果も検討する。

図 8-13 学生による電子黒板の効果的な学習場面の提案。短時間ながらも、授業形式で実際の発問なども想定して実施させている。操作技能に加えて、発問やその提示のタイミング、指示・説明などとの連動を重視して評価を行う。

なお、筆者らは、2004年度からすでに「模擬授業を取り入れた ICT 活用指導力」の育成に取り組んできた経緯があり（豊田・野中 2004）、模擬授業教室の開発時から常に最新機器を活用できるように整備を進めてきた。2012年度からは「モバイル端末を教材提示用機器として活用した授業」や「モバイル端末1人1台体制下における授業」が可能となり、専攻専門科目「教師のための ICT 活用」の中に、これらの活用を取り入れた模擬授業を課している（図 8-14、8-15）。

小清水ら（2012）の ICT を活用した模擬授業の検証研究においては、「（ICT 活用の）目的を間違えると逆効果になる」「ICT 機器に頼り教材を工夫しなくなる危険性」などが学生の気づきとして促されたとの報告があるが、こういった実感を伴う経験は模擬授業ならではであろう。

8.4.4 「呼び込み型教育実習」

当模擬授業教室に慣れ親しんだ学生らは、ここがいわゆるホームとなり、教

第 8 章　教育実践力育成に資する模擬授業教室の開発

図 8-14　学生によるモバイル端末活用（教師が提示用として活用）の模擬授業の様子

図 8-15　学生による「モバイル端末 1 人 1 台体制」の模擬授業。児童生徒役の学生もモバイル端末を持って授業を行う。

育実習先がアウェイとなる。この「ホームグラウンド」としての模擬教室では，学生自ら各種教具・教材が準備できたり，授業シミュレーションを行えるため，安心感をもって実践できることとなる。よって，この場に児童・生徒らを招くことで，学生らは事前準備を万全に整えた状態で授業ができるようになる。

そこで，和歌山大学地域連携・生涯学習センターが主催する「まちかど土曜学校（小学生）対象：小学 4 ～ 6 年生」と連携して，土曜日に児童らを模擬授業教室に招き，学生主導による授業を実施してきた（図 8-16）。平成26年度は，5 回分を 1 期として，年間 4 期（計20回）を実施し，参加小学生はのべ396人，土曜楽交に関わった学生はのべ93人となった。これを「呼び込み型教育実習」（豊田 2015）として，学生らの教育実践力向上の取り組みとして位置づけた。

159

図8-16 模擬授業教室に，児童らを招いて実施する「土曜学校」の様子。学生が授業を企画・実践する。

「土曜学校」は，外向けには「楽交（がっこう）」という造語を用いている。これは，通常の学校ではなくて，教科の枠にとらわれず，知識の習得に偏らず，「楽しく学ぶこと」を基本としており，一人で学習するのではなく，先生（大学生）や友だちと交流しながら学ぶ，普段学校で触れられないような教材やモノ（実験器具等）との関わりを大切にしながら進めるという意味を込めた造語である。

平日の学校との差異を出すためにも，「教科書は使わず，身近な生活や地域をテーマにしたオリジナルの教材を使って学習を進める」ことを原則に，児童らの興味・関心を引き出す学びを目指している。ここで先生役を務めるのは，将来教師を目指す教育学部2～3回生を中心とした学生グループであり，授業設計のプロセスや教材作成，授業設計，児童・生徒とのコミュニケーションの取り方などを学ぶ場となっている。

授業設計や教材研究においても学生らのチームワークが必要であり，学生相互の学び合いがみられる。特に，1週間以上をかけてじっくりと授業準備や練習ができること，振り返りの時間がゆったりともてるなど利点が多い。

通常の教育実習との大きな違いは，一定の失敗が許される場であり，保守的な授業よりは挑戦的な授業を評価している。また，ティーム・ティーチングでの実施を原則とし，グループ形態による協働的な学びを重視し，児童らをいかに活動させることができたかに重点を置いている。

8.4.5 教材・教具作成の技能向上とその試行の場

本来「教材」は教える学習内容であり，「教具」は教材を教えるための具体物であるが，教育現場では混同して使われている場合が多く，その両者をきちんと切り分けて説明できる学生は少数派であるといえる。

第8章 教育実践力育成に資する模擬授業教室の開発

図8-17 材料や道具を常備し，作成した教材・教具（提示物等）をその場で試すことができる。

図8-18 学生自作の「県パズル」。教材・教具について専門的に学ぶ講義・演習やその実技を学ぶ機会は少ない。

いずれにせよ，教材・教具を作成する技能向上（厳密にいうと，教材を適切に，効果的に指導するための教具作成の技能）に特化した教職科目はなく，教育工学分野では定番ともいえる「ARCS モデル」（魅力的な教材かを判断するための指針）等を学ぶ機会にも恵まれていない。模擬授業の際には，適切な教材を選んでいるか，その指導のために効果的な教具（提示・掲示物や具体的物等）を作成しているかといった点を評価しているため，こういった技能を基礎から理論的に学ぶ場も必要であるといえる。

そこで，模擬授業用教室には，「教材・教具作成工房」の役割をもたせている（図8-17）。隣接する場所に各社・各校種の教科書・指導書を保管している資料室があり，模擬授業教室内には教具作成のための材料や道具を揃えた。粘

土や竹ひご，針金，絵の具，画用紙・模造紙，発泡スチロール，木材，パネル，コルクボード，マグネットシートなど校内で使用されることが想定される材料類を揃えるとともに，ヒートカッターやノコギリ，ハンマー，カンナに至るまでの道具類を常備している。

これによって，作成した教材・教具を模擬授業教室にて即試行し（図 8 - 18），どういった提示の方法が適しているか，児童生徒らの学習の支援につながるかをシミュレーションし，改善していく場としても機能できている。

8.5 「児童・生徒役」の育成と模擬授業教室の必要性

本来，模擬授業は教師役の学生の実践的力量を向上させることが主目的ではあるが，当然ながら模擬授業全体の時間としては児童・生徒役に徹する時間のほうが長くなる。教師役の学生の模擬授業を評価するためにも，一定の児童・生徒役の人数が必要ではあるが，その評価が適切なものでなければ模擬授業の意味をなさなくなる。よって，「教師役に向けての児童・生徒役からの授業評価」を適切に行うことと同時に，「児童・生徒役に対して，子どもになりきる指導やその評価」も実施するべきであると考えられる。

たとえば，外部から講師（退職校長や指導主事ら）を招いて行う模擬授業の際には，児童・生徒役の学生に対して，「小学校 5 年生ではそんな発想はしない」，「そのワークシートの欄を記述するのに本当は 5 分では足らない」といった指摘がなされる。教師役の学生に向けては，「今回の模擬授業ではうまくいったが，その指示では，低学年の児童には通用しない」といった指摘もある。

児童・生徒の発達段階を捉えていない，つまりその学年になりきることができなければ，学内で模擬授業を続けても同じ失敗を繰り返すだけである。よって，学生らが附属学校等に参観授業に出向いた際には，授業を記録すると同時に，児童生徒の状況（発言内容，作業速度，物事の認識レベル等）に目を向けるような指導を徹底することが重要であるといえる。

さて，本章では，模擬授業教室の構想・開発・活用について述べてきた。模擬授業教室は，模擬授業の円滑な実施場所という役割だけではなく，通常の学

校から移設した本物の教室内掲示物や学習成果物に目を向けさせることで，本来は現場でしか学べないと考えられていた学級経営や学習方略等の一端を垣間みることもできるようになった。さらに，『師範授業』の実演，最新デバイスによるICT活用指導力の育成，教材・教具の作成と試行，大学周辺の学校の児童を呼び寄せての土曜学校の取り組みなど，「場所」（環境）があるからこそ着想したり，実践可能となったことも多々ある。

この場で学生らが，児童・生徒役になりきることができるのは，やはり「模擬授業教室」の環境的な影響力が大きいことは確かである。子どもらしい意見を述べたり，元気よく挙手するといったことは，普段の大学講義室では心情的に難しい。童心に返るためにも「学校の教室」は必要であろう。

なお，この模擬授業教室は，20以上の教室をリサーチした結果，その「いいとこどり」をした環境を構築しており，教材・教具や掲示物は各教室の集大成ともいえる。これは一種の理想的な教室環境でもあり，現職教員にとっても1つのモデル教室として参考にされている。

以上のようなことから，模擬授業教室とその活用については，その効果検証を行ったわけではないが，状況証拠からでも学生らの教育実践力向上に寄与していることは確かであろう。今後も，理想の教室環境の構築を目指し，筆者の「模擬授業教室における学級経営」を続けていきたいと考えている。

参考文献

藤川聡・水上丈実ほか（2015）「マイクロティーチングの教育効果に関する一考察——教職大学院における協同学習の事例より」『北海道教育大学紀要　教育科学編』65(2)：201-211．

橘田紘洋（2003）「木造校舎と教育　〜子どもの心と体によい木の学びの舎〜」http://kizukai.pref.shizuoka.jp/about/event_01.html

小清水貴子・大石智里・藤木卓・寺嶋浩介・室田真男（2012）「教員養成課程におけるICT機器を活用した模擬授業の実践と学生の意識の変容」『日本教育工学会論文誌』36(Suppl.)：69-72．

前原武子・平田幹夫・小林稔（2007）「教育実習に対する不安と期待，そして実習のストレスと満足感」『琉球大学教育学部実践総合センター紀要』14：211-224．

松浦義満・池際博行・髙井一治（2001）「和歌山県における木造校舎に関する調査研究

(2)──木質環境が児童生徒に及ぼす教育効果について」『和歌山大学教育学部教育実践総合センター紀要』11：77-85.
三尾忠男・牧野智知（2010）「私立総合大学教員養成課程におけるマイクロティーチングの導入」『早稲田教育評論』24(1)：159-167.
文部科学省（2011）「教育の情報化の手引き」（第8章　学校における ICT 環境整備）
文部科学省・農林水産省「こうやって作る木の学校〜木材利用の進め方のポイント，工夫事例〜」

http://www.mext.go.jp/b_menu/houdou/22/05/attach/1294191.htm

野中陽一・石塚丈晴・高橋純ほか（2009）「普通教室で ICT を日常的に活用するための環境構成に関する調査」『日本教育工学会論文誌』33（Suppl.）：129-132.
鈴木克明（2002）『教材設計マニュアル──独学を支援するために』北大路書房.
高橋丈司（1993）「生徒の情緒不安定性についての校舎環境（木造・鉄筋）の違いによる比較──教育効果に及ぼす学校・校舎内環境に関する研究Ⅶ」『愛知教育大学研究報告，教育科学』42：55-64.
豊田充崇・野中陽一（2004）「『模擬授業』を取り入れた実践的教職授業カリキュラムの構築──『(教科または教職科目) 学習指導におけるコンピュータ活用』を通して」『和歌山大学教育学部教育実践総合センター紀要』14：217-225.
豊田充崇・後藤千晴（2013）「『まちかど土曜楽交』の成果と課題」『地域連携・生涯学習センター紀要・年報』12：91-95.
豊田充崇（2015）「教育学部学生の教育実践力向上を目指した小規模学校における滞在型教育実習・体験活動の成果と課題」『和歌山大学教育学部附属教育実践総合センター紀要』別冊：1-9.

第9章

オンライン授業研究のシステム開発

鈴木真理子・永田智子・小川修史

9.1 時代的要請としてのオンライン授業研究

教師のライフステージに応じた教師の「専門家としての成長（Professional Development）」を保障するために，わが国には大別すると2種類の現職教員の研修・研究会がある，と考えられる。

一つは，各都道府県・指定都市教育委員会や国主導の現職教員に対する研修である（表9-1）。これらの研修は，①教師のライフステージに応じて内容が変化し，授業に関する研修については10年経験者研修を境に，その機会が少なくなる。②教職経験者研究は主に，現職教師複数名に対して講師（現職教師や元教師や大学教員など）が講義や演習の形式で実施する傾向がある。この他，長期社会体験研修や大学院修学休業制度など，異なる職能集団と交流する機会も用意されてきている。もう一つは，校内研修，教科別研究会（全国，各都道府県，各学区，学内）・自主研修・研究会と呼ばれ，主に現職教師のグループが主導するものである。社会的に緊急な課題から日常的なものまで，多様な課題の中から目標が決められ，授業研究を核として，授業やカリキュラムについての研修・研究会が，協同で実施されてきた。前者がどちらかというと官主導であるのに対し，後者は比較すると教師主導ということができ，これら2種類の研修・研究会が補完し合い，日本の教師の成長を支援してきている，といえる。

授業研究は，授業改善や教師の授業力量形成などを目的として実施されるものであり，日本の小中学校ではあたりまえのように実施されている。この「教師が複数名（グループ）で授業について研究する」日本の教師による自律的な

表9-1 現職教員の専門性向上のための制度（研修制度）

初任者研修		指導教員の指導・助言による校内研修（週2日・年間60日程度）及び教育センター等における受講，他校種参観，社会教育施設・社会福祉施設等の参観，ボランティア活動体験等の校外研修（週1日・年間30日程度）	各都道府県・指定都市教育委員会
教職経験者研修[注]	5年	主に教科指導	全県市
	10年	主に教科指導・情報教育	49県市
	15年	主に生徒指導・教育相談	19県市
	20年	主に学校経営・情報教育	9県市
中堅教員研修		職能に応じた研修としての主任研修・教科に関する専門的な知識・技能を身に付けることを目的とした専門研修など	各都道府県・指定都市教育委員会（中央研修講座：国）
管理職研修		校長，教頭及びそれらの候補者対象	各都道府県・指定都市教育委員会（中央研修講座：国）

注：各都道府県・指定都市における教職経験者研修の実施状況は，平成12年度小・中学校教諭，59県市中
出典：文部科学省（2002）より作成．

　授業研究（Lesson Study）が，日本の教師の「職能成長（Professional Development）」を支援する社会的装置であると，米国の研究者らから指摘されている（Stigler and Hiebert 1999；Lewis and Tsuchida 1997；Fernandez 2002；吉田 2002）。だが，近年では日本における授業研究の文化そのものが衰退し，日本の教師の授業に関する学習機会は減少しつつあると指摘されている（千々布 2005）。筆者らが現職教員に行ったインタビュー調査からも，授業改善に熱心な教師でさえ，他の教師らと授業について学び合う機会を維持し続けにくいことが確認されている。主な要因として，授業研究は複数の教師が同じ場所に同じ時間帯に会するという空間的・時間的制約が挙げられる。年々，教師は校務で多忙化し，教師らが平日の日中に授業研究を行うことが難しくなってきている。また，授業研究のために集まることはできても，十分な時間を確保することができないため，深く細かな議論に至ることは容易ではない。さらに，教職経験10年以上の教師の授業を検討する授業研究が行われない傾向にある中，若手教師がベテラン教師の授業改善過程を観察する機会も減少している。

第9章　オンライン授業研究のシステム開発

表9-2　教師支援Webの事例

北米	Tapped In	SRI	研修センターの建物を模したインターフェースを有し，会議室では他の教師と議論したり，資料や議論の履歴を閲覧したりできる．新参者が運営側に回っていくこともある．
	WIDE World	ハーバード教育大学院	オンラインでの文献購読，リソース・ライブラリーの閲覧，非同期のディスカッションが可能で，専門のオンラインコーチにサポートされながら，教師が教育モデルを学べるようになっている．
	WestEd	NPO法人	幼児から大人までの学習を改善するための研究・開発・サポートを総合的に提供する．400以上のプロジェクトが展開している．
	KEEP toolkit	カーネギー財団	教師が授業を記述し，振り返るための知識ベースを構築するオンラインのツール群で，教師が表現した授業やプロジェクトをsnapshotによって他の教師と共有し，相互作用できる．
日本	Teacher Episode Tank	中原らチーム	それまで電子メール上で行われていた教師の議論・対話を整理して関係づけるため，電子掲示板に書かれたメッセージの関係を可視化する機能をもつ．
	eCC	木原	「総合的な学習の時間」のカリキュラム・コーディネータの力量を高めることをめざし，同じような立場にある教師らや経験豊富な教師らと交流するために，集合研修，電子掲示板，テレビ会議システム等を組み合わせ，ファシリテータが議論を導く．

出典：酒井（2007）より．

　こうした課題に対処し，現職教師のグループによる研修・研究会を支援するために，インターネットの活用が模索されている。教師の職能成長を支援するWeb環境（教師支援Webと称す）は北米から世界に波及し，膨大な数になっている。支援のあり方も，教材・情報提供や，調査・コンサルテーションの提供，オンライン・コースやコミュニティの構築・運営など多岐にわたる（酒井2007）。北米の代表事例と日本の事例を表9-2に示す。これらの事例は総じて，Webベースで教師の学習者コミュニティを実現することによって，空間的制約の解消と時間的制約の部分的解消を目指している。この点は次節以降で紹介する開発事例と類似しているが，後述するように，教師らによる「授業研究」，中でも，日常的な授業についての深く細かい議論や，授業改善過程を観察する参加形態を保障しようとしている点が異なる。

なお本節は，鈴木・永田（2005）および鈴木ら（2010）を元に再構成した。

9.2 開発事例（1）——Web ベース授業研究プログラム eLESSER

本節では鈴木ら（2006, 2007, 2010）の Web ベースの授業研究支援「eLESSER (LESson Study practitionER)」プログラムの実践事例を通して，空間的制約を解消し，授業についての深く細かい議論が行われた事例を紹介する。

9.2.1 eLESSER プログラムの開発
① eLESSERプログラム設計の基本方針

eLESSER プログラムの開発に際しては，スティグラーとヒーバート (Stigler and Hiebert 1999) が記した授業研究に関する8つの活動ステップ（①問題の明確化，②学習指導案の立案，③授業の演示，④授業評価とその効果の反省，⑤授業の改訂，⑥改訂版学習指導案による授業の演示，⑦再度の授業評価と反省，⑧結果の共有）を参照した。

② eLESSER プログラムの Web 環境の構成

eLESSER プログラムの Web 環境の構成は，図9-1に示すように，「トップページ」の下位に「テレビ会議」と「指導案ページ」を位置づけ，指導案ページから「授業ビデオ」をリンクした。トップページには，ステップごとに活動，日時や締め切り，その概要とテレビ会議や指導案ページへのリンク，担当者を表示した。また，トップページで現在活動中のステップを色づけすることで，参加者が eLESSER プログラムの全体スケジュールにおける位置を把握できるようになっている。

システムを用いた8つの活動の概要は以下の通りである。

ステップ1「問題の明確化」：テレビ会議システム Breeze を利用し，教師らがそのサイクルで追究する目標を決定する。会話はマイクとイヤホンを利用した音声によるやりとりを中心に行われ，筆記者（参加者の一人が役割を担う）がその内容を記録したディスカッションノートを参照することで会話を

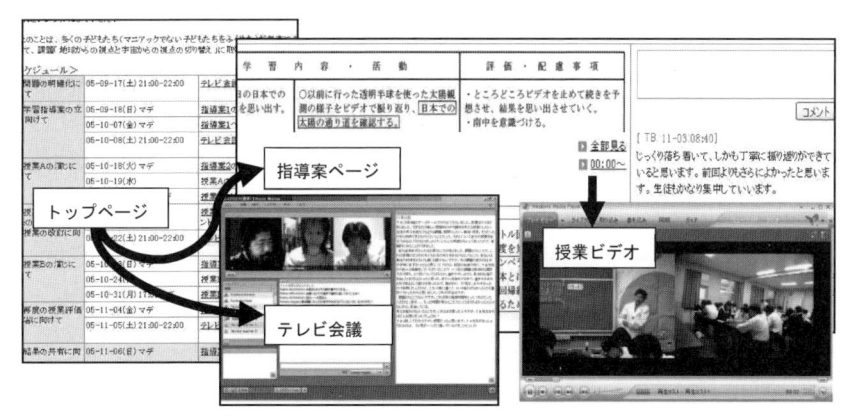

第9章　オンライン授業研究のシステム開発

図9-1　eLESSERプログラムのWeb環境

支援する。

ステップ2「学習指導案の立案」：授業を行う教師がたたき台となる指導案1を提案し，指導案ページにアップロードする。次に授業を行わない教師がそれにコメントする。その上で，テレビ会議で指導案の詳細について検討する。指導案ページは，ステップ1で決定した授業研究の目標，教師の作成した指導案や資料，コメント欄から構成される。教師の作成した指導案や資料は，ブロックという単位で分割されている。各ブロックはWeb上の編集画面から登録・編集できる。授業ビデオへのリンクやコメント欄は，ブロックごとに設置可能である。コメント欄のテキストボックスにコメントを入力し，「コメント」ボタンをクリックすると，コメントを投稿できる。コメントは，入力者の名前と時間とともに表示される。

ステップ3「授業の演示」：教師が改訂した指導案2を指導案ページにアップロードする。そして，授業者はこの指導案2に基づいて授業Aを行う。授業Aは研究者らによって撮影される。教師を中心とした映像と生徒を中心とした映像は，研究者によって2画面に編集され，指導案ページにアップロードされる。授業ビデオも指導案と同様，ブロック編集ページからアップロードすることができる。授業ビデオへのリンクをクリックすると，映像がストリーミング配信される。

169

ステップ4「授業評価とその効果の反省」：アップロードされたビデオクリップを見て，授業をしていない教師が指導案ページにコメントを書き込む，その上で，教師らはテレビ会議で授業Aの反省点について協議する。

ステップ5「授業の改訂」：ステップ4と同じ手続きで，授業Aの改善策を協議する。

ステップ6「改訂版学習指導案による授業の演示」：ステップ3と同様の活動を行う。

ステップ7「再度の授業評価と反省」：ステップ4ならびにステップ5と同様の活動を行う。

ステップ8「結果の共有」：テレビ会議での協議を踏まえ，最終成果としての指導案4を指導案ページにアップロードする。

9.2.2 eLESSER プログラムの実践

2005年10月初旬から11月中旬にかけて，eLESSER プログラムを試行した。参加者は，S県下の国公立中学校に勤務する理科教師4名であった。そのうち2名は，授業者ならびにコメンテータとして参加した。2名とも教職経験が15年以上で，教員養成系大学院で修士号を取得し，教育系学会での発表経験があり，教員養成系学部での実地指導経験のあるベテラン教師であった。また，その他の2名は，教職経験が10年未満の若手教師で，観察者として参加し，指導案ページのコメント欄への投稿はしなかった。指導案や授業を検討するテレビ会議では，大学で理科教育を専門とする研究者が司会者となって2名のベテラン教師が話し合い，2名の若手教師はその様子を観察した。

9.2.3 実践より確認された eLESSER の効果

① 空間的制約の解消と時間的制約の部分的解消

教師らの「大変効率がよいし（略），実はTB先生のときに，Oに出張していて，インターネットカフェで10時ごろから3時ごろまで，過ごしたんですけど，そういった場所でも楽しくコメントできたので，楽しかったです」（ベテランTA），「ネットに接続されたパソコンさえあれば，自宅でも学校でも会議

可能ですから，場所を選ばないのが気楽です．なかなか出張などに出させてもらうことができないのでこれ（eLESSER プログラム）は便利です．（略）メール等で時間を合わせておけば，自分たちの仕事の空いている時間で研修ができるのがとてもいいです．（略）自分にあった内容で研修ができるのがよいです」（ベテラン TB），「ビデオも好きなときに見られてよかったです」（若手 TD）といった発言から，オンライン授業研究の環境を実現することで，空間的制約を解消し，時間的制約を部分的に解消するとともに，参加者である教師がこれらを実感として抱いていることがうかがえる．

② 授業についての深く細かい議論の保障

　両教師とも相手の提案を受けて指導案や授業を改善していった．さらに，「たいてい研究会は 1 回だけで，それについて挽回のチャンスがない．お互いさまなのでほめて終わることが多くて，なかなか，すぐに改善するとなると難しい」（ベテラン TA），「完全に授業に的が絞られていた点がよかった，ここまで授業に的が絞られている研修会は受けたことがありません」（若手 TC），「研究授業のときは，研究授業用の授業が準備されているので，参考になる部分は少ない．今回のように同じ授業がよりよくなっていく過程は，授業作りにおいて大変参考になる」（若手 TD）という教師らの発言からも，過去に経験した授業研究とは異なり，授業を改善する過程を組み込んだ 8 つの活動ステップによって，授業について詳しく検討でき，学び合えたことを評価していることがわかる．この結果から，空間と時間を共有していないオンラインの環境が参加者らの深い議論の妨げにはなっていないことがわかる．

③ 観察という参加形態の保障

　観察者であった 2 名の若手教師は，「授業を細部まで分析できる．（略）ほかの先生方の授業をみることができる」（若手 TC），「自主研修の場合は日程が合えば，勉強になることも多いが，日程が合わないことが多い．Web 環境でのビデオ授業は，自分の時間で見ることができるのでよい」（若手 TD），「掲示板はたいへん忠実に話し合いの様子が残されているので，後から見てもわかりや

すいです」（若手 TD）と述べ，eLESSER プログラムが Web 環境で実現されたことで，授業者ではない観察者という参加の仕方でも効果はあると考えていることがわかった．

〈まとめ〉

このように，eLESSER プログラムは，従来の対面型の授業研究とは異なり，空間的制約の解消と時間的制約の部分的解消や，授業についての深く細かい議論を保証するものであった．このプロセスを通して教師らの指導案は改善され，またその際，教師は授業についてリフレクションしていたことなどもわかった．さらに，若手教師は，ベテラン教師による授業改善過程を観察することで多くを学ぶなど，新しい授業研究の手法として有効であることが確認された．ただ，このプログラムにおいて，特にテレビ会議での議論の有効性が示される一方，数名の参加者にもかかわらず週末の深夜にしか時間をとることができなかった．多くの教師が参加できるようにするためには，できるだけ時間的制約を解消する必要があり，この点を含めまだ考慮すべき課題があることも示唆された．

9.3　開発事例（2）
―特別支援教育を対象とした遠隔ケース会議支援システム CAJON

本節では，特別支援学校に在籍する，コミュニケーションに困難さを抱く自閉症児が引き起こす不適応行動の要因について，協調的に分析するオンラインケース会議支援システム CAJON（カホン：Case discussion Assistance system for Jointly analysis of autisic person in an ONline environment）（小川ほか 2011）を用いた実践事例を通して，オンライン授業研究において議論を活性化させるための仕組みの一事例を紹介する．

9.3.1　CAJON の概要

特別支援教育においては，児童・生徒固有の困難さやニーズを十分に把握した上で，困難さに応じた教育的支援を行うことが求められており，一般的な授

業研究とともに，児童・生徒固有の困難さを把握するアセスメントが重要な役割を担う。たとえば，自閉症者に時折みられる不適応行動（自傷行動やパニック行動）は，見通しが立たない状況や周囲の些細な環境の変化といった行動要因が水面下に存在する場合が少なくないため，スケジュールの提示や，環境の変化を最小限にとどめることで，自閉症者個々の特性を考慮したストレスの低い環境を構築することが可能となる。このように，教師が表面化した行動を観察し，行動を引き起こす要因（以降，行動要因と表記）を分析することが重要である。行動要因の分析にあたり，教育現場でとられている方法の一つとして，複数人の教師である特定の児童・生徒を分析するケース会議が挙げられる。近年，ケース会議に動画を使用する場合が増加しており，記憶誤りの防止や主観を排除した議論を実現する上で有効性が期待される。

ただし，教師のみでは行動要因を特定できない場合も多くあるため，ケース会議は専門家や外部の熟達者と連携することでより効果的になると考えられている。したがって，特定の児童・生徒を撮影した動画を用いて，専門家と教師が協同でケース会議を実施することが理想的といえるが，時間的・空間的コストが大きい。以上の背景から，連携にかかる時間的・空間的コストの解消を目的として，自閉症者の行動要因分析に特化したオンライン動画ケース会議支援システム CAJON が開発された。

オンラインでのケース会議を実現するにあたって懸念された点として，議論内容の拡散が挙げられる。対面によるケース会議の場合でさえ，議論内容が行動要因に関連しない内容（たとえば，教師の指導内容や教室の環境等）に拡散する可能性が高いため，コミュニケーションを十分に行うことが難しいオンライン環境においては，議論の拡散をあらかじめ防ぐ仕組みを準備しておく必要がある。

そこで，議論内容の拡散を防ぐ機能として，CAJON は吹き出し型動画アノテーション機能（アノテーション：動画に対して関連するメタデータを注釈として付与したもの）と，それをオンラインで共有する機能を有している。CAJON のシステム画面を図9-2に示す。自閉症者は意思伝達の部分に困難さがあるため，行動要因は相手に伝達することが難しい意思の部分に存在する。

図9-2 CAJONのシステム画面

そこで，自閉症者の意思を「吹き出し」で表現し，共有して相互比較したものを用いて議論させることで，行動要因に関連した議論に制限することを実現している。CAJONを用いたケース会議は以下のステップを想定している。

① アノテーション挿入：動画中の自閉症者の意思を推測し，アノテーションで表現する作業を通して，行動要因を表出する。
② 参加者間での議論：他の参加者のアノテーションを比較し，差分について参加者間で議論する。(この時点では専門家のアノテーションは非開示とする)
③ 専門家のアノテーションに関する議論：オンラインで共有された専門家のアノテーションを比較参照し，②で出た結論について参加者間で議論する。

9.3.2 CAJONを用いた実践

参加者はZ特別支援学校に在籍する，自閉症と重度の知的障害と診断されたX児（10歳男児）の指導に携わる4名である。X児に発話はほとんどみられず，本調査を実施する以前は，指示を無視して走り回る場面や，授業に参加できな

い場面が多くみられた。特別支援学校における勤続年数はA教諭が1年，B教諭が2年，C教諭が3年，D教諭が2年である。4名ともに行動要因を分析するスキルが不足しており，X児の問題行動に対する解決策がわからず悩んでいた点で共通している。また，特別支援学校の勤続年数が11年のM教諭（特別支援教育コーディネータ）を専門家と想定した。実践に使用した動画は，X児に関して1日を通して撮影し，問題行動が特に多くみられた朝の会，体操の時間，体育の時間の様子を議論で使用した。動画の時間は全部で約40分である。

以下，実践結果についてケース会議のステップごとに説明する。

① アノテーション挿入

参加者が挿入したアノテーションに着目すると，「早く始まらないかな」（X児が座りながら足を激しく動かしたり，手を顔の前でヒラヒラさせたりする行動の要因），「フラフープは難しいんだよ」（体育館の中を夢中で走り回る行動の要因）のように，X児の行動要因について具体的に記述されたものが多くみられた。このことから，アノテーションの挿入作業を通して，行動要因の表出を実現していることがわかる。

② 参加者間での議論

X児が走って逃げ回っている場面に対して挿入されたアノテーション「後ろからさわらないで」（B教諭），「先生いつ放してくれるかな？」（C教諭）から，行動要因として背後から触られることの抵抗感を挙げ，議論が展開している。また，X児がマットの上でB教諭の指示に従わない場面に対して挿入されたアノテーション「どれをどの順で何回やるの？」（A教諭），「先生がしてくれると何をするかわかりやすいな」（C教諭），から行動要因として口頭指示の多さを挙げ，議論が展開している。このように行動要因に焦点化した議論が実現した背景には，行動要因を示すアノテーションに基づき議論が実施された点が挙げられる。実際，今回のケース会議とは別に，試行的にケース会議に参加していない6名（3名1組で2度実施）に対し，アノテーションの内容に制限をかけずに同様の議論をしてもらったところ，議論の内容は拡散し，教師の対応方

法や学校の環境，さらには制度上の問題にまで話が及んだものの，具体的な解決策が出ることはなかった。

③ 専門家のアノテーションに関する議論

　体育の時間（マット運動）において，B教諭はX児に前転をさせようと試みるも，素直に指示に従ってくれないX児の行動に対して問題意識を抱いていた場面において，参加者は全員「やりたくない」「したくないなぁ」といった抽象的な行動要因を示すアノテーションしか挿入できていなかった。この場面に対して熟達教師であるM教諭は「ことばじゃわからない」「前回りは何回するの？」のように具体的な行動要因を示すアノテーションを挿入している。熟達教師Mのアノテーションを参照した被験者はケース議論において，「ことばじゃわからない」から「『戻っておいで』といった言葉による指示が多いので，視覚的な支援が必要かもしれない」という結論を導き出し，「前回りは何回するの？」から「見通しがもてていないために走り回っているのかもしれない」という結論を導き出している。

〈まとめ〉

　今回の実践において，議論が活性化するケースは気づきを獲得したケースや結論を導き出したケースに多くみられたが，これらのケースでの議論はいずれも目的が明確であり，かつ行動要因に関連する内容であった。これは，あらかじめアノテーションを挿入する段階で行動要因を意識したうえでアノテーションを相互比較することにより，議論の目的が行動要因に焦点化された点，アノテーションに差分が生じた場合に，生じた理由について議論することにより，話題提供の必要性が生じない点が挙げられる。また，アノテーションが挿入されない，もしくは挿入されたとしても抽象的なアノテーションであった場合においても，専門家の具体的なアノテーションが加わることで，行動要因を分析するヒントが与えられ，解決策を導くことや気づきの獲得に向け，議論が活性化したと考えられる。

　議論が活性化することで得られた気づきは，日々の実践に結びつく可能性も

示唆された．1ヵ月後に実施した実践報告会において，「(ケース会議以来) X児の背後から接することはなくなった」(A教諭)，「口頭指示をなるべく視覚的・具体的指示に変更したところ，X児の問題行動の数がそれ以来激減した」(B教諭)，「(ケース会議以降) Xさんの気持ちをすごく考えるようになった」(C教諭) と発言しており，議論内容が日々の実践に結びついている様子がうかがえる．

　本節では，議論内容を焦点化し，議論を活性化させる枠組みを構築した事例の例として CAJON の実践事例を取り上げた．そもそも授業研究において議論が活性化することは重要な要素であるが，オンラインで授業研究を実施する際にはこの点をより意識する必要があるといえる．

9.4　開発事例（3）
——小学校を対象としたオンライン授業研究支援システム VISCO

　本節では，動画アノテーションを用い，共有された授業風景動画の特定場面と議論中の発言内容の対応を明示化するシステムである VISCO (VIdeo Sharing System for Supporting COllaborative lesson improvement)（小川ほか 2009）を用いた実践事例を通して得られた，オンライン授業研究特有の難しさについて説明する．

9.4.1　VISCO の概要

　小学校教師は授業を進めたり，クラスを運営したりする中で，さまざまな課題に直面する．たとえば，児童が教師の指示に従わない，児童同士がトラブルを起こす，授業に集中しないなど，課題の種類は多岐にわたる．しかしながら，これらの課題は実は課題が表面化して現れたものにすぎず，本質的な課題は潜在化している可能性が高い．たとえば，「ゲーム参加に消極的な生徒がいる」のように，動画中に問題が直接的に表れている「課題箇所」と，「練習でボールにもっと触るべき」のように課題箇所とは別の場面であって課題の要因になっている「課題関連場面」が存在する．この場合，課題箇所「ゲーム参加に

図 9-3　VISCO のシステム画面

消極的な生徒がいる」は課題関連場面「練習でボールにもっと触るべき」を修正することで改善が期待される。したがって，教師は授業研究を実施する際，課題箇所のみではなく，課題関連場面を関連づけて捉えることが重要といえる。

　しかし，経験の浅い教師は課題箇所と課題関連場面を相互に関連づけながら議論することが難しい。一方，熟達者や専門家は課題関連場面を的確に指摘すること，もしくは課題関連場面を中心とした議論をコーディネートすることが可能である。したがって，熟達者や専門家を交えた授業研究が理想的であるが，校内で実施するには時間的・空間的制約が大きい。

　以上の背景から，小川ら（2009）は分散環境における協調的授業改善を支援するシステムの構築を目的として，動画アノテーションを用い，共有された授業風景動画の特定場面と議論中の発言内容の対応を明示化するシステムである

VISCO を開発している。

VISCO は，ブラウザ上で動作する Web アプリケーションであり（図9-3），サーバにアップロードされた動画1本（動画再生フレームで再生）に対して，フレーム分割されたツリー型掲示板ページ（発言一覧フレーム，発言表示／投稿フレーム）1枚を議論の場として提供する。まず，動画の投稿者は課題が動画中のどの場面に表れているか（課題箇所）を明示する。課題箇所は動画中でクリックすることで挿入可能であり，発言一覧フレームに表示される。次に，投稿者が指摘した課題箇所について，参加者は課題箇所の解決を目的として，発言表示／投稿フレームから発言する。発言する際，発言内容に［12：39］のように角括弧内に時間を記入することで，課題関連場面との相互リンクを張ることが可能であり，課題箇所と課題関連場面を関連づけて捉えながらの議論を実現している。議論後，投稿者は改善案を検討し，任意の時点で改善案を取り入れた授業を実施し，動画を撮影する。以降は同様のサイクルを繰り返す。

9.4.2　VISCO を用いた実践

参加者はK市の小学校に所属するO教諭，A教諭，N教諭（いずれも教員経験10年未満）であり，議論を進行させるコーディネータの役割を熟達教師であるP教諭（教員経験19年）に担ってもらった。実践にあたり，まずコーディネータであるP教諭がA教諭・O教諭・N教諭の授業風景について動画で撮影した。単元はいずれも体育科（サッカー）であり，1人あたり45分の動画を2回ずつ，計6回分を撮影した。ただし，2回の撮影の間には，議論の結果として得られた授業改善案を実行するための期間を1ヵ月程度設けている。以降，A教諭の1回目の動画をA-1，2回目の動画を動画A-2のように表現する。

次に，それぞれの動画について VISCO を用いて議論を実施した。議論の期間は2009年1月22日から3月31日の69日間であり，特に議論のための時間は設定していない。そのため，議論はすべて非同期で進行した。

以下，VISCO の効果が認められたケースと，残された課題について説明する。

① VISCO の効果が認められたケース

　動画 O-1 では，試合時に終始ボール周辺に群がる団子状態が起こっていた。これに対し，A 教諭は「コートを 2 つに分けて，相手のゴール側に攻撃，自分のゴール側に守備を配置させて，それぞれ分けている線を越えないようにする。」と特殊ルールの導入を提案し，N 教諭は「これでなかなか点が入らないということを体験して，どうすればいいかを考えていけたらいいですね。」と，失敗経験と話し合いのなかから児童に考えさせるという手法を提案している。これらの提案を O 教諭が参考にした結果，動画 O-2 において児童が団子状態になってボールを追いかける姿はみられなかった。O 教諭は「解決されたと思える課題について」というスレッドを立て，「若干なりとも「攻め」と「守り」の役割分担の意識を芽生えさせることができたように思う。不十分であるには違いないが，第一歩としての意味はあったと思う。」と書き込んでいる。一方で「相変わらず自分のところにボールが来ると，『とりあえず蹴る』という動きから抜け出せない児童が多い。」と課題を指摘した上で課題関連場面として 16：50，17：50，20：55 を指摘している。

　このように，多くの場面において課題関連場面と関連づけた議論が実施されていた。それにより，具体的な改善コメントが参加者から出され，改善コメントによって得られた気づきを授業で積極的に活かす様子が散見された。

② VISCO の実践事例を通して表出した課題
■コミュニケーション量が少なく，議論が発生しないケース
　本来明示すべき課題箇所であるにもかかわらず，指摘されなかった課題箇所が多く存在していることがコーディネータである P 教諭の指摘により明らかになった。たとえば A 教諭が「体操座りをしなさい」と動画 A-1 の開始から 10 分までの間に 8 度も指示している場面において，被験者は 3 名ともにその点について問題視せず，議論になることはなかった。VISCO における議論は非同期（掲示板上）で実施されることから，対面による授業研究と比較すると参加者間でのコミュニケーション量は限定される。そのため，必要最小限の議論しか発生せず，このように議論すべき課題箇所が見逃されるケースが発生する可

能性がある。
■限られた情報量に基づき議論を実施することの困難さ
　熟達教師は観察した事柄だけではなく，その背後にある活動意図等，予想されるさまざまな可能性まで考慮した上で授業場面の問題点を指摘するため（小澤ほか 2005），動画上に直接表出されない要因レベルで課題関連場面を指摘することが可能である。一方，経験の浅い教員は動画上に表れている部分から課題関連場面を探す傾向がみられた。このように，オンライン授業研究においては限られた情報に基づき議論をするケースが多く，経験の浅い教師で構成されたグループ同士だと議論が深まらない可能性があると考えられる。
■発言する際の抵抗について
　すべての参加者が，事後のインタビュー調査において「発言する際には遠慮があった」と話している。N教諭が，「自分の授業の動画（という証拠）もあることだし……」と話していることからも，互いに授業動画を閲覧する状態では批判しにくい様子がみられた。
■負担感について
　アンケート項目「動画から文章・文章から動画へのリンクが張られていたが，それに興味を惹かれたか？」に対し，参加者全員が，「当てはまる」と答え，「動画を見始めるとついつい見入ってしまい，コメントがついている箇所・コメントを付ける箇所を探し，確認するといった作業をしているうちにどんどん時間がたってしまう」といった感想を全員述べている。一方で，「動画を注視するという点はよかったが，その分，どうしても時間がかかってしまう。パソコンの前で考え込んでしまうことも多かった」（O教諭）とあるように，参加者は真剣に動画を注視しようとすればするほど，時間が必要となる点が事後のインタビュー調査より示唆された。

〈まとめ〉
　オンライン授業研究は従来の授業研究とは異なり，空間的・時間的制約の部分的解消や，授業についての深く細かい議論を可能にするなど，授業研究の新しい形として期待される一方で，今回の VISCO の事例のように，非同期の議

論であるがゆえに参加者間で十分な議論が行われないケースや，改善すべき点が見逃されるケース，問題の本質に迫る議論が十分に行われないケースが発生することが想定される。発言する際の抵抗や，負担感についてもオンライン授業研究特有の課題といえる。これらの課題を解決してはじめてオンライン授業研究は発展すると考えられるため，実践を通して課題を集積し，解決する枠組みが今後求められる。

参考文献

千々布敏弥（2005）『日本の教師再生戦略』教育出版.

Fernandez, C. (2002) "Learning from Japanese approaches to professional development: The case of lesson study," *Journal of Teacher Education*, 53 (5): 393-405.

Lewis, C. and Tsuchida, I. (1997) "Planned educational change in Japan: The shift to student-centered elementary science," *Journal of Educational Policy*, 12 (5): 313-331.

文部科学省（2002）「今後の教員免許制度の在り方について（答申）」http://www.mext.go.jp/b_menu/shingi/chukyo/chukyo0/toushin/020202/020202d.htm#2 （2014年12月30日最終確認）

小川修史・小川弘・掛川淳一・石田翼・森広浩一郎（2009）「協調的授業改善を支援するための動画共有システム VISCO 開発に向けた実践的検討」『日本教育工学会論文誌』33 (Suppl.): 101-104.

小川修史・掛川淳一・森広浩一郎（2011）「自閉症者を対象としたケース会議支援システムの開発に向けた吹き出し型動画アノテーション機能の実践的検討」『日本教育工学会論文誌』35 (Suppl.): 157-160.

小川修史・小川弘・掛川淳一・石田翼・森広浩一郎（2012）「動画アノテーションシステム VISCO を用いた協調的授業改善のケーススタディ」『日本教育工学会論文誌』35 (4): 321-329.

小澤伊久美・嶽肩志江・坪根由香里（2005）「日本語教育における教師の実践的思考に関する研究（2）──新人・ベテラン教師の授業観察時のプロトコルと観察後のレポートの比較より」『ICU 日本語教育研』2: 3-21.

酒井俊典（2007）「資料：明日の教師を育てる　国内外の先進事例」『明日の教師を育てる』ナカニシヤ出版, 177-192.

Stigler, J. W. and Hiebert, J. (1999) *The teaching gap: Best ideas from the world's teachers for improving education in the classroom*, The Free Press.（スティグラー・ヒーバート（著），湊三郎（訳）（2002）『日本の算数・数学教育に学べ　米国が注目する jugyou kenkyuu』教育出版.）

鈴木真理子・永田智子（2005）「ネットワーク環境におけるレッスン・スタディ構想——米国の Lesson Study 研究をもとに」『滋賀大学教育学部紀要Ⅰ：教育科学』55：135-141.

鈴木真理子・永田智子・西森年寿・望月俊男・笠井俊信・中原淳（2006）「Web ベース授業研究支援「eLESSER」プログラムの開発」『日本教育工学会論文誌』，30（Suppl.）：49-52.

鈴木真理子・永田智子・西森年寿・望月俊男・中原淳・笠井俊信（2007）「Web ベース授業研究支援「eLESSER」プログラムの効果」『日本教育工学会論文誌』31（Suppl.）：89-92.

鈴木真理子・永田智子・西森年寿・望月俊男・笠井俊信・中原淳（2010）「授業研究ネットワーク・コミュニティを志向した Web ベース「eLESSER」プログラムの開発と評価」『日本教育工学会論文誌』33(3)：219-227.

山﨑準二（2003）「教職員のライフステージに即した研修設計」『教職員の職能発達と組織開発』教育開発研究所：22-25.

吉田誠（2002）「アメリカ教育界における授業研究への関心・期待と日本の教師への意味」『日本数学教育学会誌』83(4)：24-34.

第10章

現職教員のための eLearning プログラムの開発

益子典文

10.1 現職教師のための eLearning プログラムの設計論

　教師の職能向上の機会は，職場としての学校における授業研究の営みのみならず，同僚・児童・生徒・保護者とのさまざまなやりとり，教育委員会等によって提供される教員研修，さまざまな自主研究会など多様である。しかし，これらの機会における対話は基本的に対面（face-to-face）であり，同じ時間，同じ場所での対話という制約がある。一方，ICT を援用すれば，対面ではなく遠隔地においても，そして同時ではなくても対話することが可能となる。このような時間と場所の制約を排除した対話環境の下での学習は，オンライン学習，もしくは遠隔学習と呼ばれることもある。本章ではこのような対話環境における学習プログラムを「eLearning プログラム」と総称し，以下先行研究等で異なる用語が用いられている場合は，その用語を利用することにする。

10.1.1 「のびちぢみする講義室」：eLearning プログラムの学習環境

　先に述べたように，現職教師を対象とした教員研修や大学院での講義などを遠隔学習コースとして提供することにより，教師自身が教育センターや大学など「学習の場」に物理的に移動することなく，学習機会へ参加することが可能となる。しかし，ICT による対話環境を整備するだけで理想的な eLearning の学習機会を提供できる保証はない。特に，現職教師は多忙であり，遠隔地で非同時型の学習活動も含めて受講する際に，通常の対面による学習内容をそのまま遠隔地へと展開する（たとえばインストラクタの説明をそのままストリーミングビデオで視聴するコースを作成する）のみでは，現職教師が受講しやすい

eLearning 環境とはいえない。したがって，どのような eLearning 環境・プログラムが現職教師に望ましいかを考えることは，プログラムの設計論にとって重要である。

　吉田と小川は，理科室での学習活動を支配する文化的コードを読み解く中で（吉田・小川 1999a, 1999b, 1999c），たとえば，"小鳥の森（学校外部の観察場所）は理科室の延長です。だから，小鳥の森でも約束ごとは守らなければならない。その約束ごとを守って，自由に観察してきなさい"という教師の指示によって，「理科室のソト」が「遊びの場」から「学習の場」へと転換されたエピソード（吉田・小川 1999c：32）等をもとに，「理科室のウチとソトの交通」という概念を導き出している。理科室の「ウチ」と「ソト」の行為の連続性／非連続性によって引き起こされる矛盾や困難さ（たとえば，理科室のソトで児童が収集した地層のサンプルを，理科室のウチで学習者が地層を思い出しながら分類する）が教師や児童に意識化されないまま日常的に教授学習活動が行われている状態を概念化したのである。一方小川は，まったく同様のエピソードを「理科室はのびちぢみする」と独自に概念化している（小川 2005）。「のびちぢみする理科室」は，理科室のソトへ理科室内の学習活動や規範が持ち出され，そこでも理科室と同じ環境が教授者・学習者双方の意識の上で構成されていることを指摘したものである。

　同様に考えてみると，通常，大学キャンパスで学ぶ（On-Campus）学習者にとっての大学講義室は，働く，生活するなどの日常的な諸活動とは切り離された「受講の場」である。しかし，遠隔地で非同時型の学習も含めて講義を受講する学習者は，「日常的な諸活動の場」にいながら学習を継続する必要がある。このように捉えると，通常の大学講義室での講義内容・方法をそのまま遠隔地へ展開すると，遠隔学習者は常に意識的に「受講の場」と「日常的な諸活動の場」の切り替えをしながら学習する必要があり，継続するために大きな労力を必要とするだろう。一方，学習のプロセスを重視する観点からは，学習者が物理的な教室にいることが重要なのではない。「ウチとソト」という概念を用いれば，学習者がどのような場にいるとしても，講義で提供される学習プロセスに参画している状態の時に「講義室のウチ」にいる，参画していない時に「講

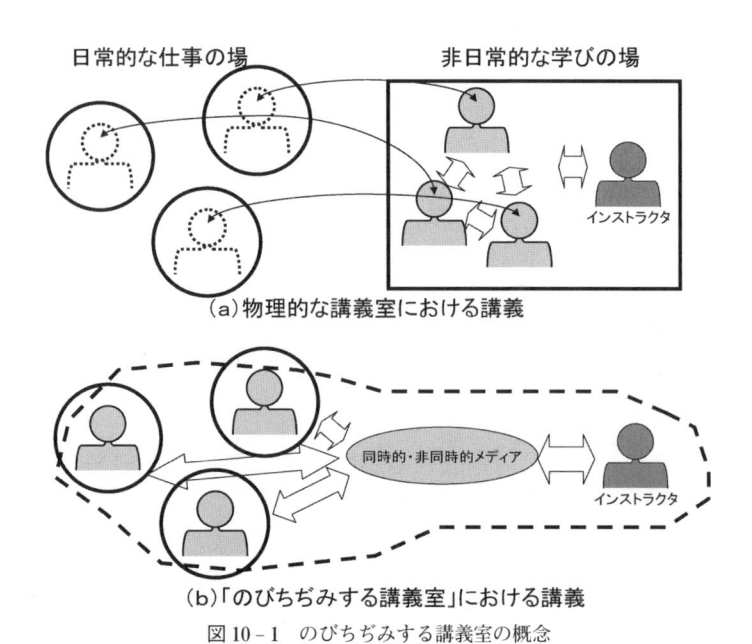

図 10-1 のびちぢみする講義室の概念

義室のソト」にいると考えることができるからである。

　「講義室のウチ」にいるという感覚が，教授者・学習者双方の意識の上で構成・共有され，さらに講義期間にその意識を双方が維持するためには，種々の規範や学習活動を受講生の立場に合わせて意識的に提供するとともに，受講生の学習が時間的・空間的に連続することを目標として提供する必要がある。このような意識の構成と維持を目的とした遠隔教育の方法によって構成される講義の諸活動を具体的に設計・遂行することを，小川の用語を援用し，講義室を「のびちぢみさせる」と表現する（益子ほか 2006）。

　ここで，講義室を「のばす」「ちぢめる」という操作は講義を構成するインタラクションの質的な差異を表す相対的な概念である。たとえば実際の講義展開では，対面による活動やテレビ会議システムによる同時的な対話の際に「講義室はちぢむ」し，LMS（Learning Management System：掲示板や教材配信機能などを備えた非同期型の学習支援システム）上の掲示板による非同時的な対話を展開する時には「講義室はのびる」ことになる。一方，相対的な概念ゆ

第10章　現職教員のための eLearning プログラムの開発

表10-1　「のびちぢみする講義室」概念によるプログラム設計の枠組み

		空間の次元	
		のばす	ちぢめる
時間の次元	のばす	教材などタスクの工夫 (非同時的) LMS 上の掲示板の対話による コミュニティ形成・維持 (非同時的)	
	ちぢめる	テレビ会議 (同時的・高臨場感)	対面学習 (対面式講義・集合研修)

えに，完全非同時のメディア（たとえばテキストによる自学自習）により講義を展開する際には，LMS 上の掲示板は「講義室をちぢめる」効果をもつと考えられる。

「のばす」「ちぢめる」は，同時的・非同時的というメディアの特性に基づく区分よりも，講義の成立にとっては重要な区分と考えられ，これらの効果を意識的にプログラム設計に取り入れることで，講義室のウチとソトをつなぐことが重要である（図10-1）。

先に述べたように，「のばす」「ちぢめる」は相対的な概念であるため整理は難しいが，「のばす」「ちぢめる」は空間の次元・時間の次元それぞれに操作が存在するので，ICT 環境に限定した利用法を仮に整理すると，表10-1のようになる。

講義室を「のばす」操作としては，教師が働く場で学習を継続できるような教材の提供や，（同僚ではない）講義や研修を受講している仲間とのコミュニティの形成活動が考えられる。また相対的に講義室を「ちぢめる」操作としては，空間的に「のばす」テレビ会議システムやネットミーティングを想定できる。

これら ICT やメディアを組み合わせて利用しつつ，現職教師が学習しやすい環境を構築することが，効果的な eLearning プログラム設計のために重要である。

10.1.2 「のびちぢみする講義室」を実現する教育方法の実践例

私自身の実践研究事例をもとに「のちぢみする講義室」の必要性と具体的な教育方法を述べる。

働きながら学ぶ現職教師を対象とした夜間遠隔大学院の講義を初めて担当した際に感じたことは，90分という講義時間の価値の違いである。受講生が物理的なキャンパスに存在する場合，講義終了前後に質問を受けたり，レポートを書く際に他の院生と情報を交換したりするなど，講義内容をめぐるコミュニケーションの機会が多くある。この意味で90分の講義時間は他のキャンパス内の活動と連続しており「直線あるいは平面」状に延びているといえる。しかし，働きながら学ぶ現職教師大学院生の場合，週あたり1コマ90分のテレビ会議システムによる講義時間が終了し，回線が切断された直後から一人となり，学校での日常のさまざまな業務を考える状態となる。この場合，1週間という時間幅でみれば講義時間は「点」になり，他の受講生も遠隔地で講義を受講しているため，気軽にコミュニケーションをすることもできない（益子 2012）。

受講生の立場に立って講義のあり方を考えてみると，週に1回の高機能テレビ会議システムによる講義の提供のみでは，受講生はほぼすべての時間を日常的な仕事の中で送ることとなるため学習しているという実感が得られず，講義に対する満足感を感じることはできないだろう。つまり，LMSによる非同時的コミュニケーションを活性化させ，同時的な講義以外の時間にも講義への参画意識をもつことができる条件の明確化が重要なポイントとなる。そこで講義では，週に1回の高機能テレビ会議システムによるサイクルを中心に講義を行いながら，LMS上で講義の事前学習活動，事後学習活動を展開することとした。つまり「点」であった講義時間を「線」へと展開するために，同時的・非同時的メディアを組み合わせることにしたのである（図10-2）。

学習者の意識の上で，点であるテレビ会議システムによる講義を連続的な線へと展開することは「のびちぢみする講義室」を実現することになる。課題提出以外の掲示板の利用は強制せず，しかもアクセス頻度のカウントなどの機能を受講生に知らせずに，次のような方略を反復することにより，学習を成立させることを試みた。

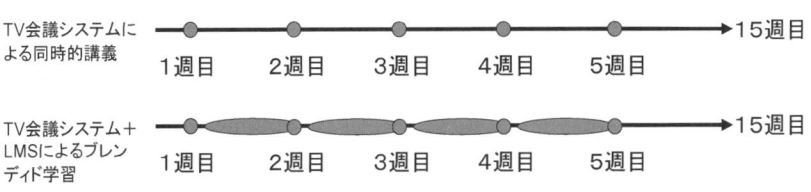

図10-2　TV会議システムとLMSによる学習の関係

出典：益子ほか（2005b）．

① 講義と講義をつなぐ推測型 WBL 教材の利用

　受講生にとっての講義と講義をつなぐ学習環境を提供するため，毎回の講義終了時に，次の講義2日前までに提出するレポート課題を「推測型 WBL (Web-Based Learning) 教材」として提示する（図10-3）。推測型 WBL 教材とは，フィールドで収集した教育実践の改善事例をそのままの形態で示すのではなく（図10-3(a)），図10-3(b)のように，教師の教育実践改善活動事例の解をまず提示し，「なぜこの教師はこのような改善を行ったのか」について受講生が推測し，実践上の課題や課題解決のための実践的知識を，自らの経験を投影しながら推測する教材である（益子ほか 2005a）。

　図10-4は推測型 WBL 教材を LMS 内に提示している画面例である。この事例はコンピュータ初心者の教師が，小学校3年生にコンピュータ利用法を指導するにあたって開発したスケッチブック型の教材であり，自作の掲示物や市販の児童用マニュアルなど，複数の指導方法を試みながら，児童の学習の成立状況を確認し，数度の改善・試行を経て開発されたものである。教育実践におけるシステムズ・アプローチの考え方を学ぶ講義の前に推測課題として提示する。この写真を提示し「なぜこの教師はこのような教材を開発したのか・どのような過程を経て開発されたのか」を考え，講義前にレポートの提出を求める

(a) 学校における実践事例の構成

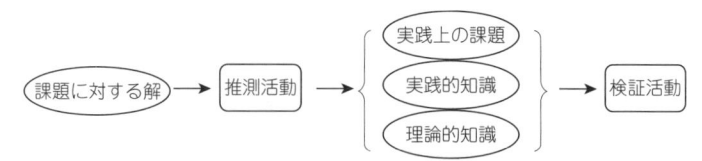

(b) 推測型 WBL 教材の学習活動

図 10 - 3　実践事例を推測型 WBL 教材へ再構成する考え方

出典：益子ほか（2005a）.

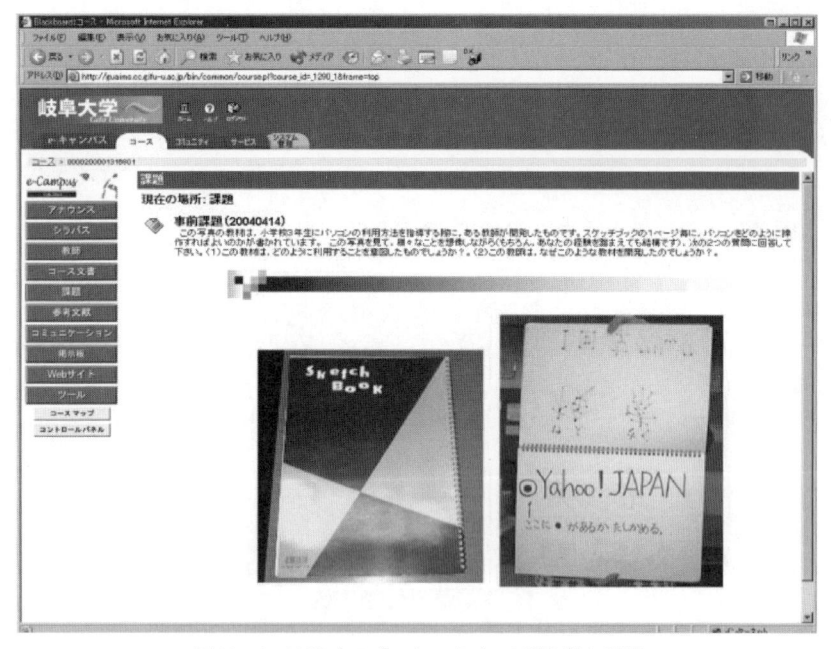

図 10 - 4　LMS 内の「スケッチブック型教材」課題

出典：益子ほか（2005a）.

ことになる。レポート提出後の講義の際には，受講生のレポート内容を紹介しながら，具体的な内容へと展開する講義を行い，講義後には再度 LMS 上の掲示板に感想を求める。

② 受講生・インストラクタのコミュニティ形成を促す LMS 内の掲示板スレッドの利用法

　受講生同士の掲示板でのコミュニケーションを促進するために最も容易に設定できるのは，講義内容に対する質問を受け付けるスレッドを設定することであろう。しかし現実にこのようなスレッドを設定すると，「質問する―回答する」という関係が個々の受講生とインストラクタの間に成立するだけであり，インストラクタは個々の受講生との間に成立した「Q/A (Question and Answering) 関係」を維持するために多大な労力が必要となる。このようになる原因の一つは，Q/A やレポート提出のスレッドでは，受講生からの個別の投稿が先行し，その個別の投稿に対してインストラクタが個々にリプライを行う必要があるからである。順序構造で言えば Q/A やレポート提出スレッドは受講生が主，インストラクタが従となる「受講生先行型スレッド」ということができるであろう。

　そこで，Q/A・レポート提出のスレッドとともに，インストラクタが主，受講生が従となる「インストラクタ先行型スレッド」を併用した。インストラクタ先行型のスレッドは，講義内容と無関係の話題を積極的に相互に投稿する「日々の出来事」を投稿するスレッドとして位置づけ，スレッド更新後すぐにインストラクタから話題を切り出すようにした。

　この2つのスレッドは毎週更新する。2つの新規スレッドにおいて非同時的コミュニケーションが1週間展開されることになる。毎週更新を行う理由は，たかだか20名未満の参加者によるスレッド内のコミュニケーションを活性化するためには，「履歴」と「習慣形成」がポイントとなると考えられるからである。つまり，遠隔地で受講している学習者が気軽に発言するためには，それまでの投稿記事履歴が短いほど発言しやすいと考えられ，また投稿記事履歴が短いほど，他の受講生の発言の意図を理解しやすいと考えられる。また，インス

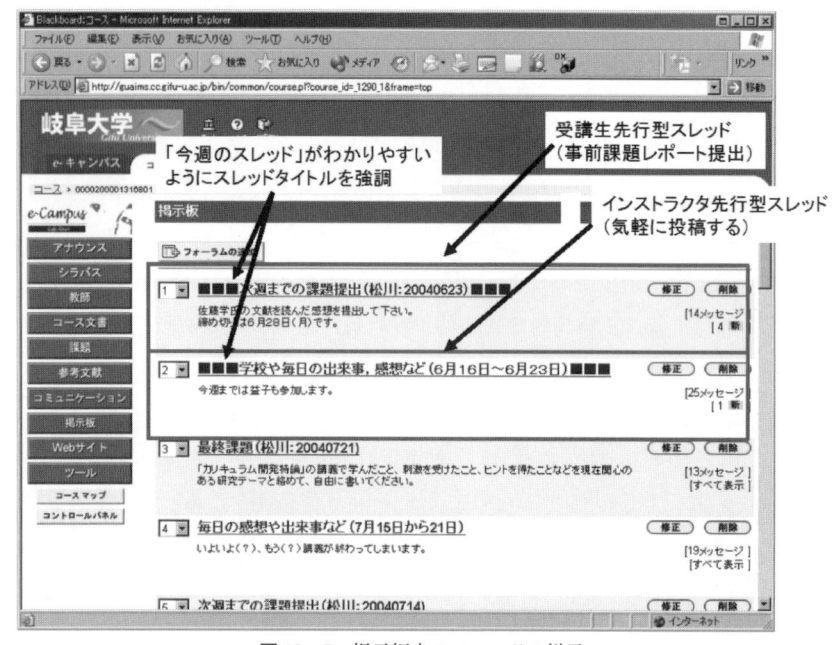

図 10-5　掲示板内のスレッドの様子

出典：益子ほか（2005b）.

トラクタが先行して話題を変えるためには，投稿記事履歴が短いほど話題を提供しやすい。

　掲示板のスレッドを継続させようと努力するのではなく「消耗品としてのスレッド」と位置づけることによってコミュニケーションに対する労力の低減をねらったのである。なお，毎週スレッドが消耗されているなかで，「現在生きているスレッド」が一目でわかるように，スレッドのタイトルには強調記号「■■■」などをつけ，常にスレッドの最上位に表示されるようにする。

　以上のような工夫を行った結果，講義後の受講生の感想は次のようなものであった。まず，推測型 WBL 教材による講義事前課題については，「課題の回答を知りたくなり，皆のレポートを読みながら常に考えていた」「レポートはない方が受講は楽だが，反応があるので充実感があった」，日々の出来事スレッドについては，「講義と掲示板が連動していたため，講義後に他の受講生

と話したい気持ちになった」「最初は苦痛だったが，このスレッドのおかげで掲示板を見るのが当たり前になった」などポジティブな回答が得られた。一方，①講義時に事前課題レポートの投稿内容を多数取り上げるインストラクタの場合には，常に掲示板をモニターする必要感が高い，②投稿に対してすぐにリプライが返るインストラクタの場合には，常に掲示板をモニターしているという印象があり，参画する必要感が高まる，③以上のようなインストラクタの振る舞いを受講生は常に観察している，という指摘があり，掲示板などを利用した非同時的対話においては，受講生はインストラクタの振る舞いをよく観察していることが示された。

10.1.3 「のびちぢみする講義室」を支えるインタラクション

　前項では大学院の教育方法の事例を述べたが，推測型 WBL 教材は，現職教師を対象とした eLearning プログラムにおけるコンテンツの一つとして，そして掲示板スレッドの利用法は，学習者とインストラクタ，学習者と学習者の対話方法の一つとしての事例であった。次に，これら事例の位置づけを示す枠組みを考えてみる。

　一般に遠隔学習に関する研究は，対面教授法と遠隔学習法との比較研究からスタートしたが，学習成果に着目した場合，二つの教授方法間に差が認められないことが明らかになった。その結果，遠隔学習研究の方向性の一つとして，遠隔学習特有の機能であるインタラクション（相互作用，やりとり）に着目した理論構築が行われているという。インタラクションとは，行為者同士，または行為者とオブジェクトなど少なくとも二者の間で発生する，相互に影響を与えるイベント，と定義される（Saba 2000）。遠隔学習において個々の学習者が体験しうるインタラクションの対象とその内容は次の3種類であることが指摘されている（ムーア＆カースリー　2004：162）。

① コンテンツとのインタラクション（interaction with content）：学習者とさまざまな教材コンテンツとのインタラクションである。コース教材ばかりでなく，学習内容そのもの（アイデアや概念）とのインタラクションも含む。

② インストラクタとのインタラクション（interaction with instructors）：学習者と教授者とのインタラクションであるが，学習者に対する教授，ガイド，修正，サポートする無数の方法を含む。

③ 他の学習者とのインタラクション（interaction with peers）：学習者と他の学習者のインタラクションである。ディベート，議論，相互評価など，伝統的な教室においてクラスメート間で発生するインフォーマルな対話と同等のものも含む。

ところで，遠隔学習において学習者は，一人で学習している感覚が大きくなると学習が阻害されることが知られており，それゆえに「存在感（プレゼンス）」はとても重要であることが指摘されている。存在感の観点からすれば，これら3種類のインタラクションはそれぞれの存在感を向上させるものであるといえる。その一方で，この3種類のインタラクションは各々が独立ではない。たとえば Rourke らと Swan はオンライン学習における3種類のインタラクションそれぞれの関わりを，「対話支援（他の学習者＋コンテンツ）」「コンテンツ選択（コンテンツ＋インストラクタ）」「雰囲気設定（インストラクタ＋他の学習者）」と，図10-6のように存在感とインタラクションの関係を整理している（Rourke et al. 1999；Swan 2003）。

このモデルをもとに考えれば，受講生にとっての存在感とインストラクタの行為・機能とは独立ではなく，常に関連しているものになる。たとえば，先の大学院の講義実践例では，受講生はインストラクタの振る舞いをよく観察していることが，受講生の発言からみて取ることができたが，Swan の分類に基づけば，掲示板における学習者の投稿に対しインストラクタが即時に返信することは「雰囲気設定」の機能をもつと同時に「このインストラクタは常に LMS をモニターしている」という教授者の存在感を示すことになると考えられる。また，推測型 WBL 教材によるケーススタディを現職教師に対して「コンテンツ選択」することは，学習内容に対する認知的存在感を向上させるとともに，教授者の存在感を向上させることになる。

このように eLearning プログラムの設計においては，ICT を利用することによる「対話支援」「コンテンツ選択」「雰囲気設定」を考慮し，学習者が3種

第10章　現職教員のための eLearning プログラムの開発

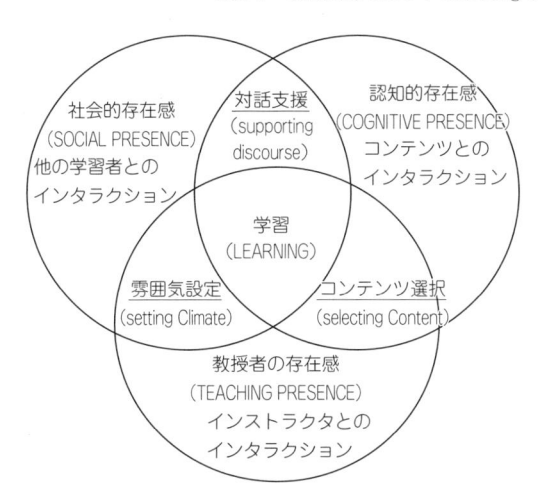

図10-6　オンライン学習の成立とインタラクティビティーの関係
出典：Rourke et al. (1999)；Swan (2003).

類の「存在感」を形成できるよう，メディアの組み合わせや教育方法を提供することが重要といえるだろう

10.2　教員研修における「のびちぢみする講義室」

10.2.1　分割型講義による教員研修プログラム

　これまでに述べてきたように，働きながら学ぶ現職教師を対象とした eLearning プログラムは，学習する側にとっては「受講の場」と「日常的な諸活動の場」を切り替える労力が必要である。しかしその一方で，受講生である教師が学校で日常的に授業を行いながら学習するメリットを活かしたプログラムも想定できる。そこで，eLearning 教員研修プログラムとして次のような学習過程を想定する。

【ステップ1】　研修プログラム冒頭で，どのような設計理論に基づいて自らの教室でパフォーマンスを発揮すればよいか，インストラクタが理論的な解説を行う。教師に知識・技能を提供する内容である。

【ステップ2】　学習した知識・技能を受講生各々の授業で実践する。インス

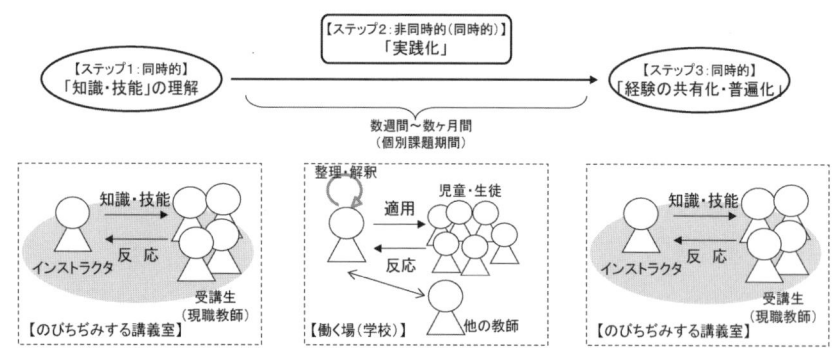

図10-7 分割型講義による研修プログラムの構成

トラクタは学習した知識を受講生が自らの教室の文脈に適用するにあたり，必要な支援を行う。このステップでは，教師が学習した知識・技能を自らの教室の文脈へ適用し，パフォーマンスを求めることになる。これを「実践化」と呼ぶことにする。

【ステップ3】 受講生から提出された実践レポートに基づいて受講生相互が実践内容を報告するとともに，インストラクタが個々の実践の意味を解説し，冒頭での知識・技能の学習内容と実践経験の関係的理解を図る。

ステップ1とステップ3は，受講場所が同じ場所である必要はないが，インストラクタから受講生への知識・技能の教授活動と，成果の交流・共有活動が主たる目的であるため，受講生全員が同時に参加・対話することが望ましいといえる。遠隔地の場合，テレビ会議システムやネットミーティングを利用してもよい。

学んだ知識・技能を自らの教室で実際に応用する「実践化」は，ステップ2の期間内に行われる。そのため，ステップ1では，ステップ2の期間に，どのような枠組みで，何を行えばよいのかを十分に理解した上で，「働く場」でいつ，何を行うかのプラン作成を目標とする必要がある。また，このステップ2は，受講生の人数によって数週間から数ヵ月の期間が必要となるため，個々の受講生が教室での実践化活動を行いながら相互にインタラクションが効果的に展開するよう，非同時的な対話が可能なLMSや，必要に応じてテレビ会議システムなどを用いて支援する必要がある。ステップ3では，実践した授業の内

容を相互に報告することを目標とする．つまり，実際のパフォーマンスは「働く場」で受講生が個別に展開するがゆえに，ステップ3では教室での実践化の成果を共有し，実践化の多様性を理解するとともに，インストラクタが実践の意味づけを行うことになる．受講生が個別に実践化を行う活動を中心として，同時的に受講する形態の学習活動を分割したプログラムであるため，この形式の講義を「分割型講義」によるプログラムと呼ぶ．

「のびちぢみする講義室」を実現するため，受講する現職教師が実践化することが可能な形態のコンテンツ，インストラクタと受講生，受講生同士のコミュニティの形成を促進する「消耗品としてのスレッド」などのインタラクションを組み込むことが重要である．とりわけ，ステップ1において提供するコンテンツには，大学院講義とは異なる考え方が必要である．

10.2.2 分割型講義による遠隔教員研修プログラムのコンテンツ

ここで紹介する eLearning 教員研修コースは，熊本県教育センターによる正規の教員研修として，2006年度より実践したものである．コースの全体構成は，分割型講義の形態である．研修全体の冒頭にネットミーティングにより研修内容の提供を行い（ステップ1），その後，3ヵ月ほどの間に受講生自身が学校での新たな実践を行う（ステップ2）．そして研修の最後に再びネットミーティングで，個々の受講生が試行した実践の内容を担当講師が解説する（ステップ3）．このプロセスのうち，ステップ2では，受講生同士が直接授業や教材の検討を行うグループセッションを実施し，学習指導案の検討会を行う．また，LMS を利用した資料の配付や非同時的な対話も継続的に行っていく（戸田ほか 2009）．

先にステップ1で提供するコンテンツの特殊性について述べたが，分割型講義による教員研修プログラムのステップ1で提供するコンテンツは，次のような内容を含んだものである．

　　a．研修のテーマ（授業設計，教材開発，など）
　　b．研修の理論的側面（実践と理論との関わり）
　　c．研修の課題（ステップ2の期間，受講生が取り組む課題）

これらの内容をステップ1の機会に学び，受講生はステップ2の期間に実践に取り組むことになる。遠隔教員研修の受講生は，学校を離れずに，常に学校の中で日常の実践を行っている。この状態で教育改善につながる研修を行うためには，インストラクタから教育関連理論や実践事例を提供するのみならず，研修の中で提供される理論の理解や検証などを目的とした演繹的な活動と，理論に裏打ちされた実践の改善活動とが，研修に参加する受講生の内面で，柔軟に行き来できるような学習内容を研修冒頭のステップ1において，課題として提供する必要がある。

　一般に希望研修の場合，受講生は10年程度以上の中堅教師が多い。彼らにとって有用な学習内容とは，まったく経験したことのない授業や教材に取り組むものではなく，自分自身がそれを意識しなくても，経験に基づいて実践してきたものであることが望ましい。つまり，研修の中で受講生の経験を想起させ，提供する理論と結びつけることができる内容が必要である。ここで提供する理論とは，多様な実践と対応しうる「枠組み」を意味している。

　このような経験との関連づけを促進する理論として，次のようなコンテンツを提供することとした。

① 参加体験型の経験：提供する理論を，学習者として体験できること。
② 理論に合致する実践事例の提供：提供する理論は，抽象的な枠組み（見方・考え方）そのものである。この枠組みを，「自らの経験と結びつける」つまり，提供された理論の「個性化」を受講生自身が行うために，理論が具体化されたサンプルとしての実践事例を提供する。この実践事例は，受講生にとって「理論の具体例」として理解されるはずであり，どのような事例を提供するかは非常に重要である。
③ 事例を抽象化した課題の提供：単に事例を与えて「そのようなことを実際にやってみる」という課題を提供しただけでは，真似ることが課題となり，自分自身のそれまでの経験の蓄積を利用することはできない。提供した枠組みを自分自身の教室へ適用し，考えることが目的である。そこで，多様な立場の現職教師受講生が，自らの研修課題は何かを，教育改善の営みとして理解できるような一定の抽象度をもった表現で課題提供する必要

がある。

10.2.3　スキーマ理論に基づく「認知心理学に基づく教材開発」コースの事例

　コースコンテンツ事例として，スキーマ理論に基づくコースについて述べる。研修のテーマは「認知心理学に基づく教材開発」である。人間の心の動きを研究する認知心理学の知見によれば，授業場面における学習者への「課題要求」を工夫することにより，学習者が目標とする行動へより到達しやすい教材を開発することができる。ステップ2において自らの教室で工夫した教材を開発・実践することがテーマである。

　このコースのステップ1において，ネットミーティングにより提供したコンテンツ内容は，次の通りである。

① 参加体験型の経験：適切な文脈が想起されないと理解が困難であること（洗濯物問題），問題解決の際には，適切な文脈が重要な働きをすること（四枚カード問題），それぞれに関する主題化効果について，スキーマ理論の先行研究の課題を用いた参加体験型の講義を行う。このコンテンツでは，一般的・抽象的なスキーマ理論の枠組みを，個々の研究事例に特殊化し，スキーマの機能を理解することが目標である。

② 理論に合致する実践事例の提供：単元レベルで共通のスキーマで教材を提供しないと，学習者にとっては，一つの概念について複数の異なるモデルを受け取ることと同じであること。授業の課題提供にあたっても，ことばの使い方ひとつで，学習者の追求意欲は変化することなど，複数の実践研究事例を提供する。このコンテンツでは，抽象的な研究内容を，特殊な実践事例で具体的に理解し，受講生個々人の経験をスキーマ理論と関係づけ，理論の観点からその経験を整理することが目標である。

③ 事例を抽象化した課題の提供：子どもたちのもつスキーマを生かす教材の設定として，次の2つのうち，いずれかの課題を行うように指示する。子どもたちのスキーマと学習内容・学習活動とがうまく結びつくように，「子どもたちのもつスキーマを活かす設定の教材」「単元中や授業中の，一見バラバラな学習内容・学習活動の橋渡しができる教材」を開発すること。

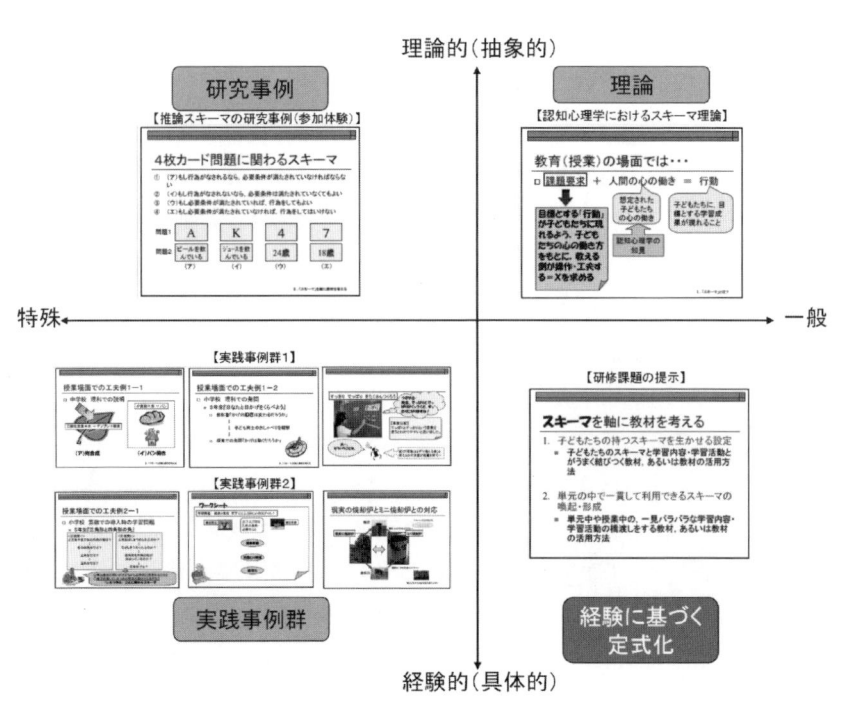

図10-8　研修用コンテンツの構成（認知心理学に基づく教材開発）
出典：益子・川上（2010）．

　このコンテンツではスキーマ理論の理解に基づき，一般化された研修課題を提示する。

　以上のステップ1で提供するコンテンツを図式化したものが，図10-8である。受講生は，まず第Ⅰ象限の理論（枠組み）を，第Ⅱ象限における研究事例と課題によって特殊化し，研究事例の課題に実際に取り組み，参加体験することにより理論を理解する。次に，抽象的な形態で理解した理論を，第Ⅲ象限の教育実践研究の具体的・経験的実践事例と対応させることにより，受講者は既有の実践経験と新たに学んだ理論とを重ね合わせることが可能になる。最後に，第Ⅳ象限の一般化された課題を提示する。このように，自らの実践に基づく理論の理解をした上で，受講生はスキーマ理論に基づく改善のポイントを自らの経験に基づいて定式化し，研修プログラム・ステップ2の個人課題を自らの教

第10章　現職教員のための eLearning プログラムの開発

室で具体化することになる。

　図10-9に本研修を受講した現職教師の研修プロセス事例を示す。受講生 TS は，スキーマ理論の講義を受けた後，小学5年生の算数における偶数と奇数の性質理解をねらい，偶数奇数に対しそれぞれ「すっきり」「でっぱり」という子どもがイメージしやすい言語表現を割当て，教材化して実践した。その結果，偶数奇数の定義と，「偶数＋偶数＝偶数」，「偶数＋奇数＝奇数」等の数の性質とをつなぐことに成功し，数の性質理解の学習においてみられていたつまずきが解消した。「すっきり」「でっぱり」という言語表現と偶数・奇数の定義を，児童が理解しやすい「形」のスキーマで結びつけ，数の性質理解を成功させた好例である。この教材開発の実現に至る過程では，ステップ2の学習指導案検討会や，掲示板において，インストラクタによる理論のさらなる解説と，他の受講生から偶数奇数の理解における実践上のアイデアが寄せられている。研修後の満足度や今後の活用意欲ともに最高の「かなり満足」「かなりある」と回答し，研修後も同様の工夫をした実践を積み重ねている（戸田ほか 2009）。

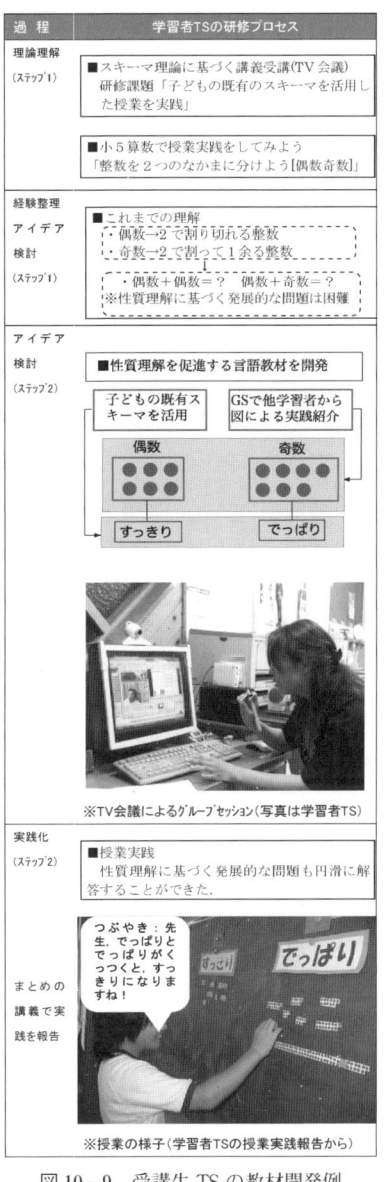

図10-9　受講生 TS の教材開発例
出典：戸田ほか（2009）．

10.3 現職教師の eLearning による学習機会の位置づけ

　ここまで，現職教師の eLearning プログラムの内容と方法について，実践事例を交えて述べてきた。本章の議論のまとめとして，現職教師を対象とした eLearning プログラムによる学習機会の位置づけと，最近の私の実践経験に基づくこれからの研究課題について述べる。

　Robinson は，小学校教師のための遠隔学習の効果を論じる中で，遠隔学習環境下において，教師の実践的スキルと教授コンピテンスを評価するための枠組みを表10-2の3つのレベルに整理している。この3つのレベルは，遠隔学習における教師の学習成果について言及したものであり，自己学習可能な教材を系統的に提供し，受講生が自分自身で達成度を評価可能な「レベル1：知識と理解」，学習した知識を教師が自らの実践の文脈へ適用した結果を報告する「レベル2：実践への知識の適用」，そして自らの力量とスキルを実際に演示しレパートリーを増やす「レベル3：実践とパフォーマンス」である。

　Robinson は，学習成果の評価はレベル1からレベル3へと複雑になりコストがかさむ（つまり多くの受講生を同時に評価することから，個人ごとの達成度を評価することが必要になる）ことを指摘すると同時に，学習者である教師のパフォーマンスを本質的に評価する方法は，直接観察する以外にないことを指摘しているのである。Robinson の評価モデルで重視されているのは，教師が何らかの知識を学習し，その学習した知識を実際に教室で実践できることである。したがって，この Robinson の評価レベルは，eLearning 環境下で学習した内容を，自らの教室での実践に導入し改善を図る「実践化モデル」の具体的な評価方法を指摘しているといえる。すなわち，本章で述べた分割型講義による教員研修プログラムは，直接観察の評価方法は採用していないものの，遠隔教育の学習成果として，一定の成果をあげることのできる「実践化モデル」に則した研修プログラム設計の方法といえるだろう。

　ところで，教師の資質・能力を，今津は表10-3のように整理している（今津 2012）。教師の資質・能力は，さまざまな力量が総合的に積み重なって構成

第10章　現職教員のための eLearning プログラムの開発

表10-2　遠隔地における教師の知識と実践の評価

教師の知識と実践	評価の性質	遠隔教育への示唆
レベル1　知識と理解 ・学術的な講義科目 ・教育的な概念，アイデア，理論	宿題，エッセイ，コーステスト，最終試験	・大人数の受講生に対して評価とフィードバックを与えることができる（数百～数千） ・経済的な目標を達成できる（評価の標準化） ・よりよく設計された評価を提供できる。なぜなら，評価のリソースをコース設計に配置できるからである（多肢選択の質問の再利用など） ・評価は臨場感や地域性とは無関係，ないしは理論的すぎる
レベル2　実践への知識の適用 知識を教師自身の文脈へと適用する。教育学についてのアイデアを解釈・検証する。実践的な活動や試験を評価し，それらに基づいてリフレクションを行う。	レポート，実践したことの提出（次のような活動についての分析と記述；新しい方法による数学的話題の指導；観察法による児童のデータ収集；教室での個人差の体制化；言語教育での新しい学習活動の開発，など）	・よい学習材はこのプロセスを構造化する（遠隔地にいることは障害にならない） ・理論と実践のつながりを支援できる ・遠隔教育供給者から見ると，学習者のレポート内容にあるように，本当に有益であるのかどうか言うことができない。つまり受講生からのレポートに記載されたものと教室での実践が一致しているかどうか分からない。 ・遠隔教育供給者から見ると，より時間を消費し，高価である（評価は標準化されず，個人差に依存する）
レベル3　実践とパフォーマンス 知識とアイデアを実演する；力量とスキルの演示	個々の教師のパフォーマンスの直接的な観察と認定	・体制化および管理運営する上で，レベル1よりも複雑である ・レベル1よりも大変でコストがかかる。伝統的な研修と同等。 ・トレーニングの準備，教材／学習材，管理運営など全般にわたって，レベル1よりも多様な役割のサポートスタッフが必要になる。 ・遠隔地にいてはできないため，地域のパートナーが必要になる（洗練された相互にやりとりができるテクノロジーがない場合） ・何らかのコース教材やアイデアの効果やインパクトを調査する唯一の方法

出典：Robinson（1997：132）.

されており，全体でAからFまで6つの層が想定されている。表10-3に示されているように，資質・能力の層は，AからFに向かうほど資質的側面が強くなり，逆にFからAに向かうほど能力的側面が強くなる。またAからFはその資質・能力が外から観察・評価しやすい層からしにくい層へという配列でもあり，勤務校での具体的文脈で発揮される個別対応の力量の層から，どのような

203

表10-3 教師の資質・能力の層構成

資質と能力		内　　容	外からの観察・評価	個別的・普遍的状況対応
能力 ↑↓ 資質	A B C D E F	勤務校での問題解決と，課題達成の技能 教科指導・生徒指導の知識・技術 学級・学校マネジメントの知識・技術 子ども・保護者・同僚との対人関係力 授業観・子ども観・教育観の錬磨 教職自己成長に向けた探究心	易 ↑↓ 難	個別的 普遍的

出典：今津（2012：64）．

具体的文脈であろうと適用されうるような普遍的な力量の層へという並びでもある。

　今津が提示している教師の資質・能力の全体像に対しeLearningプログラムの「実践化」で対応できるのは，外から観察可能な「能力」的な部分，すなわちAからCに至る層である。すでに述べたように，この層を対象としたeLearningプログラムでは，教室での新たな実践が可能となるよう学習環境を提供し，適切な評価方法をプログラムに組み込むことによって学習機会を提供することが可能である。

　一方，資質的な層，すなわちDからFに至る層は，eLearningによって向上を促す直接的な学習機会を提供することは困難が伴うように思われる。ただし「F教職自己成長に向けた探究心」は，eLearningによる学習機会が間接的に有用と考えられる場合もある。たとえば，働きながら学ぶ夜間遠隔大学院の担当経験からは，現職教師の大学院入学理由の一つとして教育に関する知識を学びたいという理由も確かにある。しかし，新たに知識を学ぶことだけのために，現職教師は，日頃の業務に加えての学習時間の確保や，学費の支出には至らないだろう。入学者に実際に入学理由を尋ねてみるとさまざまな回答がみられるが，総じて「(日頃の学習機会では学べない方法で) 自分が実践していることを意味づけたい」という理由が大多数を占めており，働きながら大学院で学ぶ意欲をもつ現職教師が，探究活動を志向していることには違いない。さまざまなハードルがあるにもかかわらず，働きながら学ぶ大学院に入学する意欲は，今津のモデルにおける学校での探究活動とは質的に異なる（より深い，もしく

は次元の異なる）探究活動，つまり自らの実践や学校での研究を，場を変え，日常的な学校での探究活動を俯瞰した立場で再構成したいという動機のように思われる。教師の自己成長の手掛かりは，第一義的には学校での経験を基盤とするものであるが，特にバランスよく資質・能力を発達させたベテラン教師の探究心の深さと拡がりは多面的であり，それゆえに教室でのパフォーマンスの向上を直接的に目的としない eLearning プログラムも，資質・能力をより深めるという意味で効果的である可能性がある。このタイプの学習機会は，資質・能力を加算していくタイプのものではなく，現在もっている自らの教職イメージを再度意味づけ，変容させる経験，つまり教職イメージの「再構成」と呼ぶことができるだろう。

　本章では主に，「実践化」に焦点を当てて現職教師のための eLearning プログラムについて述べた。「再構成」については，10.1 で述べた「のびちぢみする講義室」に関する工夫のみならず，大学院における研究セミナーの教育方法についても特有の工夫がある（益子 2013）。夜間遠隔大学院での eLearning による現職教師の学びが，「再構成モデル」としてどのような効果をもつのかについてエビデンスをもとに論じることは，今後の大きな課題である。

　最後に，近年は facebook など SNS によるコミュニティ形成も可能であり，本章で述べた掲示板による受講生のコミュニティ形成支援以外にさまざまな方法が想定できる。実際，働きながら学ぶ大学院生は，大学で提供している LMS 以外の場で，自主的に SNS 上に（大学教員が加わっていない）コミュニティを形成しており，日常的にさまざまな情報交換を行っている。現職教師の学習において，学ぶ仲間の存在の重要性は多くの研究でその重要性を指摘されているが，eLearning による夜間遠隔大学院や教員研修を実践してきた立場からも，非常に重要であると感じている。これら，現職教師に対する学習機会提供の方法として，新しいメディアによるコミュニティ形成支援や学習機会提供のあり方についても，今後の重要な研究テーマである。

参考文献

今津孝次郎（2012）『教師が育つ条件』（岩波新書），岩波書店.

益子典文・川上綾子・森田裕介・曽根直人（2005a）「推測型 WBL 教材による現職教師用遠隔学習コースの開発と試行」『日本教育工学会論文誌』29(3)：271-280.

益子典文・松川禮子・加藤直樹・村瀬康一郎（2005b）「働きながら学ぶ現職教師のための遠隔講義における学習のマネージメント」『日本教育工学会論文誌』29（Suppl.）：141-144.

益子典文・加藤直樹・村瀬康一郎（2006）「のびちぢみする講義室：働きながら学ぶ教師を対象とした遠隔講義設計枠組みの概念化」『日本教育工学会第22回全国大会講演論文集』22：1065-1066.

益子典文・加藤直樹・村瀬康一郎（2007）「働きながら学ぶ現職教師のための遠隔大学院の展開（7）──学習における「仲間意識」の変化と講義方法との関係に関する一考察」『日本教育工学会第23回全国大会講演論文集』23：219-220.

益子典文・川上綾子（2010）「遠隔教員研修コースにおける研修内容設計の枠組みの検討」『日本教育工学会第26回全国大会講演論文集』26：607-608.

益子典文（2012）「大学院における「実践経験のとらえ直し」を基盤とする教育実践研究の方法」西之園晴夫・生田孝至・小柳和喜雄（編）『教育工学における教育実践研究』ミネルヴァ書房：12-29.

益子典文（2013）「働きながら学ぶ現職教師のための研究セミナーにおける指導方略の記述と事例分析：夜間遠隔大学院における研究セミナー事例の検討」『科学教育研究』37(2)：135-148.

Moore, M. G. and Kearsley, G. (1996) *Distance education: A systems view*, Belmont, CA: Wadsworth Publishing.（高橋悟（編訳）（2004）『生涯学習社会への挑戦　遠隔教育』文堂出版.）

小川正賢（2005）私信.

Robinson, B (1997) "Chap. 9 Distance Education for Primary Teacher Training in Developing Countries," Lynch, J., Modgil, C., Modgil, S. (ed.) *Innovations in delivering primary education*, 122-138

Rourke, L., T. Anderson, D. R. Garrison and W. Archer (1999) "Assessing social presence in asynchronous text-based computer conferencing," *International Journal of E-Learning & Distance Education*, 14 (2), http://www.ijede.ca/index.php/jde/article/view/153/341（アクセス日：2014年12月31日）

Saba, F. (2000) "Research in Distance Education: A status report," *The International Review of Research in Open and Distributed Learning*, 1 (1), http://www.irrodl.org/index.php/irrodl/article/view/4/337（アクセス日：2014年12月31日）

Swan, K. (2003) "Learning effectiveness: what the research tells us," In J. Bourne and J. C. Moore (eds.) *Elements of Quality Online Education*, Practice and Direction, Needham, MA: Sloan Center for Online Education, 13-45.

戸田俊文・益子典文・川上綾子・宮田敏郎（2009）「現職教員のための「改善指向遠隔研修コース」の枠組みと運用条件に関する検討——研修と実践を継続的につなぐ遠隔研修コースの開発に焦点化して」『日本教育工学会論文誌』33(2)：171-183.
吉田達也・小川正賢（1999a）「理科室のエスノグラフィー（Ⅱ）（その1）」『茨城大学教育学部紀要（教育科学）』48：1-14.
吉田達也・小川正賢（1999b）「理科室のエスノグラフィー（Ⅱ）（その2）」『茨城大学教育学部紀要（教育科学）』48：15-29.
吉田達也・小川正賢（1999c）「理科室のエスノグラフィー（Ⅱ）（その3）」『茨城大学教育学部紀要（教育科学）』48：31-45.

資料　教師教育に関係する学会や協議会等の動き

島田　希

　本章では，近年の教師教育に関係する，国内外の学会や協議会等の動向を学術雑誌等に掲載された論文等を中心に整理する。そこから，教育工学的アプローチによる教師教育研究の特徴を確認したい。

1　教師教育に関係する国内学会の動き

（1）日本教育工学会

　木原（2011a）は，2001年度から2010年度に刊行された『日本教育工学会論文誌』第25巻第1号から第34巻第3号に掲載された教師教育関連論文のタイトル等を分析し，その傾向性を整理している。そこでは，「タイトル名もしくはキーワードに，『教師教育』『現職教育』『教員研修』『教員養成』『教育実習』の5つの用語のうち，少なくともいずれかが用いられている論文」（木原2011a：31）と定義されている。ここでは，以上の基準を参考としながら，2011年度から2014年度に刊行された『日本教育工学会論文誌』第35巻第1号から第38巻第4号における教師教育関連論文の動向を把握した[1]。

　まず，同学会における教師教育関連論文の数は，表1に示した通りである[2]。2011年度から2014年度までの教師教育関連論文の合計は，21本であった。論文全体の合計数は，354本であり，総論文数に対して，教師教育関連論文が占める割合は小さいといわざるを得ない[3]。

　その内容に着目してみると，「教員養成」および「教員研修」「教師教育」のカテゴリーにおいて，「教育の情報化」「情報教育」「ICT活用」に関するものが共通して確認された（竹野ほか 2011, 森田ほか 2012など）。また，「教員研修」

表1 『日本教育工学会論文誌』における教師教育関連論文の数（2011年度-2014年度）

年度	教師教育	現職教育	教員研修	教員養成	教育実習	合計	総論文数
2011	1	0	1	3	2	7	89
2012	2	0	0	4	1	7	93
2013	0	0	1	1	0	2	96
2014	1	0	3	1	0	5	76
合計	4	0	5	9	3	21	354

のカテゴリーに分類された5本の論文は，いずれも研修プログラムの開発あるいはその効果検証を試みたものであった（前田ほか 2011；望月ほか 2013；小清水ほか 2014；尾之上ほか 2014；前田 2014）。

　これらの傾向は，新しい教育課題を対象としつつ，開発されたプログラムやシステムを多面的に評価しようとするスタンスが顕著であるという木原（2011a）による指摘とも重なっている。また，こうした点については，後述する他の学会における教師教育研究においてはほとんど確認されず，同学会における特徴であるといえよう。

　また，「教師教育研究における教育工学的アプローチは，開発研究だけでなく，その基礎となる情報を求める志向性，換言すれば，開発研究と記述研究の両全を図っている」（木原 2011a：32）という指摘については，2011年度以降においても，同様の傾向が確認される[4]。

　たとえば，教員志望学生の教職意識や授業・教師・子どもに関するイメージの変容を明らかにしようとしたもの（三島ほか 2012，2013）のほか，高等学校におけるティーチングアシスタントの経験の教師の授業力量形成への影響および要因について，インタビューをもとに収集したライフストーリーから明らかにしようとしたもの（時任・久保田 2011）などが挙げられる。加えて，小学校教師への質問紙調査をもとに，授業レジリエンスのモデル化を試みたもの（木原 2011b）が，それに該当しよう。

　その一方で，近藤（2000）が展望し，木原（2011a）においても，それが未開拓であることが指摘されていた，教員養成・再教育のためのカリキュラムに関する研究知見の蓄積は未だ十分には進んでおらず，教員養成，現職教育ともに，

めまぐるしく状況が変化している今日において，引き続き検討されるべき課題であるといえる。

　こうした教師教育をめぐる状況変化を見据えつつ，同学会における教師教育関連研究のより一層の発展を実現するための動きのひとつとして，2014年度に，「教師教育・実践研究」に関する「現代的教育課題に対する SIG（Special Interest Group）」が設立された。SIG とは，本学会における特定の重要なテーマについて研究を進め，全国大会だけではなく，研究会やセミナー等で，年間を通して活動していくことを目指したものである[5]。複数ある SIG のひとつとして，「SIG02 教師教育・実践研究」が設立され，活動をスタートさせている。

　「SIG02 教師教育・実践研究」では，「自らの実践を対象化し，学び続けられるリサーチマインドを保持した教師が求められる中，教師教育と授業研究を密接に関連づけた研究，とりわけ授業のみならず教育実践全体を射程に入れた研究へと進展してきている」（姫野ほか 2014：13）という状況をふまえつつ，「教師教育」「授業研究・実践研究」「実践研究による教師教育」等に関する，研究知見の交流と深化を目指した取り組みを進めようとしている。

　「教師教育」「授業研究」「実践研究」と幅広い対象を射程に含んでおり，後述する他の学会における教師教育研究とある部分においてはより一層近接していると捉えられる。そうした中で，教育工学的アプローチによる教師教育研究の特徴や独自性をいかに打ち出していくのか検討していく必要がある。

（2）日本教師教育学会

　日本教師教育学会は，1991年に設立された学会であり，同学会の機関誌である『日本教師教育学会年報』は，原則として年1回発行されている。日本教師教育学会年報編集規定によれば，年報には，本学会会員による「研究論文」「実践研究論文」「研究・実践ノート」等が掲載されることとなっている。なお，日本教師教育学会年報投稿規定によれば，「研究論文」とは，「教師教育に関する研究」，「実践研究論文」とは，「会員個人および勤務校での教師教育に関する実践の研究」，「研究・実践ノート」とは，「教師教育に関する調査・情報・実践を紹介したもの」と，それぞれの区分が示されている。

表2　日本教師教育学会年報第20～23号の特集のテーマ

号数（発行年）	特集のテーマ
第20号（2011年）	教師教育学研究の課題と方法
第21号（2012年）	教師教育実践の検証と創造
第22号（2013年）	教師教育の自律性
第23号（2014年）	教師教育の"高度化"を考える

　ここでも，2011年度から2014年度に，同学会年報第20号から第23号に掲載された論文等をもとに，その動向を整理してみたい。なお，同学会年報には，毎号特集が組まれている。まずは，その動向から確認してみたい（表2参照）。

　モデルやシステムの開発を志向する傾向にある教育工学的アプローチによる教師教育研究と比べると，次のような特徴が確認されよう。

　第一に，教師教育政策やマクロな動向に対して研究的関心を寄せ，検討しているという点が挙げられる。同学会年報第22号や第23号では，「自律性」「高度化」という近年の教師教育施策の動向をふまえた上での検討が展開されている。

　第二に，教職の専門職化が叫ばれる中での，大学院レベルにおける教師教育の重要性が高まっているという状況をふまえているという点である（今津 2011；小島 2011など）。こうした中で，海外の動向もふまえつつ，高度専門職業人を育成する大学院教育のあり方についての検討がなされている。つまり，先にも挙げた教師教育の高度化と呼ばれる動向について，いくつかの論考において検討が加えられている。

　第三に，教師教育施策が及ぼす影響をふまえた上で，それを打破する方策として，教師の学び合いを実現することの必要性をコミュニティあるいはアクション・リサーチといった切り口で論じているものが確認されるという点である（佐藤 2011；横溝 2011など）[6]。

　また，研究論文や実践研究論文をひもといてみると，教師の探究や省察に関わる概念整理を試みたものや海外における教師教育の取り組み等を分析したものが確認される（八田 2012；盛藤 2013など）。教師教育に関わる国際的な動向については，後述する日本教育方法学会における論文等では一部確認されるものの，日本教育工学会における論文等では確認されず，同学会における教師教育

資料　教師教育に関係する学会や協議会等の動き

研究の特徴のひとつとして挙げることができよう。

（3）日本教育方法学会

　日本教育方法学会は，1964年に設立された学会であり，同学会の機関誌である『教育方法』と紀要である『教育方法学研究』がいずれも年1回発行されている。

　また，2009年には，同学会から，『日本の授業研究―Lesson Study in Japan―授業研究の歴史と教師教育〈上巻〉』および『日本の授業研究―Lesson Study in Japan―授業研究の方法と形態〈下巻〉』が出版されている。また，これら2冊を英訳した"Lesson Study in Japan"が2011年に出版されるなど，授業研究に関する研究知見の整理が同学会において活発化している様子が確認される。

　さらに，同学会創設50周年記念として，2014年には，『教育方法学研究ハンドブック』が刊行されている。なお，同ハンドブックでは，吉田（2014）によって，『教育方法』および『教育方法学研究』にみられる研究動向をもとに，教育方法学研究の特質と課題が整理されている。そこでは，『教育方法』『教育方法学研究』に掲載されている論文の研究対象を15に分類し，そのうちのひとつとして，「教師教育研究」が含まれており，これまでに刊行された『教育方法』では22本，『教育方法学研究』では19本の合計44本がそれに該当するとされている。

　また，両誌において，教師教育研究が増加傾向にあるとして，その背景ついて，「2000年以降の教員養成改革や教師教育への関心の高まりに，教育方法学研究も影響を受けていることを示している」（吉田 2014：59）と述べられている。

　たとえば，2013年に刊行された『教育方法42』では，「教師の専門的力量と教育実践の課題」というテーマが掲げられており，「教育改革の動向に対応する教師」「教室の多様な子どもに取り組む教師」「教育実践を支える教師の養成」といった内容に関連する論文が収められている。

　また，その翌年に刊行された『教育方法43』では，「授業研究と校内研修―教師の成長と学校づくりのために―」というテーマが掲げられ，「授業研究と

教師の成長」および「授業研究と学校づくり」に関連する論文がおさめられている。

先に挙げた『授業研究―Lesson Study in Japan―授業研究の歴史と教師教育〈上巻〉』の第4章「授業研究の現在―二つの視座から」においても，戦後の授業研究の変遷をふまえた上で，「学校改革・学校づくりの基盤としての授業研究」という新しい試みが展開していると整理されており，それは，「教師を『反省的実践家』という概念で位置づけをしなおし，学校を『同僚性』に裏打ちされた『学びの共同体』として機能させるための授業研究」（片上 2009：100）であると示されている。こうした点からも，同学会においては，授業研究との強い接点をもったかたちで，教師教育研究が展開されていると特徴づけることができよう。

このように，近年，授業研究を教師の力量形成の舞台として，あるいは，教師教育研究と結びつけて捉えようとする動きは，いくつかの学会において確認されている[7]。つまり，わが国における教師教育研究全体に通ずる共通した動きであると捉えられよう。

2 教師教育に関連する国外学会の動き

教師教育に関わる国外学会の動向を探るにあたり，ここでは，WALS (World Association of Lesson Studies：世界授業研究学会) を取り上げたい。WALSは，「香港教育学院の教育学部に附置された学習研究所 (Center for Learning Study) の存在と，この研究所によって開催された国際会議」（的場 2012：145-146）を基礎として設立され，2007年より The World Association of Lesson Studies International Conference が開催されている[8]。また，2011年からは，"The International Journal for Lesson and Learning Studies" が刊行されている。

2011年から2014年までに刊行された "The International Journal for Lesson and Learning Studies" の Volume 1 Issue 1 から Volume 3 Issue 3 をひもといてみると，ブルネイ，中国，香港，シンガポール，英国，米国，インドネシア，日本，スペイン等における授業研究の展開を確認することができる。

資料　教師教育に関係する学会や協議会等の動き

表3　*The International Journal for Lesson and Learning Studies* において使用頻度が高いキーワード

キーワード	2011年	2012年	2013年	2014年	合計
Lesson Study	4	3	7	8	22
Learning	1	8	5	0	15
Learning study	3	5	4	2	14
Variation theory/Theory of variation	1	6	5	1	13
Teacher	1	5	6	0	12
Teaching	2	3	2	1	8
Professional development	3	1	2	2	8

　加えて，各論文のキーワードを集約してみると，以下のような傾向が明らかになった。同誌における Discussion や Book Review を除き，Research Paper, Case study, General review, Conceptual paper, Viewpoint として掲載されている48本の論文を対象として集計したところ，185のキーワードが抽出された。そのうち，168のキーワードは2回以下しか確認されず，キーワードには，かなりのばらつきがみられた。一方，使用頻度が高かったキーワードは，表3の通りであった。

　日本において，伝統的にそれに該当する取り組みを進めてきたといわれる Lesson Study については，中国や英国等において独自の展開をみせつつ，その知見が公表されている様子が確認された。また，香港やスウェーデンにおいてとりわけ展開されているといわれている Learning study（学習研究）やその主たる理論的枠組みである Variation theory（バリエーション理論）をキーワードとする研究知見も数多く蓄積されている。つまり，Lesson study と Learning study は，同学会における強力な潮流であることが確認される。

　また，表3に示したキーワードと比べて頻度は低いものの，「教師の学習」「アクションリサーチ」「専門的な学習共同体」といった用語の使用も確認されており，同学会においても，授業研究が教師教育研究との接点をもちながら展開されていると考えられる。

　加えて，授業研究や学習研究といった用語とあわせて，「生徒」「生徒の学

習」といったキーワードがみられた点については，国内学会における動向とは異なる特徴であろう。つまり，同学会においては，授業研究や学習研究と生徒の学習あるいはその効果との関連性が検討されており，この点については，国内学会においても今後議論されるべきであると考えられる。

3　教師教育に関連する協会や協議会の動き

　ここでは，教師教育に関わるいくつかの協会や協議会を紹介したい[9]。

　日本教育大学協会は，「国立大学法人のうち教育に関する学術の研究及び教育者養成を主とする大学・学部を会員として組織」（規約第2条）されている。研究活動としては，年1回，協会の構成員が教育者養成の理論と実際に関する調査研究等を発表および協議するための場として研究集会が開催されているほか，『日本教育大学協会研究年報』（論文集）も刊行されている。

　日本教職大学院協会は，「教職大学院を設置する大学・学部を会員として組織」（規約第2条）されている。年に1回，総会のほか，研究大会が開催されており，そこで各大学における取り組みの交流および成果検証等が行われており，その様子については，『日本教職大学院協会年報』で確認することができる。

　国立大学教育実践研究関連センター協議会は，「国立大学法人および3項に定める特別な学校法人が運営する大学（放送大学学園）に設置された教育実践，教育臨床，教育工学，教員養成，教員研修等に関するセンター・機構等」（規約第2条）によって組織されている。年に2回総会等では各センターにおける特色ある取り組みや動向に関する情報・意見交換が行われており，『国立大学教育実践研究関連センター協議会年報』を毎年発行している。

　全国私立大学教職課程研究連絡協議会は，「私立大学（短期大学を含む。以下同じ。）における教師教育の社会的責務とその重要性にかんがみ，相互に研究を深め，協力することによって，開放制免許制度の下における教師教育の充実に寄与することを目的」（会則第2条）として取り組みを進めている。定期総会や研究集会が開催されており，機関誌として『教師教育研究』が発行されている。

資料　教師教育に関係する学会や協議会等の動き

　以上，これらの協会，協議会においては，わが国における教師教育の取り組みが広く交流され，研究知見が蓄積されている。

注
1) 『日本教育工学会論文誌』増刊号（ショートレター論文特集号）について，木原（2011a）では分析対象外となっているが，本資料では分析対象とした。
2) 「教師教育」「現職教育」「教員研修」「教員養成」「教育実習」の5つの用語がタイトルおよびキーワードの両方において複数用いられている場合は，タイトルに用いられている用語をもとに分類した。また，キーワードに複数の用語が含まれている場合は，より先に示されているものをもとに分類した。
3) 総論文数については，日本教育工学会ホームページにおいて，論文・発表検索（https://www.jset.gr.jp/pg/member_s/passedpapers_search.php）を行い，確認した。
4) ここでいう記述研究には，事例の個性的記述のみならず，質問紙調査によるデータを統計的に処理するものなど，多様な方法を用いたものが含まれる（木原2011a）。
5) 日本教育工学会における SIG 活動の詳細については，以下を参照のこと。http://www.jset.gr.jp/sig/index.html
6) 「コミュニティ」や「アクションリサーチ」への着目は，日本教育工学会などにおいても，同様の傾向が確認されており，教師教育研究全体の動向として捉えることができる。
7) 吉崎（2012a）は，教育工学的アプローチによる授業研究に関わる領域として「授業設計（授業デザイン）」「授業実施」「授業分析・評価」「授業改善」「学習環境」「教師の授業力量形成」「授業研究の方法」の7つを挙げている。さらに，「教師の授業力量形成」の領域に関わるキーワードとして，「教師の成長」「レッスン・スタディ」「校内研修」「事後検討会」「同僚性」「実践知」等が挙げられており，ここでも，授業研究と教師の授業力量形成あるいは教師教育研究との接点が確認される。
8) WALS International Conference における研究発表の内容や特徴については，吉崎（2012b）や的場（2012）によって整理されている。
9) ここで取り上げている協会および協議会のさらなる概要や規約等の詳細については，以下を参照のこと。
　　日本教育大学協会　http://www.jaue.jp/
　　日本教職大学院協会　http://www.kyoshoku.jp/
　　国立大学教育実践研究関連センター協議会　http://cerd.u-gakugei.ac.jp/
　　全国私立大学教職課程研究連絡協議会　http://www.zenshikyou.jp/

参考文献
八田幸恵（2012）「『探究としての教育実践』観における教師の知識・意思決定過程・学習過

程の関係——グレイス・グラントにおける PCK 研究から『ポートフォリオの問い』論への展開に焦点を当てて」『日本教師教育学会年報』21：72-82.
姫野完治・益子典文・梅澤実・今井亜湖・小柳和喜雄（2014）「教師教育・実践研究」『日本教育工学会第30回講演論文集』：13-16.
今津孝次郎（2011）「教育専門職博士課程 EdD の可能性と課題」『日本教師教育学会年報』20：8-17.
片上宗二（2009）「第4章授業研究の現在——二つの視座から 第1節戦後授業研究の現段階」日本教育方法学会編『日本の授業研究—Lesson Study in Japan—授業研究の歴史と教師教育〈上巻〉』学文社，95-101.
木原俊行（2011a）「教師教育研究における教育工学的アプローチの可能性と課題——『日本教育工学会論文誌』に掲載された論文の分析から」『日本教師教育学会年報』20：28-36.
木原俊行（2011b）「授業レジリエンスのモデル化—小学校教師への質問紙調査の結果から—」『日本教育工学会論文誌』35（Suppl.）：29-32.
小清水貴子・藤木卓・室田真男（2014）「校内における ICT 活用推進を促す教員研修の評価方法の提案と効果の検証」『日本教育工学会論文誌』38(2)：135-144.
近藤勲（2000）「教師教育の分野」日本教育工学会編『教育工学事典』実教出版，24-25.
前田康裕（2014）「熊本市教師塾『きらり』による教員研修に関する効果」『日本教育工学会論文誌』38（Suppl.）：165-168.
前田康裕・武田祐二・益子典文（2011）「新聞記事制作を体験する情報教育研修プログラムの開発」『日本教育工学会論文誌』35（Suppl.）：21-24.
的場正美（2012）「世界の授業研究—世界授業研究大会東京大会を中心として—」日本教育方法学会編『教育方法41』図書文化，142-154.
三島知剛・井上菜美・森敏昭（2012）「教員志望学生の教職意識と小学校時代における教師からの被教育体験への認知との関係——学部1年生と3年生の差異に着目して」『日本教育工学会論文誌』35(4)：345-356.
三島知剛・石川裕敏・森敏昭（2013）「教員志望学生のフレンドシップ参加経験と授業・教師・子どもイメージ及び教育実習前後の変容との関係」『日本教育工学会論文誌』36(4)：407-418.
望月紫帆・西之園晴夫・坪井良夫（2013）「チームで推進する授業研究の研修プログラムの開発事例」『日本教育工学会論文誌』37(1)：47-56.
森田健宏・堀田博史・上椙英之・川瀬基寛（2012）「幼稚園の園務情報化の現状と今後の課題」『日本教育工学会論文誌』36（Suppl.）：5-8.
盛藤陽子（2013）「イングランドの SCITT（School-centered Initial Training）における『理論』と『実践』の統合に関する一考察——Gateshead 3-7 SCITT カリキュラムの事例分析から」『日本教師教育学会年報』22：89-100.
小島弘道（2011）「教師教育学研究における『大学院知』の視野」『日本教師教育学会年報』

20：18-27.

尾之上高哉・石橋由起子・岡村章司・小林祐子・宇野広幸（2014）「教員研修へのワールドカフェ導入の効果の検討」『日本教育工学会論文誌』38（Suppl.）：141-143.

佐藤学（2011）「教師教育の国際動向＝専門職化と高度化をめぐって」『日本教師教育学会年報』20：47-54.

竹野英敏・谷田親彦・紅林秀治・上野耕史（2011）「教育学部所属大学生の ICT 活用指導力の実態と関連要因」『日本教育工学会論文誌』35(2)：147-155.

時任隼平・久保田賢一（2011）「高等学校におけるティーチングアシスタント経験がもたらす教師の授業力量形成への影響とその要因」『日本教育工学会論文誌』35（Suppl.）：125-128.

横溝紳一郎（2011）「教師教育の方法としてのアクション・リサーチ」『日本教師教育学会年報』20：64-74.

吉田成章（2014）「教育方法学研究の特質と課題：『教育方法』『教育方法学研究』にみる研究動向」日本教育方法学会編『教育方法学研究ハンドブック』学文社，56-61.

吉崎静夫（2012a）「教育工学としての授業研究」日本教育工学会監修／水越敏行・吉崎静夫・木原俊行・田口真奈『授業研究と教育工学』ミネルヴァ書房，1-29.

吉崎静夫（2012b）「世界における授業研究の普及と展望」日本教育工学会監修／水越敏行・吉崎静夫・木原俊行・田口真奈『授業研究と教育工学』ミネルヴァ書房，190-204.

おわりに

　本書は，教育工学の立場から教師教育の動向を解説し，この分野の今後の研究について展望したものである。改めて本書全体をみてみると，第1章において紹介されるように多様なアプローチで各章が執筆されていることがわかる。また，教育工学選書の他の書籍にもみられるように，教育現場と近い関係をとりながら，実践研究への取り組みがなされている。研究対象は教員養成，現職教員の研修や教育を幅広くカバーしている。

　本書を執筆したメンバーのうち数名は，平成20年度から全国各地で立ち上がりつつある教職大学院の教員である。教職大学院は，実習をはじめとして，学校現場との近い関係を保ちながら，理論と実践の往還を図っていく実践研究を通して教師の成長が意図されている専門職大学院である。同じようなことを意図した教育工学会の本分野の多くの研究者が，教員として所属しつつあるのは自然なことである。今後さらにこの動きが全国に広がっていくことになると，教育工学アプローチによる教師教育研究が占める位置はさらに重要なものとなるであろう。

　この選書をシリーズとして刊行している日本教育工学会では，SIG（Special Interest Group）をいくつか立ち上げており，そのうちのひとつに「教師教育・実践研究」というグループがある（詳細は http://www.jset.gr.jp/sig/index.html をご覧頂きたい）。ここでは，全国大会を含め，年に数回研究会を開催している。著者の一部がメンバーとなって，運営をしている。本書を読んで教育工学アプローチによる教師教育に興味をもった方は，研究会にもご参加いただき，議論を交わしながら，互いに学ぶ研究コミュニティを創り上げていきたい。

寺嶋浩介

索　引 (*は人名)

A-Z
AITSL　30
ALACT モデル　75, 76
ARCS モデル　162
ATC21S　89
CAJON（カホン）　172
*Cocharn-Smith, M.　20
Common Core StateStandards Initiative　27
CSCL　13
*Darling-Hammond, L.　8, 21
*Day, C.　2, 7
DIE（Drama in Education）　114
edTPA　26
eLESSER プログラム　168
FD　107
*Fries, M.　20
ICT　82
ICT 活用　83
ICT 活用指導力　86, 157
　——チェックリスト　92
ICT 環境　152
InTASC standards　26
ISTE　87
*Korthagen, F. A. J.　75
Learning study　214
*Lieberman, A.　21
LMS（Learning Management System）　187, 189, 191
NBPTS　26
NCSL（National College for School Leadership）　108
OJT　112
PACT　27
Petagogical Content Knowledge（PCK）　89
Professional Development School　21
QTS　31
SCALE　26
*Shulman, L. S.　5
SIG（Special Interest Group）　101
Teacher Residency Program　6
Teaching Schools　14, 21
TPACK　88
Variation Study　214
VISCO　177
WALS（World Association of Lesson Studies）　16, 213

ア行
アイデンティティ　7, 12
*秋田喜代美　7
アクションリサーチ　7
アクティブ・ラーニング　107, 109
異校種実習　72
インターンシップ　59
インタラクション　187
　インストラクタとの——　194
　コンテンツとの——　193
　他の学習者との——　194
*ウェンガー, E.　124
ウチとソト　185, 187
演習形式　135
オムニバス形式　107
*小柳和喜雄　15
オンライン・コースウェア　108
オンライン授業研究　165

カ行
外部評価　106
学習研究　→Learning study
学習する組織（learning organization）　45
「学部（学士課程）段階の教員養成教育の組織・カリキュラムの在り方について［論点整理］」　36
学級経営　149
学級担任制　72
学級内掲示物　149

索　引

学級びらき　157
学級力向上プロジェクト　113
学校行事　58
学校経営　113
　　──力　108
学校研究　48, 51
学校における実践研究（学校研究）　48
学校ボランティア　59
活用を図る学習活動　109
カリキュラム・マネジメント力　109
カリキュラム開発　92
カリキュラムデザイン　64
関係者評価　106
管理職研修　133
管理職候補　108
技術的熟練　5
＊木原俊行　8, 9, 11, 16
教育工学会　100
教育公務員特例法　125
教育実習　13, 58, 59, 61, 93, 145
　　──の質向上　59, 74
　　──の長期化・体系化　59, 74
教育実習事前・事後指導　59, 62, 63, 65
教育実習プログラム　63, 77
教育職員免許法　59, 84
教育職員養成審議会　58
教育センター　126, 131
教育の情報化　82
「教育の情報化に関する手引」　83
「教育の情報化ビジョン」　83
「教育の方法及び技術」　84
教育の方法と技術　94
教員研修プログラム　195, 197
　　遠隔──　197
教員サポート錬成塾　134
教員免許更新制　128
教員養成　58, 59
教員養成GP　34
教員養成カリキュラム　82, 85
教員養成の修士レベル化　104
教員養成評価機構　106
教科教育　99

教科教育法　97
教科指導力　85
教科担任制　72
教材・教具　161
教材研究　65
教師教育者　12
教師の資質・能力　202
教職開発学校　15
教職実践演習　143
教職修士（専門職）　104
教職大学院　104
教職大学院制度　104
行政研修プログラム　123
協同的な学び　107
研究者教員　106
言語活動の充実　109
現職教員学生　106
コア・ティーチャー養成事業　137
校内研究の活性化　109
校内研修　10
校務の情報化　83
コーチング　11
国立大学教育実践研究関連センター協議会　101
コミットメント　7

サ行
再構成モデル　205
＊澤本和子　6, 15
参加型ワークショップ　112
実習単位の免除　106
実践化モデル　202
実践的指導力　36, 59
実践的知識　189
実務家教員　106
指導案　63
指導教員　70
指導者用デジタル教科書　91
指導力　85
師範授業　156
試補期間　25
社会正義を実現するための教師教育

223

(teacher education for social justice)　78
　10年経験者研修　126
　授業・保育観察　61
　授業開発　109
　授業観察　62, 71
　授業技術　95
　授業記録　61, 71
　授業研究　9, 40, 47, 166
　授業研究会　50
　授業実践　58
　授業の設計・実施・評価　111
　授業評価シート　153
　授業方略　98
　授業リフレクション　6
　授業力向上　111
　省察　1, 75
　情報教育　83
＊ショーン, D.　1, 124
　職能成長　166
　初任者研修　126
　事例研究　110
　推測型 WBL 教材　189, 190, 192, 194
　スタンダード　21, 87
　ストレートマスター　106
　精神的健康　3
　世界授業研究学会　→WALS
　全国私立大学教職課程研究連絡協議会
　　216
　1000時間体験学習　60, 61
　全米教員養成大学協会　12
　専門家としての成長　165
　専門職大学院設置基準　104
　専門的な学習共同体（professinal learning
　　community）　8, 40, 44, 45, 46, 54, 55
　即興表現教育　114

タ行
　単位制研修　138
　探究的方法　75
　地方公務員法　125
　中央教育審議会　15, 59
　中央教育審議会教員養成部会　140

　ティーム・ティーチング形式　107
　デジタル教科書　100
　電子黒板　158
　東京教師道場　133
　特色 GP　34
　特別の教科　道徳　109
　土曜学校　160
　ドラマ教育　114

ナ行
　21世紀型スキル　89
　21世紀型能力　4
　21世紀スキル　4
　日本教育工学会　209
　日本教育大学協会　13, 216
　日本教育方法学会　213
　日本教師教育学会　211
　日本教職大学院協会　216
　認証評価　106
　年間指導計画の作成　113
　のびちぢみする講義室　184, 186, 188, 193,
　　197

ハ行
　パートナーシップ　9, 14
　はがき新聞　114
　パフォーマンス・アセスメント　22
　バリエーション理論　→Variation Study
　反省的実践家　1, 124
　汎用的能力　109
　ピアレビュー　107
＊藤岡完治　5, 12
　分割型講義　195, 197
　文化的コード　185
　分散型リーダーシップ　8
　訪問研修　136
　ポートフォリオ　13
　ボローニア・プロセス　22

マ行
　マイクロティーチング　10, 146
　学び続ける教員像　40

ミドルリーダー　108, 109
ミドルリーダー研修　133
メンター　52
メンタリング　11, 52
　　グループ——　53
模擬授業　91, 111, 142
モデル・コア・カリキュラム　34
模倣授業　143

ヤ行
夜間遠隔大学院　188
＊吉崎静夫　5, 16

ラ行
リアリティショック　21
理論と実践の往還　77, 107
ルーブリック　112
＊レイブ, J.　124
レジリエンス　7, 42
レジリエンス　授業　43
レッスンスタディ　41

ワ行
ワークショップ　10, 113
ワークショップ型研修　49
ワークショップ型授業研究会　50
若手育成　119

執筆者紹介（執筆順，執筆担当）

木原 俊行（きはら・としゆき，編著者，大阪教育大学大学院連合教職実践研究科）
　　　　　はじめに，第1章

小柳和喜雄（おやなぎ・わきお，奈良教育大学大学院教育学研究科）第2章

島田　希（しまだ・のぞみ，編著者，高知大学教育学部附属教育実践総合センター）第3章，資料

深見 俊崇（ふかみ・としたか，島根大学教育学部）第4章

寺嶋 浩介（てらしまこうすけ，編著者，大阪教育大学大学院連合教職実践研究科）
　　　　　第5章，おわりに

田中 博之（たなか・ひろゆき，早稲田大学大学院教職研究科）第6章

千々布敏弥（ちちぶ・としや，国立教育政策研究所教育研究情報センター）第7章

豊田 充崇（とよだ・みちたか，和歌山大学教育学部附属教育実践総合センター）
　　　　　第8章

鈴木真理子（すずき・まりこ，元・滋賀大学教育学部）第9章 9.1, 9.2

永田 智子（ながた・ともこ，兵庫教育大学大学院学校教育研究科）第9章 9.1, 9.2

小川 修史（おがわ・ひさし，兵庫教育大学大学院学校教育研究科）第9章 9.3, 9.4

益子 典文（ましこ・のりふみ，岐阜大学総合情報メディアセンター）第10章

教育工学選書Ⅱ 第10巻
教育工学的アプローチによる教師教育
――学び続ける教師を育てる・支える――

2016年3月15日　初版第1刷発行　　　　　　　　〈検印省略〉

　　　　　　　　　　　　　　　　　　定価はカバーに
　　　　　　　　　　　　　　　　　　表示しています

編著者	木原　俊行
	寺嶋　浩介
	島田　　希
発行者	杉田　啓三
印刷者	坂本　喜杏

発行所　株式会社　ミネルヴァ書房
607-8494　京都市山科区日ノ岡堤谷町1
電話代表　(075)581-5191番
振替口座　01020-0-8076番

© 木原・寺嶋・島田ほか, 2016　冨山房インターナショナル・新生製本

ISBN 978-4-623-07569-0
Printed in Japan

授業研究と教育工学
――――水越敏行・吉崎静夫・木原俊行・田口真奈著　**Ａ５判216頁　本体2600円**
●授業研究とは何か。授業改善と教師の力量形成のために行う授業研究を，現在の日本の動向（研究領域の確立，教師の成長，ICTの活用，大学の授業までの広がり，学校改革，国内外の視点からの見直しなど）をふまえて解説。

教育工学における教育実践研究
――――西之園晴夫・生田孝至・小柳和喜雄編著　**Ａ５判　224頁　本体2600円**
●「自らの教育実践の研究」「他者の教育実践の研究」「実践者と研究者が協働で職能開発をする研究」の３つの視点から，教育実践研究の枠組み，方法と実際を，事例を交えて紹介する。

教育実践論文としての教育工学研究のまとめ方
――――吉崎静夫・村川雅弘編著　**Ａ５判　224頁　本体2700円**
●実際の実践研究に関する論文について，執筆者が実践研究を論文にまとめる際に「強調したかつたこと」「留意したこと」「苦労したこと」などをわかりやすく示す。これから実践研究論文を書こうとしている大学院生や若手研究者，現職教員の参考になることを意図した，論文の書き方／まとめ方。

事例で学ぶ学校の安全と事故防止
――――添田久美子・石井拓児編著　**Ｂ５判　156頁　本体2400円**
●「事故は起こるもの」と考えるべき。授業中，登下校時，部活の最中，給食で…，児童・生徒が巻き込まれる事故が起こったとき，あなたは――。学校の内外での多様な事故について，何をどのように考えるのか，防止のためのポイントは何か，指導者が配慮すべき点は何か，を具体的にわかりやすく，裁判例も用いながら解説する。学校関係者必携の一冊。

――― ミネルヴァ書房 ―――

http://www.minervashobo.co.jp/